前言 FOREWORD

在海洋强国战略的推动下,海岛凭借其独特的地理位置和丰富的资源,已成为旅游业的重要领域。随着我国经济高质量发展,游客对差异化与深度体验的海岛旅游需求愈加显著。然而,当前海岛旅游仍面临特色不明、体验不足等问题,亟须理论和实践的双重突破。

本书以"海岛性情境—具身体验过程—意义建构—开发管理"为研究框架,深入探讨海岛旅游体验的内在机制和意义生成逻辑。通过三亚西岛和蜈支洲岛的典型案例研究,结合内容分析、扎根理论与量化调查等方法,构建了海岛性内涵的理论模型,剖析了海岛旅游具身体验的过程机制与动力因素,揭示了自我表达与海岛意义建构的互动关系。本书在理论层面提出了关于海岛性的多维结构模型、体验过程模型及其动力机制,为从体验视角分析海岛旅游的发展提供了系统性思路。这些理论研究与分析不仅揭示了海岛旅游发展的关键问题,还通过深入实证分析,探索了差异化和可持续发展的实现路径。

未来,海岛旅游的发展将更加注重可持续性与创新性,通过深度体验设计和场所精神的塑造,助力海岛从资源依赖向体验驱动的模式转变。本书期望以多维的理论探索与实践指导,为我国乃至全球的海岛旅游提供新的发展思路,推动海岛旅游在生态保护、文化传承和经济效益之间实现协调统一,打造兼具特色与吸引力的旅游目的地,开创海岛旅游高质量发展的新篇章。

张伸阳◎著

向海而兴：海岛旅游体验研究

Prosper Through Maritime Development:
Research on Island Tourism Experience

华中科技大学出版社
http://press.hust.edu.cn
中国·武汉

内 容 提 要

本书以海岛旅游为研究核心，聚焦海岛性、具身体验与意义建构三大维度，系统探讨了海岛旅游发展的关键问题与未来方向。通过"海岛性情境—具身体验过程—意义建构—开发管理"的研究框架，深度分析了海岛旅游体验的独特性和规律。书中结合三亚西岛与蜈支洲岛的典型案例，通过质性与量化方法，构建了海岛性的内涵模型、体验机制以及意义生成逻辑，进一步揭示了海岛性在游客体验与地方发展中的作用，为实现海岛旅游的差异化和可持续发展提供了理论指导与实践路径。本书旨在为我国海岛旅游的高质量发展提供科学支持，同时也可成为全球海岛旅游理论创新与实践改进的参考。

图书在版编目（CIP）数据

向海而兴：海岛旅游体验研究 / 张伸阳著 . -- 武汉：华中科技大学出版社，2025.7.
ISBN 978-7-5772-2159-5

Ⅰ . F590.3

中国国家版本馆 CIP 数据核字第 2025CD8990 号

向海而兴：海岛旅游体验研究　　　　　　　　　　　　　　　　　　　　　张伸阳　著
Xiang Hai er Xing : Haidao Lüyou Tiyan Yanjiu

策划编辑：陈思宇　王　乾
责任编辑：陈思宇　王　乾
封面设计：原色设计
责任校对：刘　竣
责任监印：曾　婷
出版发行：华中科技大学出版社（中国·武汉）　　　　电话：（027）81321913
　　　　　武汉市东湖新技术开发区华工科技园　　　　邮编：430223
录　　排：孙雅丽
印　　刷：武汉市洪林印务有限公司
开　　本：710mm×1000mm　1/16
印　　张：16.25
字　　数：298千字
版　　次：2025年7月第1版第1次印刷
定　　价：79.80元

华中出版

目录 CONTENTS

第一章 导　　论

海岛作为一种特殊的地理单元,其独特的自然资源、社会文化和空间属性,使其在全球旅游发展中具有重要地位。从南太平洋的斐济到地中海的圣托里尼,从印度洋的马尔代夫到中国的海南岛,海岛以其独特的生态环境和文化风貌,吸引着全球游客。海岛旅游不仅满足了游客对自然美景和文化体验的追求,还成为推动地方经济发展的重要动力。然而,随着全球化和现代化进程的加速,海岛旅游也面临着严峻挑战,包括资源开发与生态保护之间的矛盾、文化同质化以及游客需求的多样化。

当前,随着海洋强国战略的提出,海岛旅游在我国旅游产业中的地位愈发突出。国务院印发的《全国海洋经济发展规划纲要》中明确提出"发展海岛休闲、观光和生态特色旅游"。这一政策背景为我国海岛旅游的发展提供了重要保障,也对海岛旅游研究提出了新的理论与实践要求。在全球气候变化、海平面上升等挑战下,如何实现海岛旅游的可持续发展,如何在保持生态环境与文化特色的前提下提升游客体验质量,成为亟待解决的关键问题。

本书基于这一背景,以"海岛性"这一核心概念为切入点,围绕"具身体验"和"意义建构"两个关键理论视角,系统探讨了海岛旅游的体验机制与发展路径。本研究结合实地案例分析与理论模型构建,旨在揭示海岛旅游体验的本质规律,为提升海岛旅游的核心竞争力提供科学依据,并为实现海岛旅游的高质量发展贡献理论创新与实践指导。

第一节　选题缘起

一、海岛旅游发展的战略与时代背景

(一)海洋强国的战略目标

《中华人民共和国国民经济和社会发展第十四个五年规划和2035年远景目标

纲要》提出,"坚持陆海统筹、人海和谐、合作共赢,协同推进海洋生态保护、海洋经济发展和海洋权益维护,加快建设海洋强国"。党的二十大进一步指出要发展海洋经济,保护海洋生态环境,加快建设海洋强国。海洋经济是沿海和海岛地区经济发展的重要引擎,也是建设海洋强国的重要支撑。我国拥有超过6500个面积大于500平方米的海岛,这些海岛不仅拥有丰富的海洋资源,还包含了独特的海岛生态系统和地貌(王颖等,2012)。海岛旅游以能够满足远离大陆和彻底回归自然的心理需求而备受青睐,已成为世界旅游热点地区(刘家明,2000)。

(二)政策的大力支持

海岛作为独特的自然资源,在中国的海洋战略和"一带一路"倡议中占据重要地位。在这一背景下,政府加强了对海洋经济和海洋文化的扶持力度,陆续实施了一系列海岛建设和发展政策,以积极推动海岛建设和海洋产业的发展。同时,海洋环境保护和可持续发展也被视为海岛发展中至关重要的因素(林上真等,2015)。近年来,我国提倡"创新、协调、绿色、开放、共享"的新发展理念,海岛旅游业也在这一指导思想下不断向前发展。包含环保、创新、合作和共享等元素的海岛发展战略已成为我国海洋战略的重要组成部分。

(三)海岛旅游发展面临的实践困境

随着交通、通信、信息技术的飞速进步,人们对海岛的隔离感和陌生感逐渐消减,城市化和现代化的影响持续深入海岛地区(Lin et al.,2013)。在这个过程中,传统的海岛文化、景观、经济、社会组织等方面都经历着巨大变革。海岛地区逐步从封闭走向开放,从单一走向多元,从异质走向同质。部分海岛凭借区位优势融入城镇化进程,实现了现代化发展;部分海岛则面临着产业萎缩、人口流失等问题。同时,旅游业的快速发展加速了海岛旅游地的城市化进程。海岛旅游区域的传统生活方式、文化习俗和产业结构也在朝现代化转型。在这种趋势下,海岛文化特色和生态环境受到挑战,亟待寻求新的实践发展模式,以平衡现代化与传统文化之间的关系,确保海岛的可持续发展。

(四)海岛旅游研究的理论关怀

海岛作为独特的地理空间单元,其发展面临着许多问题和挑战。如何平衡保护海洋生态环境与开发利用海洋资源,如何推动海岛经济实现高质量发展,以及如何促进海岛旅游与文化传承之间的良性互动,这些都是亟待解决的问题。因此,海岛旅游理论不仅需要关注经济建设,还需重视社会、文化、生态等方面的现实问题。在这一过程中,基于实践变化的理论知识生产至关重要。通过开展海岛旅游体验研究,我们可以更好地理解海岛旅游的特点和发展需求,为海岛建设提供科学的理论支持和实践指导。

(五)游客的差异性体验需求

工业革命之后,全球城市化进程加速,要素资源聚集于城市,城市现代化水平快速提高,人们经济收入的提高带来了对旅游需求的多样性追求(李鹏等,2021)。海岛地区因其独特的自然环境、人文风情以及丰富的水上活动等特点,为游客提供了远离大陆的差异性体验,成为人们向往的旅游场域(Lauer,2017)。在发展海岛旅游时,应该充分发掘海岛的自然资源和保护海岛的人文环境,满足游客的差异性体验需求,以实现发展旅游业和保护自然环境的目标。

二、海岛旅游发展的实践困惑与趋势

海岛旅游发展的实践困惑与趋势。海岛旅游是海洋资源开发与海洋产业发展的重要内容,科学评价与开发海岛旅游资源有助于改善海岛旅游质量、提升海岛综合效益(李悦铮等,2013)。现阶段在海岛旅游发展的实践中对海岛旅游产品开发与运营依然在摸索之中,对海岛旅游产品所深深依赖的海岛性依然认识不足。因此,在理论研究上需要再次审视什么是海岛旅游,海岛旅游的本质特点是什么,海岛旅游的发展规律是什么,海岛旅游的主体体验与影响是如何呈现的,以及其反作用于地方发展的启示是什么。一系列实践问题均需要在理论中不断研究与解释,从而与实践的迫切需要相呼应。此外,本研究对前来海岛旅游的游客的访谈以及网络游记进行收集和分析,发现游客的海岛旅游动机并不仅因为海岛良好的自然环境,还在于追求差异化、深度化的旅游体验。因而,海岛旅游如何实现从海洋资源观光向海岛旅游深度体验转变仍需要进一步探索。海岛旅游地区发展起来的诸多水上运动,吸引了大批游客前来体验(戴敬东等,2019),并在此基础上逐渐产生了新的场所文化,对应现象背后需要理论知识的描述、解释与诠释。从整体来看,海岛旅游发展中实践层面的问题、游客日益增长的深度体验需求,以及新场所的出现,不仅凸显了海岛旅游中"海岛性"表达的弱化,也暴露了产品设计与运营体系的短板,进一步反映出对海岛旅游体验机制认知的片面与不足。

海岛性的淡化与转变。海岛旅游地的吸引力是以海岛性为基础的,是指海岛所呈现出的特有的海洋环境、文化氛围以及旅游业态等方面的独特表现。在现代化和城市化的影响下,海岛也在不断发展变化。随着旅游业的发展,海岛旅游的结构与功能也发生着转变。传统的海岛旅游以观光和海岛文化体验为主,而现在的海岛旅游逐渐增加了海岛体验、休闲度假、水上运动等多种旅游业态。同时,旅游者的涌入与海岛居民价值观的转变也在不断改变海岛地区的生活方式、产业结构、社会组织和文化传统。海岛性是海岛旅游发展的重要基础,也是海岛旅游持续吸引游客的重要因素。在这一背景下,海岛性面临着不断变化和不同主体重构的挑战。

海岛旅游体验的新趋势。首先,在海岛旅游发展的背景下,海岛性事实上也在不断转变。海岛性是海岛旅游的本质特征和核心吸引力,随着海岛旅游的进一步发展,海岛的自然景观、人文历史、文化特色等都在不断被开发和挖掘,新的海岛性也在不断形成。一些地方海岛也受到了现代化和城市化的影响,商业化和同质化问题愈发严重,海岛性日益淡化。其次,海岛旅游地呈现出度假、休闲、购物、运动等新的发展格局,游客的参与性体验更加明显,进一步满足了游客的具身体验感需求。最后,因海岛旅游体验的流动性特征,海岛旅游地的地方性被不断建构与重构,新的地方意义赋予了海岛旅游新的价值。我们需要充分研究海岛性,并记录海岛性正在发生的转变过程,诠释海岛旅游体验的过程、结构与影响结果。

三、海岛旅游研究的理论范式需转换

首先,从海岛旅游的理论研究来看,需要进一步扩充与完善海岛旅游理论研究的范畴、命题与理论。从旅游研究范式的转换来看,郭文(2020)提出在增长的全球化和全球本土化双向塑造的地理空间实践中,"地方性空间"正向"流动性空间"转换,以旅游为媒介的流动性力量以及不同主体的空间诉求,正在重塑着社会文化和关系的空间生产。流动性范式在旅游研究中的地位日渐突出,成为审视旅游现象的一个新的理论视角。海岛作为相对独立的地理单元,流动性体验在岛上呈现何种特点却鲜有关注,游客的流动性体验行为特征以及所带来的变化深深影响了海岛旅游的发展。另一方面,"旅游体验"作为旅游学理论研究的内核(谢彦君,1999),是沟通游客需求与目的地供给的桥梁。在旅游体验研究"具身范式"转换的背景下(樊友猛,2020),现实的海岛游客也越来越注重身体的参与和感受,因而海岛旅游研究需要重新审视游客的具身体验价值,尤其研究具身体验在海岛旅游中的特殊性是如何呈现的。因此,本研究首先对海岛性进行分析,阐释其内涵与影响以及海岛性的表征结构,进而分析海岛旅游具身体验机制以及海岛旅游体验下的意义建构问题。

其次,随着海岛旅游的发展,关于海岛旅游体验和海岛的地方性理论研究也越来越重要。对海岛旅游的推动改善了海岛环境、提高了基础设施水平,让海岛的特色得以展现,吸引了大量资源流向海岛。海岛正面临着人口、信息、交通等流动性要素的影响,海岛居民的生产生活方式正在发生着变化。旅游体验正是在流动之中生成与创建的(张朝枝等,2017),体验的研究视角适用于海岛旅游地区,因此需关注流动要素对海岛性和海岛地方的影响,明晰流动性体验视角下的海岛性影响因素与转变特征,实现对海岛性变化的深度理解。因此,从旅游体验的视角,探讨海岛性和海岛地方的特点和变化,对于海岛旅游的健康发展具有现实意义。

最后,海岛旅游研究的理论范式需要从人地关系的角度进行再阐释。传统旅游研究主要关注旅游者个体与旅游目的地之间的关系,强调个体的主观感受和行为,缺乏对目的地本身的深度探究。人地关系理论将旅游者与旅游目的地视为一个整体,强调了旅游体验中地方的主体地位和重要性,以及旅游者与目的地的相互影响和互动。在这一理论框架下,我们可以更加全面、深入地理解海岛旅游中生成的意义及其重构过程,探究旅游者与目的地之间的复杂关系,以及旅游体验中地方元素的影响机制。通过从人地关系的角度重新审视海岛旅游研究,我们可以为旅游学科的发展提供新的思路和方向,同时也可以为海岛旅游的可持续发展和管理提供更加深入的理论支持。

第二节　研究目标与意义

一、研究目标

海岛旅游日益成为游客寻找差异感、愉悦性体验的新选择,它不仅拥有独特的海岛性氛围,还在游客具身参与之下重塑了自我与海岛性意义。本研究旨在从旅游体验的视角,结合具身性理论、人地互动理论和流动性理论,探究海岛旅游地的海岛性表征结构、影响因素与转变过程、海岛旅游的具身体验过程与动力以及海岛旅游的意义建构问题,以期生成相关理论知识,服务于海岛旅游的实践发展。为了实现上述目标,本研究采用多种研究方法,包括质性访谈、问卷统计和参与式观察法等,选取三亚西岛和蜈支洲岛为典型案例地,深入研究海岛性、具身体验与意义建构问题。具体来看,本研究包括以下预期目标。

(1)基于哲学思辨的理论探讨流动性理论基础,分析从海岛到海岛旅游的概念内涵变化。研究提出海岛性的内涵维度,基于访谈与游记资料,运用内容分析与扎根理论方法,本研究系统构建了海岛性的内涵维度、表征结构与形成机制,形成了较为完整的海岛性知识生成框架。

(2)在海岛性情境的基础上,本研究将深入实证分析旅游者在这一情境中的体验过程。海岛性情境提供了独特的具身体验,通过定性资料编码与定量统计分析相结合的方式,探讨海岛旅游中具身体验的关键特征,揭示具身体验过程中的动力机制。同时,通过量化数据,验证海岛旅游景观偏好与具身体验认同之间的相关性,以揭示两者的内在联系和影响路径。

(3)在对海岛性情境和具身体验过程进行分析后,本研究将进一步探讨海岛旅游体验中的意义建构过程。具体来说,将分析旅游者如何通过与海岛环境的互动与反思,解构和重构旅游体验中的意义,从而在这一过程中形成自我表达与海岛性意义的交互作用。基于此,研究将构建自我表达与海岛性意义建构的互动关系模型,以全面解析海岛旅游体验中的意义生成机制及其背后的动态过程。

(4)在"海岛性情境—具身体验过程—意义建构结果"的实证分析框架下,研究将继续进行规范分析,并提出海岛旅游地的管理与开发的应然举措。基于前述研究结果中的关键范畴、命题和理论模型,本书将提供针对海岛旅游的管理对策,重点关注海岛性、旅游体验价值和场所精神的构建,以推动海岛旅游的可持续发展与差异化竞争力提升。

二、理论意义

当前,中国的海岛旅游正处于快速发展阶段,海岛旅游地的开发也面临着诸多挑战。海岛性是海岛旅游地的本质特征,对海岛性进行辨别与分析是海岛旅游健康发展的重要条件。在这一基础上,如何保护与发展海岛旅游地的海岛性并理解旅游体验的意义,成为紧迫的现实问题和亟待解决的理论课题。本研究以三亚西岛和蜈支洲岛为案例地,借助具身体验和人地关系理论,探索了海岛性的内涵、影响因素与演变过程,深入分析海岛旅游地的具身体验过程与动力,以及海岛旅游体验意义的形成过程和内在机制,为海岛旅游的可持续发展提供理论支撑和实践指导。

(1)对海岛旅游体验相关概念范畴进行理论思辨与分析。以文献分析和哲学思辨为基础,提出海岛性、具身体验、自我表达与地方意义的范畴并对其开展实证研究,进一步完善海岛旅游研究的基本概念体系。

(2)补充海岛旅游体验理论研究的不足。在全球性与现代性的背景之下,旅游流动性加强,旅游者的体验活动不断表现出新的特点,如游客逐渐将旅游作为日常生活的重要构成,更加重视切身感受,期望在旅游流动的情境感知中获得地方性知识与存在意义等。本研究探究具身范式转换下海岛游客体验的新特征，勾勒海岛旅游从地方空间体验到场所体验的理论框架，并扎根于海岛旅游的现实体验生成理论认识，以期能够弥补既有研究中的局限，发展出新的关注点，推进对海岛旅游体验更加深入的研究和理解。

(3)构建海岛旅游体验的范畴和命题框架，进一步巩固海岛旅游的理论建设。首先，本研究补充完善了海岛旅游地的海岛性范畴，基于此发展出海岛性表征结构是什么、影响因素有哪些以及海岛性转变的过程机制是什么样的三种命题。其次，从具身性理论出发，提出海岛旅游具身体验的平衡感、重力感、压力感、示范的身体图式、身体延展等新的范畴概念，并基于这些概念串联起海岛旅游具身体验的独特性，及其体验过程是什么与动力机制是什么样的命题，在此基础上定量分析海岛旅游体验与海岛景观认同的关系。最后，构建出海岛旅游体验"意义建构"的内容为"自我表达"与"海岛性意义"，并进一步总结出"自我表达"与"海岛性意义"的互动关系。

(4)在范畴与命题的基础上，本研究提出一些理论关系模型，所构建的理论模型也在一定程度上有助于增进对海岛旅游独特性的认识。本研究通过建立海岛性、具身感知、身体共鸣、具身唤醒、具身情感、具身延展、具身表达、具身意义、自我表达、海岛性意义等一系列概念，提出海岛性的表征结构模型、海岛性影响因素模型、海岛性流动的推拉过程模型、海岛旅游具身体验过程模型、海岛旅游具身体验动力机制模型、海岛旅游体验的自我表达与海岛性意义互动模型。这些模型可以推进海岛旅游研究更加注重理论化研究取向，所形成的概念范畴、理论命题可以作为基础材料供后续科学研究批评和借鉴。

三、实践价值

(1)基于海岛旅游的理论分析，对海岛旅游未来发展提供一般性的理论基础，为实践提供理论指导。研究中的游客在海岛的空间体验规律和具身体验的诉求以及地方意义、场所精神的塑造，都直指海岛旅游最为现实的实践需求，可为提升海岛旅游发展竞争力提供有力支撑。

(2)依托本研究的案例地三亚西岛和蜈支洲岛所具有的独特区位优势和代表性，为中国海岛旅游发展提供有益经验，为打造具有中国特色的海岛旅游体验提供理论思路。同时，也可对接海南国际旅游消费中心建设的战略定位，为海南发展海岛旅游提供理论依据和对策建议。

(3)立足于海岛性、具身体验规律和意义建构的科学知识,为今后海南制定旅游发展政策、旅游规划提供一定的理论基础。研究结论可以帮助政策制定者和规划者更好地理解海岛旅游的本质和特点,以及游客的体验需求和行为模式,进而提出更加精准、科学的发展政策和规划方案。同时,研究结果也可以为海岛旅游企业经营和服务提供指导,帮助这些企业更好地适应和满足游客的需求。

(4)通过深入研究游客在海岛旅游中的具身体验和意义建构过程,更加精准地把握旅游市场的需求和特征,为旅游企业的产品开发、品牌塑造和市场定位提供重要的参考依据。同时,研究结果也可以为旅行社等代理机构在优化游客旅游体验、提升服务质量以及设计相关旅游产品方面提供借鉴和指导,从而提高海岛旅游行业的整体竞争力和市场占有率。

第三节　研究思路与内容框架

一、研究思路

本书通过对典型海岛旅游地的实地调研和参与式观察,基于旅游体验理论、人地关系理论、流动性理论,以定性和定量的混合研究方法为技术手段,开展了深入研究。如图1-1所示,本研究整体思路贯穿"海岛性—海岛旅游具身体验—海岛旅游意义建构"的逻辑主线,形成一个从地方到人再到人地关系再塑造最后回到地方的逻辑闭环。

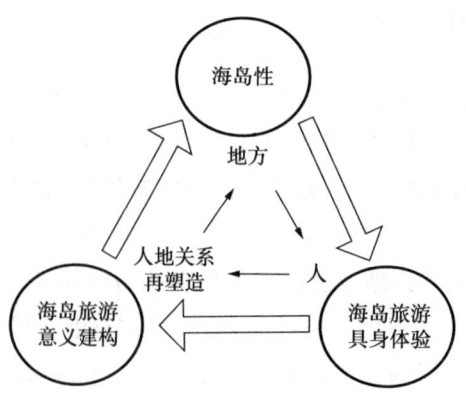

图1-1　海岛旅游体验研究逻辑思路图

该过程体现了对海岛旅游体验现象的全面分析,从而能更好地理解和解释这一现象。首先,通过对海岛旅游地的深入研究,确定了海岛性情境的关键要素,包括物质层次、精神层次与文化层次。其次,分析了游客在海岛旅游过程中的具身体验,探讨了游客在海岛性情境下的具身体验过程与动力机制问题。最后,采用人地关系理论,分析了游客与海岛地方之间的相互作用和影响。关注游客如何通过自我表达和地方意义重塑互动,以及这些意义如何反向作用于海岛地方的未来发展和形象建构。

本研究采用描述性、解释性和诠释性的分析方法,总结了海岛旅游背后的现象、原因和意义。通过这一研究思路,形成了一个完整的理论框架,为海岛旅游研究提供了新的视角和方法。希望本研究能为海岛旅游的发展提供有益的理论指导和实践建议,以实现海岛旅游的可持续发展。同时,期望本研究能为旅游研究领域的学者和实践者提供深入了解和分析海岛旅游现象的理论框架和方法,从而推动海岛旅游研究的进一步发展。

海岛性是海岛旅游体验的基础。海岛地处海上,四面环海,是具有独特自然环境、地理位置和文化历史的特殊地方。这些自然和人文特征构成了海岛性的本质特征和核心吸引力,游客的体验为海岛性内涵注入了新的活力。人在海岛旅游过程中"身体感"的唤醒与获得愈发突出,因此需要对这种具身体验过程进行进一步分析。游客通过自己的感官体验,感受并理解海岛性所表达的自然和文化魅力,进而构建出自己的旅游体验和记忆并建构地方意义。海岛旅游体验的意义是在人的自我表达与地方意义的互动下产生的。通过这一逻辑主线,本研究形成了一个从地方到人,再到人地关系再塑造,最后回归地方的闭环,展现了海岛旅游体验的多维性和互动性。

二、研究内容

海岛旅游地日益面临着城市化、现代化等现代性要素的冲击,海岛特有的自然环境、文化遗产等也在不断受到破坏和侵蚀。此外,随着海岛旅游的发展,旅游者对于海岛性的期望和需求也在不断变化。因此,研究海岛性、海岛旅游体验以及海岛旅游体验意义,有助于理解海岛地区在现代化进程中的发展,保护和传承海岛的自然、文化、历史等资源,同时也能提升海岛旅游的质量和吸引力,促进海岛地区的可持续发展。基于此,本研究拟解决的关键科学问题主要包括以下三个方面(图1-2)。

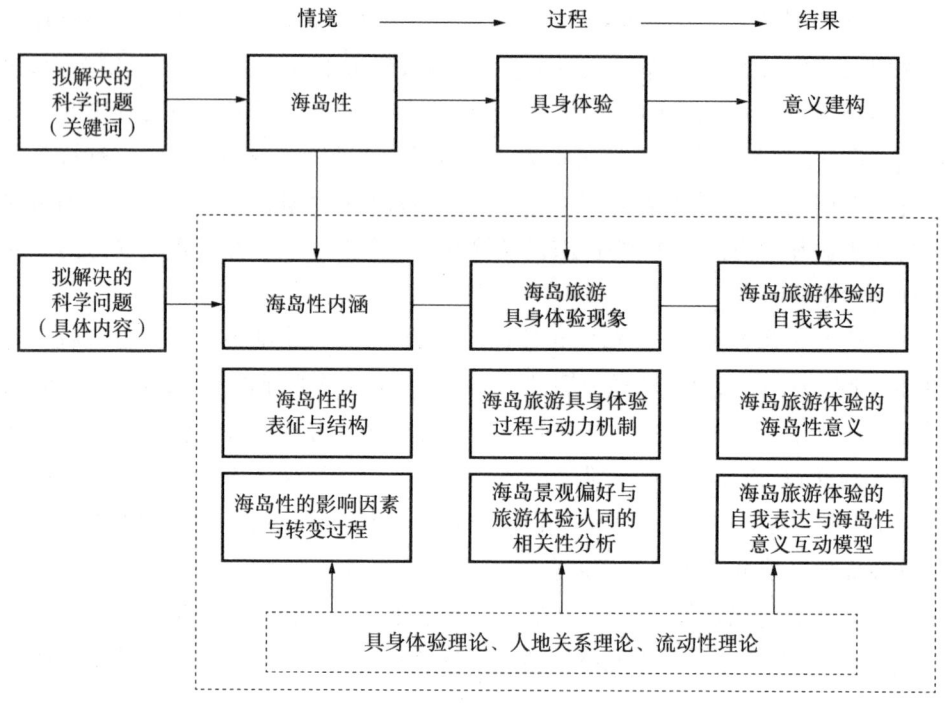

图1-2 关键科学问题

1.海岛性的科学问题

从海岛到海岛旅游的概念辨析,基于此深入探讨海岛性的内涵,分析海岛性的表征与结构特点,同时剖析影响海岛性的因素以及系统研究海岛性的转变过程及相关机制。

2.海岛旅游具身体验的科学问题

海岛旅游体验中具身体验现象的表现维度是什么?海岛旅游体验的具身体验过程和动力机制形成的原因是什么?如何解释海岛景观偏好与旅游体验的相关性?

3.海岛旅游意义建构的科学问题

在人地关系的视角下,海岛旅游体验意义的自我表达包含哪些维度?海岛性意义的重塑过程是什么样的?海岛旅游意义的自我表达与海岛性意义的互动关系分别是什么样的?

三、技术路线图

本研究整体围绕"海岛性情境—具身体验过程—意义建构结果—开发管理对

策"的研究问题逻辑,遵循"背景分析—理论分析—实证分析—对策分析—结论分析"的过程开展研究,以此形成如图1-3的技术路线图。

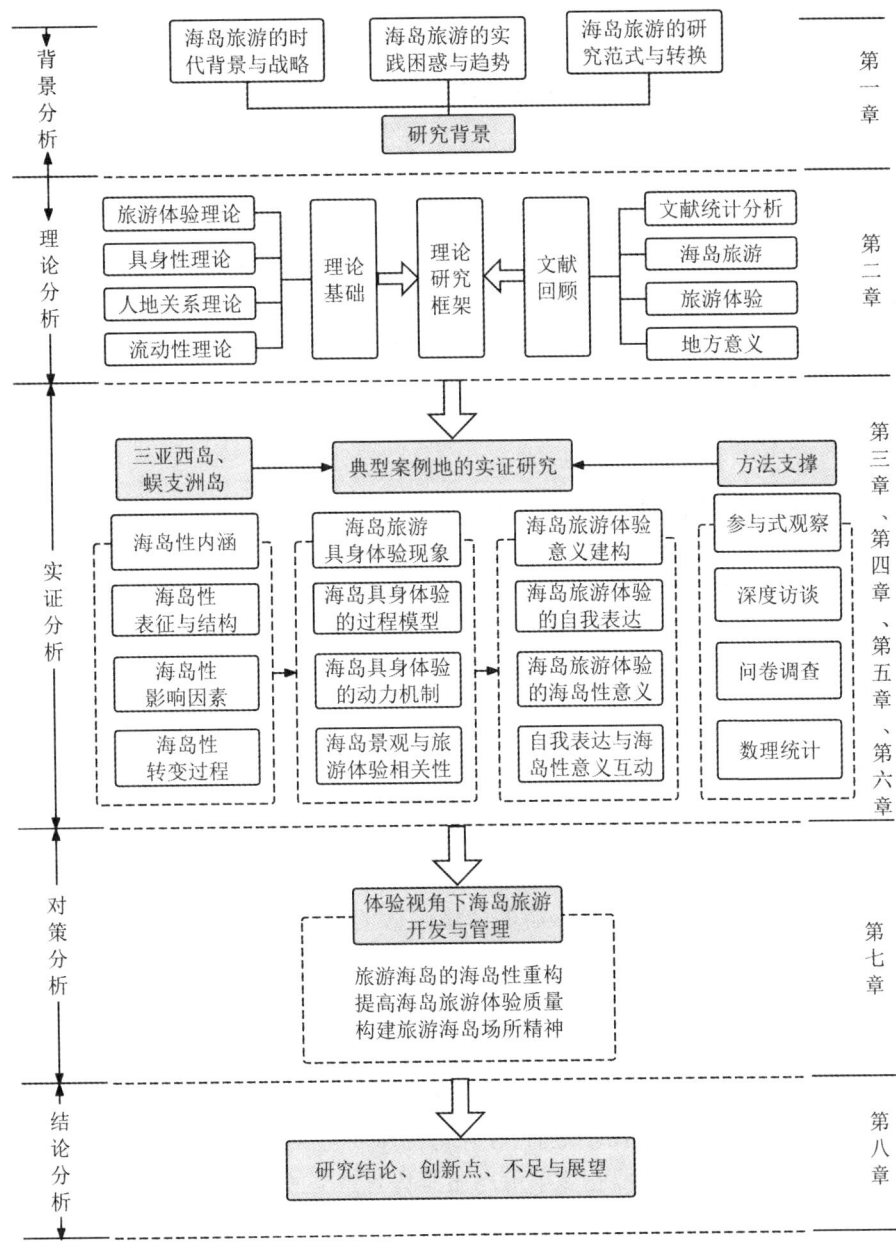

图1-3 技术路线图

第四节　创新之处

一、海岛旅游研究的视角创新

海岛旅游研究在理论知识生产上需要进一步完善,已有研究多从规范研究出发,相关科学理论模型需进一步完善。在旅游体验背景下,越来越多的海岛研究开始注重对游客的主体地位以及人地关系方面的思考(董朝阳,2018)。本研究以旅游体验视角为基础,结合人地关系理论、具身理论、流动性理论,对海岛性、海岛旅游具身体验以及意义建构进行研究。本研究提出海岛旅游研究的新视角,也为海岛旅游体验理论知识体系注入新的活力,对推动海岛旅游研究和实践发展均具有一定意义。

二、范畴与命题的知识创新

在学术探究过程中,创新性观点贯穿始终,它不仅涉及在新的领域提出问题,还包括对现有理论的挑战和完善。正如科学哲学所强调的,实证主义理论知识应具备可证伪性(陈向明,2008)。受此科学哲学观念的启示,研究者在对某一理论进行实证应用时,务必持有怀疑和探究的科学态度,力求发掘理论中的局限性,通过对其进行深入修正和完善,以提高其科学解释能力为目标。

（一）提出了若干新范畴

首先,在海岛性研究中,本研究补充完善了"海岛性""空间差异"的概念范畴,刻画了海岛的本质特征与海岛旅游的情境性意义。其次,对海岛旅游具身体验进行研究,提出海岛具身体验的身体运动感觉的"重力感""平衡感"和"压力感"等概念范畴;进一步提出海岛旅游具身体验过程中"具身延展""身体图式""身体主体间性""身体共鸣"以及具身体验的"驱推拉阻"等概念范畴;在海岛景观偏好定量分析的基础上,提出"本底景观""具身景观""创制景观"等概念范畴,均扩展了海岛旅游具身体验的概念内涵。最后,在对海岛旅游意义建构的研究中,提出"自我表达""海岛性意义"等概念,拓宽了海岛旅游体验意义的研究范畴。

（二）提出若干新命题

命题是范畴与范畴之间观点性的联系。在对海岛旅游理论进行思辨和对问卷数据、访谈文本等多种经验材料进行实证分析后,本研究提出了若干新命题。首先,明确海岛与旅游海岛的概念,提出海岛旅游体验的内涵包括自然属性、社会属性、旅游属性,提出海岛性的内容结构包括物质、社会与精神层面的表征,以及旅游体验视角下海岛性的形成机制包括"影响因素模型"与"推拉转变过程模型"。其次,对海岛旅游具身体验现象的感知水平、身体共鸣以及游客的共识地图模型进行论述;在此基础上提出了海岛旅游具身体验的过程与动力机制的关系,并进一步验证了海岛旅游景观偏好与具身体验认同之间的关系。最后,对海岛旅游体验意义建构提出一些新的命题,自我表达的意义建构维度包括客观表达的符号性、建构表达的情境性、意义表达的生成性,海岛性的意义建构包括客观本真的海岛性呈现、在场体验的海岛性表征、象征赋予的海岛性精神,并进一步从选择期、在场期与追忆期的角度论述海岛旅游体验的自我表达与海岛性意义建构的互动关系。

三、海岛旅游理论模型创新

模型是按照科学研究的特定目的,用理性思维的形式对客观事物的本质关系进行的抽象表达,它是科学研究成果的理论化、系统化体现。在理论思辨与实证材料的不断碰撞中,本研究在范畴和命题的创新基础上,围绕旅游体验和人地互动的理论基础,构建出海岛旅游体验若干核心模型和附属模型,具体表现为以下几方面的内容。

(一)海岛性的表征结构模型

海岛性的表征结构模型包括物质层面、社会层面和精神层面。物质层面具体包括海岛自然风光、海岛建筑特色;社会层面具体包括海岛生产、海岛生活以及社会交往;精神层面具体包括海岛文化和海岛精神两个维度。

(二)海岛性的影响因素模型

海岛性的客观影响因素包括自身资源特性的本底要素,以及资金、交通、信息等要素。主观影响因素不仅包括游客的自身经历和自我特征要素,还包括社会价值等。此外,政府、企业,以及岛民、游客等不同反应主体亦会形成不同的海岛性感知。

(三)海岛性转变的推拉过程模型

一方面,在现代性转变过程中,信息流动、交通流动、资金流动和人员流动四个方面的推力弱化了海岛性。这些推力导致了市场化价值观迅速传播、原有生活方式改变、生态环境造成一定程度的破坏、海岛人才外流等负面影响,从而削弱了海岛性。另一方面,在旅游开发与游客体验过程中,信息流动、交通流动、资金流动和人员流动四个方面的拉力增强了海岛性。这些拉力因素有助于经济发展、思想观念转变、基础设施建设和生态修复等,形成了一定的积极影响,从而强化了海岛性。

(四)海岛旅游具身体验过程模型

该模型包括具身感知、具身唤醒、具身情感、具身延展、具身表达与具身意义等关键范畴,并形成了游客在海岛旅游过程中所涉及的感官体验、情感互动和意义建构的流程与结果。

(五)驱推拉阻:海岛旅游具身体验动力机制模型

该模型由游客补偿匮缺与自我实现的驱力、供给侧的推力、需求侧的拉力以及旅游体验的阻力共同构成。首先,游客补偿匮缺与自我实现的驱力是海岛旅游的内在驱动力。游客在旅游时会感受到海岛的独特魅力,而这种感受会激发游客对自我实现的追求,这种追求成为游客出游的内在动力。其次,供给侧的推力是海岛旅游的推动力量。海岛旅游的开发与建设需要大量的投入和资源,这些投入和资源是海岛旅游供给侧推力的体现。再次,需求侧的拉力是指游客对海岛旅游的需求和期望,这些需求和期望也是游客选择海岛旅游的原因。最后,游客在旅游过程中可能会遭遇各种各样的阻力和挑战,如文化差异、语言障碍、天气状况等。

(六)海岛旅游体验的自我表达与海岛性意义建构的互动关系模型

模型分为三个阶段:选择期、在场期和追忆期。在选择期,"现代性危机"与"远方的想象"之间的关系促使个体渴望补偿匮缺与寻求自我实现。这一阶段中,与平淡的日常生活形成对比,游客通过自我建构与意义生成来实现对"诗意的栖居"的想象。在场期指游客在与海岛性元素的互动之下,重塑出海岛场所体验的美感、安全感、认同感和归属感。在这一过程中,游客与他者之间的关系对场所精神的解构与建构起到关键作用,形成了独特的海岛性"旅游场"。追忆期则关注自我价值与地方意义的再建构与超越。游客在此阶段通过回忆与反思,将海岛旅游体验感融入自我价值观念,从而形成海岛性意义的多元表征与后现代解读。最终,游客将重回生活世界或开始探寻下一个"目的地"。

第二章　文献回顾与简评

本章主要对海岛旅游研究的脉络进行梳理,并对旅游体验的研究内容进行分析,进一步梳理旅游体验相关研究成果,包括自我表达、地方意义与场所精神的研究现状,并在此基础上构建本研究的理论体系,明确研究进展,为后续研究提供支撑。

第一节　海岛旅游研究

海岛是指在海洋中,四周被水环绕,与周边大陆或其他海岛有一定的距离,并具有一定的地形、地貌和生态特征的陆地(Lim et al.,2009)。海岛的概念内涵包括自然、地理、政治、文化等方面,具有一定的复杂性和多维性。在不同学科中,海岛的定义和界定标准也有一定的差异。在地理学中,海岛的定义主要基于其地理位置和地貌特征。根据国际地理联合会(International Geographical Union)的定义,海岛是一个自然形成的陆地,被水体环绕,并具有地貌特征、生态系统和特定的人类文化。海岛可以分为大陆边缘海岛、大陆隔离海岛和海洋海岛三种类型(Ali,2017)。大陆边缘海岛是指与大陆陆缘相连的海岛,其形成主要是由于海水上升或地壳下沉等地质作用。大陆隔离海岛是指大陆板块之外的海岛,包括海山、火山岛等。海洋海岛是指地理位置偏远、远离任何大陆的海岛,具有独特的生态和文化特征。除此之外,海岛的定义还包括岛的面积、周长、海拔高度、坡度、土地利用等方面的要素。这些要素都对海岛的生态环境、自然资源利用、人口分布和经济发展等方面产生重要影响。因此,海岛是自然环境中的独特存在,其地形地貌、生态环境、文化传承等方面都具有特殊性,进而成为独特的旅游资源和研究对象。

将视角投射到人类的发展过程中,古今中外关于海岛的描述具有丰富的内涵。《史记·田儋传》中记载,"後岁馀,汉灭项籍,汉王立为皇帝,以彭越为梁王。田横惧诛,而与其徒属五百馀人入海,居岛中"。表现出古代海岛作为隐遁之地的象征意义。曹操的《观沧海》中用"山岛竦峙"表达对"岛"的认知,同时抒发自我情感。因此,在中国古代典籍中常见"岛峙",意为似海岛般耸峙,以及"岛夷",代指东部一带的居民和生活在海岛上的居民。《山海经》是一部汇编了中国古代地理情况、神话、传说等的奇书,其中描述了许多神奇的海岛。然而,区别于中国古代对海岛"遥远""荒凉""落后"等较为悲观的认知,西方文明深深扎根于海洋文化之中,如希腊海岛便是西方文明的诞生地之一,西方国家关于海岛的地方认知也呈现出差异性。坐落在爱琴海之中的数千座海岛,是希腊海洋文化的发祥地,不同海岛上的习俗、建筑等均具有各自的特点,在宗教信仰和制度建设上也存在不同之处。在西方神话中,海岛作为神秘、幻想和冒险相关的故事背景是很普遍的元素。荷马史诗《奥德赛》中详细描述了位于海岛上的女妖塞壬(Sirens),女妖动听的歌声却是水手们的灾难,神话故事也为海岛增加了神秘感。海岛也是许多童话故事和小说的常见元素,例如,在《白雪公主》(*Snow White*)、《金银岛》(*Treasure Island*)这些故事中,海岛通常充满了秘密和未知,同时也充满了各种各样的危险和机会。

第一次工业革命之前,海岛开发的总体数量较少且分布零散。在蒸汽时代的推动下,随着生产力的快速发展和全球贸易的扩张,全球海岛被不断发现与开发。人们带着多样的目的前往海岛,寻找一个新的地方(McCulloch et al.,2010)。正如马克思所阐述的生产力的变化将带来生产关系的变革,全球海岛在这样的背景下被不断开发,更加融入人类社会,成为人们旅游的热门目的地之一,甚至是一些人的"一生要去的一座岛"(Mykletun et al.,2001)。

当前,全球化已成为不可逆转的趋势,旅游业则是其最为直观和活跃的表现形式之一(Hjalager,2007)。海岛旅游目的地作为全球共享的重要旅游资源,凭借其独特的自然环境和文化特征,在基础设施日益完善的基础上,逐渐孕育出具有本土特色的海岛文化。尽管我国在海岛开发与管理方面仍存在一定不足,但随着大众旅游的快速兴起,越来越多的本土海岛受到游客青睐,呈现出强劲的发展势头。从东北地区前往海南岛过冬的"候鸟"老人,到热衷于水上运动的年轻游客在蜈支洲岛追求刺激体验,再到众多旅人于三亚西岛沉浸于慢节奏的海岛生活,不同人群在海岛中实现了多样化的旅游诉求。当前我国海岛旅游的快速发展,不仅体现在游客规模的持续增长,也体现在目的地供给能力的显著提升,越来越多的海岛被纳入旅游体系并加以开发利用。可以预见,随着我国经济持续迈向高质量发展阶段,以及旅游观念从浅层消费向深度体验转变,海岛旅游将在品质提升与功能优化方面迎来新的发展机遇。

一、从海岛到海岛旅游

海岛在没有人类活动影响的时候,是一个客观存在的地方,人类活动让海岛的功能与意义更加丰富。海岛的功能会围绕着人类的生产与生活而展开,使得人类的生活更加美好,因而有的学者指出海岛是一个综合性的地方,具有复杂的社会活动(Kantamaneni et al.,2022)。然而,区别于大陆的生活状态,海岛因其地理位置偏远、生态环境较为脆弱、规模较小且自成一体的社会结构与社会关系等独特的因素,成为一种特殊的地方象征。

已有的研究对海岛开展了内部功能要素的量化分析(Doorga et al.,2023),并对海岛发展模式进行模型总结(Chen,2006)。人对海岛的建构性作用也应充分考虑,海岛上的人呈现出多元主体,包括本地居民、游客、生产者、管理者等,体现了多主体价值共创。从空间生产角度看(叶超等,2011),现实中的海岛正是"空间的生产",身在其中的游客和他者,无时无刻不在创造着下一个时刻的"海岛"。因而,海岛正是一个涉及多学科的研究对象,海岛的定义与本质也因目的、角度不同而呈现出多维价值。

现象学认为探寻事物的本质需要回到现象事实所发生的真实情景之中,在事物发生的时候方能探寻出其本质(刘海龙等,2019)。人具有窥探事物本质的本能,这一观念深深植根于人的潜意识之中,这是人类将复杂的、变化的世界予以抽象化和理论化的过程,这一过程旨在还原事物背后一个永恒不变的规律(苏同向等,2022)。无论是理性主义还是哲学流派中的本质主义(罗崇宏,2023),都认为本质是一个永恒存在的真理,不以人的意志为转移。

在中国大众旅游快速发展之下,人们不再只是"打卡"去过一个地方(鄂方卫等,2022),也不再是走马观花式旅游(董培海等,2019),与日常生活差异很大的海岛正是越来越多人寻找的梦想旅游地。自改革开放以来,在社会主义市场经济快速发展的背景下,城市得到了快速发展,中国社会越来越现代化,人们的现代意识越来越强烈。然而,现代化的生活方式、忙碌的社会节奏,以及单向度的现代社会(王山等,2022),使人们的身体积累了许多疲惫感,转换环境、寻找差异成为越来越多人的旅游动机(王纯阳等,2013)。此外,消费主义观念(张筱薏等,2006)深深植入一些群体的思想之中,正如鲍德里亚在《消费社会》一书中所指出的,人类正处在一个被物质包围的世界,丰富的生产力诞生了众多的产品,使得人们似乎有无穷尽的选择,此外,物质过剩与浪费也变得更加突出。除了对这种现象的描述,鲍德里亚也试图分析消费主义社会产生的原因及其运行机制,即人们通过消费行为来认同生产者的生产及其所带来的使用价值。海岛旅游的消费在一定程度上也使人们获得海岛的使用价值,并从中体验到另外一种旅游产品形态及其他的表征意义。

国内外知名旅游学者均对旅游本质有所分析。科恩(Cohen,1979)认为旅游是对其他文化、其他人、其他地方的体验;麦肯奈尔(MacCannell,1973)则将旅游视为人们追求与自然、文化和历史遗产相遇的活动;厄里(Urry,1992)将旅游定义为人们追求新体验的一种方式;贾法瑞(Jafari,2003)则将旅游视为人们与其他人、文化和自然环境相互作用的过程;谢彦君(2005)将旅游视为一种寻求愉悦性的休闲体验;杨振之(2014)认为旅游是人们寻求心灵满足和休闲娱乐的方式;张凌云(2007)则将旅游定义为人们走出生活惯常环境、改变环境的活动。这些学者的观点从不同角度对旅游的本质进行了探讨,拓展了人们对旅游活动的认知。

综上,本研究认为海岛旅游是指游客利用其自由时间前往海岛地区,在海岛旅游产品和服务的安排下,所进行的一种以寻求愉悦体验为目的的旅游活动。这种旅游活动通常包括参观景点、体验当地文化、享受海滩和水上活动、尝试当地美食等。海岛旅游不仅是旅游活动的一种形式,还体现了文化、生态、经济等方面的交汇,对于当地社区和游客来说都具有重要的意义。此外,海岛旅游体验是一种在场、身临其境的体验,强调主体的主动参与和体验感知。

二、国外海岛旅游研究回顾

在19世纪中叶,英国工业革命和资本主义生产模式的崛起使得人们的工作日益繁忙,现代城市居民渴望远离城市生活(周晓虹,1998)。他们开始寻求休闲娱乐,海岛旅游和沿海旅行成为当时人们的首选,但主要集中在海上交通方便的近海岛屿。从20世纪70年代开始,欧洲出现沿海度假旅游热潮,特别是在地中海和爱琴海沿岸地区。这也推动了全球其他地区的海岛旅游活动,如太平洋的夏威夷群岛以及地中海的海岛等,这些地区都是海岛旅游发展早期开发完善和管理先进的地区(陈金华等,2008)。相较于国外的海岛旅游研究,国内的海岛旅游研究起步较晚(陆林,2007)。因此,有必要从国内、国外两个方面来概述海岛旅游研究的发展。

作为一种新兴旅游方式,海岛旅游的诞生和发展可以回溯到20世纪初。在20世纪初,随着人们出行习惯的转变和交通工具的持续创新,海岛旅游逐渐受到人们的关注。此后,伴随着旅游产业的迅猛发展和旅游市场的逐步扩张,海岛旅游的影响逐步扩大。过去几十年中,全球海岛旅游业迅速崛起,成为全球极具吸引力的旅游目的地之一。海岛旅游作为一种创新的旅游模式,主要受到人们对自然环境和文化景观追求的驱动(Chi et al.,2019)。随着旅游消费不断升级,人们对旅游体验的需求也在不断增长,进而推动海岛旅游的发展。海岛不仅拥有独特的自然风光和人文资源,还具有特殊的地理位置和文化特色,这些因素吸引了越来越多的游客前来感受和探索。

如今,伴随着旅游业的壮大和旅游市场的持续拓展,海岛旅游已经成为全球旅游业的一个关键领域,对于推动地区经济增长和提高民众生活水平具有重要意义。作为一种新兴的旅游方式,海岛旅游在推动旅游业的可持续发展和保护海岛生态环境等方面发挥着关键作用。因此,加强对海岛旅游的研究,有助于深入探讨其发展历程和特性,为旅游业的可持续发展提供重要的理论支撑和实践经验。

海岛旅游依赖于特定的海岛地理区域,是以岛屿上独特的自然和人文资源为基础,以满足游客需求为宗旨,同时推动海岛社区在经济、文化和社会等方面全面有序发展的活动(Padron-Avila et al.,2022)。国外对海岛旅游的研究起步较早,研究对象和视角呈多样化趋势,研究深度也在逐渐加深。本研究将 Web of Science作为检索数据库来源,筛选了 2000—2019 年以"海岛旅游"(Island Tourism)为主题的文献资料,对发文数量趋势进行分析。

图 2-1 显示,2000—2019 年,国外海岛旅游研究文献的发表数量整体上呈现出上升趋势,海岛旅游研究受到了国外研究者的重视。从关注海岛旅游的环境影响(Zhang et al.,2022)到提出具体的环保措施(Kurniawan et al.,2019),从探讨海岛旅游的经济影响(Fei et al.,2021)到研究海岛经济发展的管理模式(Bangwayo-Skeete et al.,2021),研究主题日益细化。此外,越来越多的学者采用定性分析方法研究海岛旅游相关问题,这是近年来海岛旅游研究的一个显著趋势。按照研究主题划分,国外海岛旅游的发展趋势和研究热点主要集中在以下几个方面。

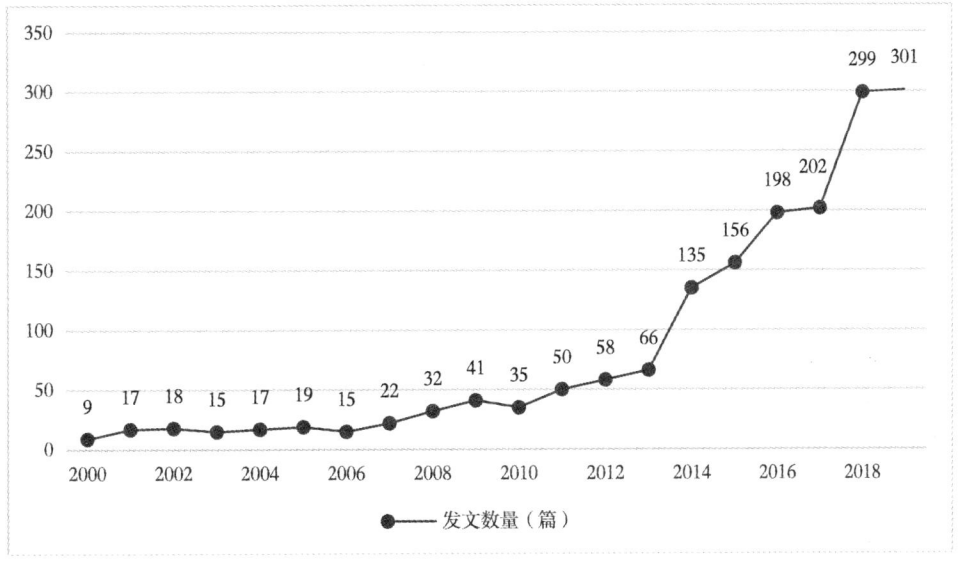

图 2-1　2000—2019 年国外海岛旅游研究文献发表数量趋势图

按照研究主题划分，国外海岛旅游的发展趋势和研究热点主要集中在以下几个方面。

（一）海岛旅游地资源与环境研究

许多海岛拥有独特的自然和文化资源，如沙滩、珊瑚礁和历史遗迹等，这些特色吸引了大量游客（Baldacchino，2006；Yang et al.，2016）。然而，研究表明，快速增长的旅游业可能对环境产生负面影响，如生态退化和生物多样性丧失（Russell et al.，2019）。为了确保海岛旅游资源的可持续利用，许多研究者关注环境保护和生态系统健康（Chi et al.，2021）。在此背景下，生态旅游作为一种可持续发展模式受到越来越多的关注，旨在减轻旅游对环境的压力，同时提高游客和当地社区的环保意识（Martinis et al.，2018）。为了实现海岛旅游资源的可持续发展，许多研究提出了具体的环境保护策略和措施，如限制游客数量、实施废物管理规定和提高能源效率等（Austin et al.，2007；Ramjeawon et al.，2004）。此外，一些研究关注海岛旅游业如何应对气候变化等全球性挑战，如通过适应性措施减缓旅游业对环境的负面影响（Kuo et al.，2009；Zubair et al.，2011；Li et al.，2014）。在环境保护和海岛旅游资源开发之间寻求平衡是至关重要的，因此需要多学科和跨部门的合作（Cheng et al.，2015）。研究还表明，当地社区和政府在制定和实施环保政策的过程中发挥着关键作用（Domroes et al.，2001）。

海岛旅游地资源与环境研究现状取得了一定的成果，有了一定程度的发展，上述诸多文献涉及海岛生态系统、资源评价、可持续发展、环境保护等多个领域。研究的贡献主要体现在揭示了海岛生态脆弱性，丰富了旅游地理学的理论体系，提出了一系列有效的管理策略。然而，当前研究仍存在一定的不足，包括对于小型海岛和边缘地区研究的关注度不足，跨学科交叉研究的合作程度有限，以及缺乏长期监测数据导致的可持续性评估不够准确。未来研究应更加关注小型海岛和边缘地区的生态保护与可持续发展，加强多学科交叉合作，建立完善的长期监测体系，以推动海岛旅游目的地资源与环境研究的全面发展。

（二）海岛游客行为研究

海岛游客行为研究主要关注游客的动机、偏好和满意度等方面。例如，Jonsson et al.（2008）研究发现，游客对海岛旅游的动机包括探险、放松和社交。这些动机影响着游客在海岛的活动选择，如游览、潜水和观鸟等（Kasim，2013）。游客在选择海岛旅游目的地时，会考虑多种因素，如价格、天气和交通便利性等（Mejía et al.，2015；Katircioglu et al.，2019）。此外，评价和口碑对游客的决策过程也有很大影响（Abubakar et al.，2014；Litvin et al.，2018）。一些研究还关注海岛如何通过目的地营销和品牌塑造来吸引游客(Almeida et al.,2018)。满意度是评估游客体验的重要指标。研究发现,游客满意度与服务质量、旅游产品和环境等因素密切相关(Ramseook-Munhurrun et al.,2015;Aliman et al.,2016)。为了提高游客满意度,许多海岛旅游目的地采取了不同的策略,如改善基础设施、提供多样化的旅游产品、优化服务质量等(Reyes Vélez et al.,2019)。海岛旅游中的文化体验对游客行为也有重要影响。研究表明,游客越来越关注本地文化的体验,如参与当地节庆、品尝美食和了解民俗等(Alonso,2009)。因此,开发与当地文化相关的旅游产品和活动对于提高游客满意度和目的地吸引力具有积极意义(Manning et al.,2002)。随着科技的发展,信息通信技术(ICT)对游客行为产生了重要影响。如在线旅游和社交媒体等平台成为游客获取信息、分享经验和互动的重要渠道(Usui et al.,2018;Prasetya et al.,2021)。研究发现,信息通信技术(ICT)可以帮助游客更好地了解目的地、规划行程和预订服务等(Tom Dieck et al.,2018)。

海岛游客行为研究现状在一定程度上反映了学术界对于游客行为模式、动机、偏好及其对海岛旅游地的影响的关注。现有文献为理解游客消费行为、满意度、对旅游地的忠诚度和可持续旅游行为等方面提供了宝贵的见解。此外,研究成果有助于旅游地管理者制定有效的策略,优化旅游产品和服务,提升游客体验。然而,当前海岛游客行为研究仍存在局限性,如过于侧重大型海岛和热门旅游目的地的研究,忽视了小型海岛游客行为的多样性;部分研究过于依赖定量方法,缺乏对游客行为背后深层次心理机制的定性探究;同时,对于跨文化差异的考量及对新兴旅游趋势的适应性研究仍有待加强。未来的研究应注重拓展研究范围和方法,深入探讨游客行为背后的心理动因,并充分关注跨文化差异和新兴旅游趋势,以期为海岛旅游业的持续健康发展提供更为全面的理论支持。

(三)海岛旅游社区研究

社区是海岛旅游发展的主要场所,在海岛旅游开发的过程中需要充分考虑社区因素,以确保海岛旅游的可持续发展(Brown,2010)。首先,研究关注了旅游业对海岛社区经济的影响,包括提供就业机会、提高收入水平和促进当地产业发展等(Sánchez-Cañizares et al.,2014)。然而,这种发展可能导致社会不公平、资源竞争、生活成本上升等负面影响(Sonmez et al.,2000)。此外,许多研究者关注海岛旅游对社区文化的影响。旅游业可以促进文化传承和交流,增强民族认同感和文化自豪感(Kokkranikal et al.,2003)。然而,过度商业化和全球化也可能导致文化同质化、民族文化流失和文化冲突等问题(Scheyvens et al.,2008)。

海岛旅游对社区环境的影响也受到关注。旅游业可以为社区环境保护和生态恢复提供资金和技术支持(Green,2005)。然而,不合理的旅游开发和管理可能导致海岛社区环境污染、生态破坏和资源枯竭等问题(Peterson,2020)。社区参与是海岛旅游发展的重要组成部分。研究表明,提高社区居民对旅游业的认知和参与度,有助于增强社区凝聚力,促进旅游业的可持续发展(Abukhalifeh et al.,2019)。一些研究还关注了社区居民对旅游发展的态度和满意度,为政策制定和旅游管理提供参考(Ribeiro et al.,2013)。相关研究还关注了海岛旅游对社区健康和福祉的影响。旅游业可以改善基础设施、提高医疗卫生水平和促进心理健康(Jocom et al.,2021)。然而,旅游业的发展也可能导致社会压力、心理疲劳和生活质量下降等负面影响(B. Walker et al.,2021)。海岛旅游社区的研究还涉及多方利益相关者的合作与协调。建立有效的沟通机制、利益分配制度和决策参与平台,可以实现海岛旅游的可持续发展和社区福祉的最大化。

这些研究成果对海岛社区的生计策略、居民对旅游业的态度及其对文化、生态和经济可持续性的影响有深入的探讨,为我们理解社区参与、利益共享、文化保护及可持续发展等方面提供了有益的见解。未来研究可更加关注海岛社区内部的多元性和动态性,揭示不同群体在旅游发展过程中的角色变化与利益关系。进一步研究社区力量在海岛旅游发展中的作用机制,以及社区参与和赋权的有效途径,能够为实现海岛旅游目的地的可持续发展提供更为全面和深入的理论支持。

(四)海岛旅游的经济发展模式

海岛旅游的经济发展模式涉及多种策略和方法。一种常见的模式是以可持续发展为核心,促进环境保护、社会福祉和经济增长的平衡发展(Shahmohamadi et al.,2010;Lee,2013)。有的模式则侧重于将旅游与其他产业相结合,如渔业、农业和手工艺等,以实现产业融合和多元化发展(Ram-Bidesi et al.,2004)。除了产业融合和可持续发展模式,一些研究还探讨了基于海岛旅游的社区参与模式。这种模式强调当地居民在旅游发展中的参与和利益共享,旨在提高当地经济和社会福祉(Salleh et al.,2016)。与此相关的是海岛旅游的公私合作模式,通过政府与私营部门合作,促进资源的优化配置和效益最大化(Wong et al.,2012)。

在海岛旅游的经济发展模式中,目的地品牌塑造和营销策略也起到了关键作用。有效的品牌塑造和营销策略可以提高目的地的知名度和吸引力,从而促进经济发展(Revilla Hernández et al.,2016)。此外,一些研究还关注旅游产品的创新和开发,以满足不同游客群体的需求和期望(Brown,2009)。在技术方面,数字化技术和信息通信技术对海岛旅游的经济发展模式产生了重要影响,如智能旅游和大数据技术的应用可以提高目的地的管理效率和服务质量,从而促进经济发展

(Ge,2020)。同时,社交媒体和在线旅游平台成为旅游宣传和营销的重要渠道(Prasetya et al.,2021)。

一些研究还关注了海岛旅游的政策和规划对经济发展的影响。合理的政策制定和规划实施,可以引导海岛旅游健康可持续发展,为经济发展创造有利条件(Fu et al.,2019)。同时,对海岛旅游市场的监管和管理也是经济发展模式中的关键因素。制定和实施有效的管理措施,可以确保海岛旅游资源的合理利用和保护,进而促进经济增长(Shakeela et al.,2011)。

在国际合作层面上,许多研究探讨了海岛旅游与全球经济一体化的关系。通过参与国际旅游市场和推动国际合作,海岛旅游可以更好地融入全球经济体系,从而促进当地经济发展(Więckowski et al.,2021)。此外,一些研究还关注了海岛旅游的经济影响评估。对海岛旅游的经济效益和成本进行评估,可以为政策制定者和旅游企业提供决策依据,推动海岛旅游的可持续发展(Seetana,2011)。从微观层面来看,一些研究关注了海岛旅游对当地居民生计的影响。研究表明,海岛旅游的发展可以为当地居民提供就业机会和收入来源,改善其生活质量(Seetanah,2011)。然而,海岛旅游也存在一定的负面影响,如资源竞争、环境压力和文化冲突等(Croes,2011;Tolkach,2021)。

总之,海岛旅游的经济发展模式涉及多个方面,包括可持续发展、产业融合、社区参与、公私合作、品牌塑造、技术创新、政策规划和国际合作等。未来的研究可继续探讨不同经济发展模式的优劣与适用性,为海岛旅游的可持续发展提供理论支持和实践指导。

(五)海岛旅游可持续发展研究

海岛旅游可持续发展研究关注了诸多方面。首先,许多研究专注于环境保护,强调在开发海岛旅游业时应采取措施减轻对生态系统的影响(Huang,2008)。这些措施包括生态旅游、环保技术和资源循环利用等(Bhaduri et al.,2020)。其次,研究者关注了海岛旅游业对当地文化的影响。要想保护和传承地方文化,应提倡发展文化旅游、社区参与和教育推广等项目(Lewis,2004),这样可以促进旅游业与当地文化的融合,避免文化冲突和同质化现象(Nunkoo et al.,2010)。此外,许多研究关注海岛旅游业与社会经济的关系。为实现经济的可持续发展,研究者提出了一系列政策建议,如多元化发展、利益均衡和创造就业机会等(Dłużewska et al.,2021)。同时,研究者应关注贫困和不平等问题,通过旅游业推动社会公平和包容性发展(Roslan,2008)。海岛旅游业的可持续发展还需要建立有效的管理和监管机制。研究者提出了诸如政府监管、公民参与和企业责任等方面的措施,以确保海岛旅游业健康、有序发展(Koski-Karell,2019)。在海岛旅游业可持续发展过程中,利益相关者之间的合作与协调至关重要。研究者关注了政府、企业、社区和游客等多方利益相关者之间的协作机制,以实现共赢和可持续发展(Carlsen,1999)。

总体来看,国外海岛旅游研究逐渐从对单要素的影响研究转为更加深刻的内生关系等相互交叉的影响研究,并注重对海岛旅游的本质分析。游客的主体地位得以突出,文化内涵成为研究海岛旅游的重要方面。在研究方法上,质性研究得到了一定程度的重视,以更好地诠释海岛游客行为。

三、国内海岛旅游研究回顾

为了深入了解国内海岛旅游研究现状,笔者于2021年12月25日在中国知网(CNKI)上以"海岛旅游"为关键词进行搜索,结果显示自1985年起共收录了两千多篇期刊文献及硕、博士论文。笔者采用CiteSpace软件对筛选后的文献进行计量分析,主要利用关键词分析以及突现检测,通过对关键词时间分布的检测,探测出增长速度快的关键词,生成海岛旅游研究热点可视化图谱,用以分析这一学科领域的研究热点。节点越大,表示这一关键词出现的次数越多。关键词中心度反映了其在整个关键词共现网络中的重要性,代表了这一领域在一定时期内的核心研究主题。本研究按照关键词中心度对关键词进行筛选,并将筛选后的关键词列于表2-1,通过这些关键词对海岛旅游核心研究主题进行辨识。

表2-1　海岛旅游研究领域的关键词中心度排序表

关键词	被引频次	中心度	关键词	被引频次	中心度
海岛旅游	302	0.4	开发利用	8	0.33
海岛	58	0.23	启示	7	0.01
Logistic逐步回归	36	0.1	海岛旅游业	7	0.07
可持续发展	35	0.12	海岛开发	7	0.02
旅游开发	33	0.2	旅游型海岛	7	0.02
旅游资源	31	0.27	舟山	7	0.01
长山群岛	28	0.02	海南岛	6	0.01
无居民海岛	28	0.11	东山岛	6	0.02
对策	27	0.12	海南	6	0.01
海岛旅游开发	22	0.08	旅游产品	6	0.01

续表

关键词	被引频次	中心度	关键词	被引频次	中心度
海岛旅游	302	0.4	开发利用	8	0.33
旅游	20	0.1	高质量发展	6	0.01
旅游业	20	0.29	生态旅游	6	0.01
SWOT分析	17	0.04	辽宁省	5	0.01
海岛旅游资源	17	0.27	现状	5	0.02
滨海旅游	14	0.05	策略	5	0.02
舟山群岛	11	0.01	南澳岛	5	0.13
重游意愿	10	0.03	平潭岛	5	0.04
海洋旅游	10	0.02	发展策略	4	0.02
开发	9	0.08	国际旅游岛	4	0.01

资料来源:笔者整理。

如图2-2所示,国内学者对海岛旅游的研究进程体现了研究主题的变化情况。已有的文献表明,研究重点主要集中在海岛资源的评价以及空间的开发利用方面(夏东兴等,1986;方民生,1988;王勇,1994),这些研究为海岛旅游的初步发展奠定了基础。随着海岛旅游的逐渐兴起,学者们开始关注那些较早进行海岛开发和管理并具有一定经验的地区,试图通过借鉴这些地区的成功案例,为国内其他海岛地区提供参考和启示(邓伟等,1996;叶依广等,1998)。

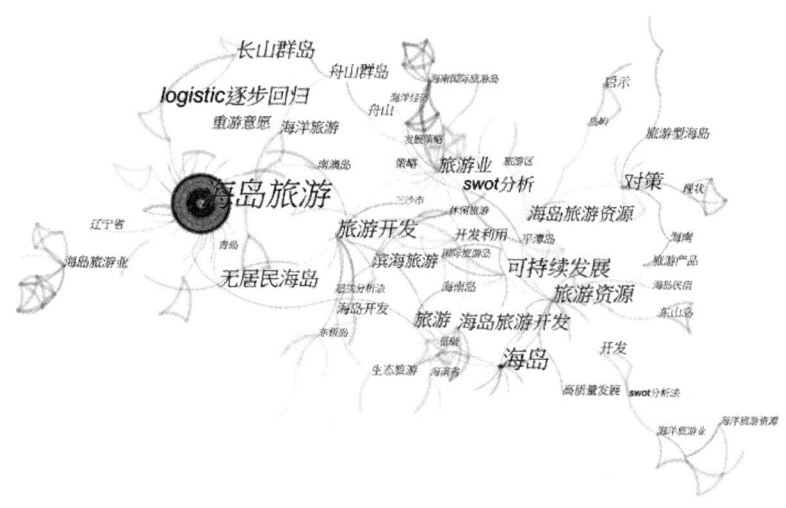

图2-2 1985—2021年海岛旅游研究关键词图谱

　　随后,国内学者的研究重点逐渐转向具体海岛的开发和发展管理模式,试图挖掘各个海岛在旅游开发过程中的特点和优势,以期实现各个海岛的个性化发展(陈烈等,2004;文吉等,2004)。此外,伴随着海岛旅游业的快速发展,如何开发具有吸引力的旅游产品以满足游客不断增长的需求(曲凌雁,2005),也成为学者们关注的焦点。

　　近年来,随着全球可持续发展理念的普及和提倡,国内学者对海岛旅游的研究主题逐渐拓展至海岛可持续发展领域(卢昆,2010;张月明等,2014;王泉斌等,2018)。这些研究关注如何在保护海岛生态环境和维护社会文化价值的同时,实现海岛旅游业的经济增长。这一转变表明,国内海岛旅游研究主题与国外研究主题已经基本趋向一致,这意味着国内学者在海岛旅游研究方面与国际接轨,为我国海岛旅游业的健康发展提供了有力支撑。

　　从海岛旅游发展的实践过程以及对应的研究问题来看,国内海岛旅游研究可以分为以下三个阶段。

　　第一阶段为20世纪80年代至2000年,海岛旅游研究处于起步阶段,随着大众旅游的逐渐普及,学者们主要关注海岛旅游资源的评价、开发和利用(张耀光等,1993)。研究涉及海岛旅游资源的类型、分布和特点,以及海岛旅游的市场需求(李植斌,1997)。此外,学者们还关注了旅游规划和开发中的基本理论和方法,为海岛旅游业的初步发展奠定了基础(田克勤,1998)。"海岛旅游""旅游资源"等关键词呈现出较强的中心度,成为这一时期海岛旅游研究领域的核心节点。总体来看,这一时期的海岛旅游研究成果较少,而且以描述性和规范性分析为主。

　　第二个阶段为2000年至2010年,属于海岛旅游的高速发展阶段,产生了多样化的研究主题。这一时期涌现出大量的关键词,例如,"可持续发展"(陈烈等,2004)、"生态旅游"(张云生等,2002)、"长山群岛"(栾维新等,2005)、"国际旅游岛"(彭京宜,2009)等,并且中心度较为均衡。研究重点逐渐转向具体海岛的开发和发展管理模式。学者们试图挖掘各个海岛在旅游开发过程中的特点和优势,以期实现各个海岛的个性化发展(冯学钢,2004)。在这个阶段,研究涉及旅游产品开发、旅游营销、旅游服务质量、旅游影响评估等方面(林敏菲等,2004;魏兴华,2006)。随着海岛旅游资源的开发,旅游市场上出现"海岛旅游热"的现象。大批游客涌向海岛区域,但是这一时期海岛地区的旅游发展并不成熟,面对大批游客的涌入,海岛地区显得"力不从心",旅游设施还不完善,管理机制也不健全,此时的发展方式较为粗放。于是学者们纷纷开始探讨海岛地区的发展策略。这一时期有关海岛旅游的研究文献大幅增加,学者们的研究重心多集中于海岛地区的开发模式以及发展策略。随着海岛旅游的升温,有的海岛地区生态环境遭到一定破坏,引发了学者们对海岛旅游可持续发展的关注。

第三个阶段为2011年至今,自2011年开始,有关海岛旅游的研究有了新的进展,但是这一时期关键词的中心度较小而且数量有限。这表明海岛旅游出现多元化的研究趋势,研究方向越来越多,涵盖学科越来越广(龙江智等,2012;李渊等,2022)。通过关键词信息表分析,这一时期学者们的关注重点开始从海岛转向游客,开始注重游客的旅游体验(董朝阳等,2018),以及旅游业的发展对海岛地区的文化影响、社会影响(李淑娟等,2016)等。

总体来看,国内海岛旅游研究现状反映了对海岛旅游资源、环境、游客行为和社区发展等多方面的关注。学术贡献主要体现在对国内海岛旅游资源的分类、评价和开发策略的探讨,以及对生态保护、文化传承和社区参与等方面的研究,为国内海岛旅游业的可持续发展提供了理论支持和实践指导。然而,国内海岛旅游研究仍存在一些不足。首先,大部分研究聚焦于热门海岛,较少关注边缘和小型海岛的独特性。其次,研究方法过于依赖传统的定量分析,未充分挖掘定性研究的优势。最后,跨学科研究和国际比较研究的深度和广度有待提高,以期为国内海岛旅游研究注入新的活力。

未来研究可关注海岛的独特性,挖掘海岛旅游发展中的潜力,以及如何通过旅游业促进当地经济、生态和文化的可持续发展。此外,应积极探索定性研究方法在海岛旅游研究中的应用,如田野调查和人类学研究等,以更全面地揭示海岛旅游的多样性和复杂性。同时,强化跨学科研究和国际比较研究,探讨全球化背景下国内海岛旅游业如何借鉴国际经验,以及如何应对新的挑战和机遇,以期为国内海岛旅游研究提供更为全面的理论支持。

第二节　旅游体验研究

一、旅游体验概念内涵

旅游体验是一个多维度、多层次的概念,它涉及游客在旅游过程中的认知、情感、行为和社会交往等方面的感受与评价(Kim et al.,2014)。旅游体验的内涵在学术研究中的呈现主要包括以下多个方面:认知体验是指游客在旅游过程中对目的地的观察、感知、思考和解释,从而形成对目的地及其相关元素的认知和理解(Godovykh,2020)。认知体验涉及游客对旅游产品和服务的期望、满意度、形象和印象等方面的评价和判断(Del Bosque et al.,2008)。情感体验是指游客在旅游过程中产生的情感反应和心理状态,如愉悦、惊喜、满足、失望等(Zins,2002;Ramanathan et al.,2014)。游客可以通过参与旅游活动、感知目的地环境,以及与当地居民和其他游客互动等方式产生情感体验(Patwardhan et al.,2020)。行为体验是指游客在旅游过程中参与的各种旅游活动,如观光、购物、餐饮、娱乐等(Yuksel,2004;Wong et al.,2013)。行为体验与游客的旅游动机、兴趣和喜好等因素密切相关,反映了游客在旅游过程中的实际体验和参与程度(Rachao et al.,2020)。社会交往体验是指游客在旅游过程中与当地居民、其他游客以及旅游服务提供者之间的互动和交流(Kang et al.,2013;Brun et al.,2020)。社会交往体验可以通过文化交流、情感共享和社会认同等方式产生,有助于增强游客对目的地的归属感和认同感(Kavoura et al.,2015)。

二、旅游体验凝视理论

英国社会学家约翰·厄里(John Urry)在其著作《旅游者凝视》(*The Tourist Gaze*)中提出了旅游凝视理论,强调旅游者对于旅游目的地的视觉消费具有重要的社会学意义。约翰·厄里认为,旅游凝视是旅游者在旅游过程中形成的一种独特的视觉体验,这种视觉体验使得旅游者将注意力集中在特定的景观、景点和文化现象上,从而达到其消费和享受旅游的目的。

旅游凝视理论提出后,学者们基于此理论进行了广泛的研究与探讨,涉及旅游凝视的形成、机制、类型、影响因素等多个方面。例如,Everett(2008)研究了旅游凝视与具身体验的关系;Canziani et al.(2013)探讨了旅游凝视与游客角色的关联;Walsh et al.(2019)则对旅游凝视理论与旅游媒介的相互作用进行了研究。这些研究为旅游凝视理论的发展提供了丰富的理论资源和实证支持。随着旅游凝视理论研究的深入,学者们开始关注凝视的多元化现象。例如,Edensor(2001)提出了"实践凝视"概念,强调游客在旅游过程中的实践活动对于凝视的重要性;Wearing et al.(2006)探讨了后殖民主义视角下的旅游凝视;Höckert et al.(2018)则关注了游客凝视中的道德与伦理问题。这些研究揭示了旅游凝视在不同社会文化背景下的特点。数字技术和社交媒体的兴起对旅游凝视产生了重要影响。研究者开始关注新媒体技术如何改变游客的旅游凝视行为和体验。例如,Walsh et al.(2019)研究了社交媒体如何影响游客对目的地的选择和凝视方式;Rainoldi et al.(2018)探讨了虚拟现实技术在旅游凝视中的应用和影响。这些研究表明,新媒体技术正在改变旅游凝视的形态和内涵,使得旅游凝视理论面临新的挑战和机遇。

国内学者也对旅游凝视理论展开了广泛的研究。例如,刘雨潇等(2021)关注了旅游凝视与旅游地形象的关系;朱璇等(2017)探讨了旅游凝视与民族文化社区空间异化问题;孙九霞(2019)探讨了旅游凝视在乡村文化修复中的作用途径。张江驰等(2021)研究了旅游凝视与旅游地居民心理变迁的关联。陈俊彤等(2017)分析了网络旅游平台上的用户生成内容对旅游凝视的影响。

这些研究不仅丰富了旅游凝视理论在国内的应用,也为我国旅游业的发展提供了理论指导。旅游凝视作为游客观察和解读旅游环境的方式以及一种权力的展现,直接影响了游客对目的地的认知和理解。这种认知和理解会进一步塑造游客的旅游体验。不同的旅游体验可能会导致游客关注不同的旅游要素,从而产生不同的旅游凝视。游客的凝视方式会影响他们的旅游体验质量,而他们的旅游体验又会反过来影响他们的后续旅游凝视行为。这种互动关系使得旅游凝视与旅游体验在旅游过程中不断演变、相互塑造。

三、旅游体验的具身性

具身性理论(Embodied Theory)是一种强调身体在认知、情感和行为过程中的重要性的理论。自20世纪80年代以来,具身性理论逐渐兴起,并发展为心理学、认知科学和哲学等领域的重要研究方向(Ignatow,2007)。该理论认为,认知活动不仅源于大脑的信息加工过程,更是在身体与环境持续互动中的生成机制(Marsh et al.,2009)。这一观点与传统的认知观念相区别,后者将认知过程视为一种抽象、独立于身体和环境的过程(Inamura et al.,2004)。

具身认知(Embodied Cognition)是具身性理论的核心概念,它强调认知过程与身体的紧密联系。具身认知研究表明,人类的知识和思维受到身体和感官经验的影响(Anderson,2003;叶浩生,2010)。例如,空间知识和数学概念往往与身体经验和运动有关(Sklar,2008)。此外,具身认知还表明,语言的理解和使用也受到身体和感官经验的影响(殷明等,2015)。这些研究成果为认知科学领域提供了新的视角,揭示了认知过程与身体经验之间的密切联系。

具身观看(Embodied Viewing)关注观察者在观看过程中如何利用身体知识和经验来解读和理解视觉信息。具身观看研究表明,观察者的身体知识和经验会影响他们对视觉场景的解读(Cranny-Francis,2009)。例如,研究发现,观察者对物体距离的估计受到他们的运动状态和能力的影响(Vossoughi et al.,2020)。这些研究成果揭示了观察者在视觉过程中如何运用身体知识和经验来解读环境信息。

　　具身情感(Embodied Emotion)关注情感如何与身体经验和知识相互作用。具身情感研究表明,情感经验与身体运动、生理状态和神经活动紧密相关(刘亚等,2011)。例如,研究发现,人们在表达和理解情感时会运用与情感相关的面部表情、肢体动作(Gallese,2019)。此外,情感状态也会影响人们对环境和社会信息的解读(Brinkmann,2019)。例如,愉悦情绪可能会导致人们对他人产生更积极的评价,而消极情绪则可能导致人们对他人产生更消极的评价(陈巍等,2012)。表2-2呈现了情绪体验的具身性经典实验的相关内容。

表2-2　情绪体验的具身性经典实验

作者	实验设计	实验结果	推论
Damasio et al. (1994)	研究与情感有关的脑损伤患者在制定决策和形成社会认知方面的表现	结果显示,脑损伤患者在制定决策和形成社会认知方面表现较差	情感具身性在制定决策和形成社会认知中起到重要作用
Barsalou (1999)	对情感的具体概念进行研究,探讨情感在认知过程中的作用	结果显示,情感在概念表征中起到关键作用	情感是具身认知的重要组成部分
Gallese et al. (2004)	利用镜像神经元理论,研究共情的具身性基础	结果发现,观察他人情感表现时,个体的大脑会产生类似的神经活动	共情是一种基于具身性的情感共鸣过程
Niedenthal et al. (2005)	开展一系列实验,探讨面部表情的模仿在情感识别过程中的作用	结果表明,阻止面部表情的模仿会降低情感识别的准确性	面部表情的模仿与情感识别之间存在具身性关系
Glenberg et al. (2005)	通过操纵参与者的手臂姿势,研究具身行动对记忆的影响	结果表明,与动作相关的手臂姿势可以提高记忆效果	具身行动对记忆过程具有促进作用
Beilock et al. (2008)	研究身体动作如何影响数学焦虑和数学能力	结果表明,通过改变身体动作可以减轻数学焦虑,并提高数学能力	身体动作与情感调节之间存在具身性关系
Vul et al. (2009)	使用fMRI技术,研究具身情感在大脑中的神经基础	结果表明,与情感相关的大脑区域在处理具身情感时被激活	具身情感经验与神经活动之间存在密切关系
Havas et al. (2010)	利用Botox注射剂限制面部表情,研究面部表情对情感体验的影响	结果发现,限制面部表情会降低情感体验的强度	面部表情与情感体验之间存在具身性关系

续表

作者	实验设计	实验结果	推论
Damasio et al. (1994)	研究与情感有关的脑损伤患者在制定决策和形成社会认知方面的表现	结果显示，脑损伤患者在制定决策和形成社会认知方面表现较差	情感具身性在制定决策和形成社会认知中起到重要作用

资料来源：笔者整理。

随着旅游研究领域的不断拓展，越来越多的学者开始关注旅游体验的具身性。具身性理论强调身体在认知、情感和行为生成中的核心作用，主张个体并非依赖大脑独立运作，而是在身体与环境的持续互动中感知、理解并建构对世界的经验（杨洋等，2022）。在旅游研究中，具身性理论为探讨游客的行为、体验和情感提供了新的视角。

旅游体验的具身性主要体现在游客与环境的互动过程中。在旅游过程中，游客通过身体感知和行动来认识和理解周围环境，这种认识和理解并不局限于传统的视觉、听觉、嗅觉、味觉和触觉等感官层面，还包括更为复杂的身体感知和运动经验（王学基等，2019）。例如，游客通过徒步、攀爬、游泳等行动与环境互动，形成对环境的感知和评价（王敏等，2022）。因此，游客的具身体验不仅关注单一的感官体验，还关注游客如何通过身体动作与环境建立联系和互动（Small et al.，2012）。研究发现，游客在目的地的认知过程中，往往通过身体感知、行动和情感体验来理解和解释周围环境（Farkic，2021）。例如，游客可能通过亲身参与当地文化活动，以及与当地居民的互动，形成对目的地文化的理解和认同（朱璇等，2019）。

旅游体验的具身性研究现状表现出对游客在旅游过程中的感知、情感和行为的全面关注，这些研究强调了游客在旅游体验中的主观性和身体性，从而提高了旅游研究的理论深度和实践针对性。具身性研究的贡献主要体现在深入剖析游客的内在动机、情感反应以及行为选择，为旅游业提供了更为细致的策略指导。然而，这些研究仍存在一定的不足，如过于关注个体层面的体验，忽略了社会文化背景对具身性体验的影响，同时，对具身性理论在不同旅游类型和目的地的适用性尚未形成系统性的研究成果。

在海岛旅游体验的研究中，具身性理论可以发挥重要作用。首先，它有助于揭示游客在自然、文化和社会环境中的身体感知和情感反应，进而为海岛旅游目的地提供有针对性的产品和服务优化建议。其次，具身性理论可以帮助分析海岛旅游中的跨文化交流和身份认同问题，从而增进对游客行为和需求的深度理解。

最后，具身性理论可以为海岛旅游的可持续发展提供新的视角，例如，通过研究游客与自然环境的互动，推动生态保护和环境教育的实施。未来研究可以综合运用定量和定性方法，深入挖掘具身性理论在海岛旅游体验研究中的潜力，以期为海岛旅游业的发展提供更为全面和深入的理论支持。

四、旅游体验的流动性

体验不是对客观世界的映照和机械的反应模式，而是富于多样性、动态性和变化性的。流动性在旅游体验研究中是一个关键概念，它强调了旅游体验在时间和空间上的变化与发展。

从时间维度来看，旅游体验的流动性体现在游客在旅行过程中所经历的各个阶段。Uriely(2005)提出了旅游体验的三个阶段：预期、实际体验和回忆。在预期阶段，游客通过多种信息渠道形成对旅游目的地的期待；在实际体验阶段，游客通过实地参与与情境互动获得具体体验；在回忆阶段，游客则通过回顾与分享旅行经历，对旅游体验进行情感再加工与意义再生产。这一观点强调了旅游体验的流动性并不局限于实际的旅行过程，还包括前期的预期和后期的回忆。从空间维度来看，旅游体验的流动性主要体现在游客在目的地的空间转移过程中。Larsen(2008)提出了"流动旅游体验"的概念，强调了旅游体验在空间上的连续性和动态性。对游客在旅行过程中的移动轨迹进行研究，可以揭示旅游体验在空间上的流动性特征。研究发现，游客在旅行过程中会根据自身的兴趣和需求调整行程安排，从而产生不同的旅游体验(Shoval et al.,2011)。

学者们还从心理和情感的角度对旅游体验的流动性进行了探讨。游客的心理状态和情感在旅行过程中会随着环境和互动的变化而发生改变，这一变化会影响到旅游体验的质量和满意度(Karasakal et al.,2022)。基于此，越来越多的研究关注如何满足游客在不同阶段的心理和情感需求，从而提升旅游体验的流动性(Ray et al.,2003)。吴寅姗等(2017)从文化心理学的角度，探讨了旅游体验的流动性如何受到文化背景和心理机制的影响。研究强调，旅游体验不仅是空间和时间的流动，更是文化意义与个体心理互动的结果。

旅游体验的流动性研究现状体现了研究领域对游客在旅行过程中的空间和时间动态变化的关注。这些研究强调了旅游体验的连续性、多样性和互动性，拓展了旅游研究的视角，增进了对游客行为的理解。流动性研究的贡献在于把旅游体验从静态、孤立的事件转变为动态、关联的过程，揭示了不同空间和时间尺度下旅游体验的特征。然而，现有研究在一定程度上仍存在不足，如对流动性在不同旅游类型和目的地中的表现和影响尚未充分探讨;此外,亦需深入研究流动性与其他旅游体验要素(如具身性等)之间的关系和相互作用。

在海岛旅游体验研究中,流动性理论可以发挥以下作用。首先,它有助于理解游客在海岛旅游过程中的空间和时间动态变化,为旅游规划和管理提供有益的启示。其次,流动性理论揭示了游客在不同景区、景点之间的转移和互动,有助于分析海岛旅游体验中的游客路径选择、旅游产品组合以及目的地间的竞争与合作。最后,流动性理论可以与具身性理论相结合,深入探讨游客在海岛旅游体验中的情感、认知和行为变化。例如,分析游客在海岛旅游过程中的移动性对其具身体验的影响,如环境感知、文化适应和人际互动等方面的变化。

五、旅游体验的景观生产

"景"自古即被重视,其内涵超越了地貌外观,体现出深层的文化意义与精神象征(俞孔坚,2002)。"景"一词用于描述山川河流等自然景观的壮丽,以及寺庙和园林等地方的文化和建筑特色。在中国文学中,"景"经常被用来唤起敬畏和惊奇的感觉,与人与自然和谐相处的理想联系在一起。在中国艺术中,"景"是一个中心主题,通过多种媒介进行描绘,包括绘画、书法和诗歌等。风景通常以程式化和理想化的方式被描绘,用以唤起宁静、和谐与精神联结的情感体验(Westerink et al.,2017)。

从旅游体验的角度来看,旅游景观的意义可以理解为游客对一个地方的感官和情感反应(郑春晖等,2022)。旅游景观可以唤起一系列情绪,还可以塑造游客对一个地方的看法,影响他们对目的地的整体评价(袁振杰等,2020)。旅游景观的设计和管理在创造积极的旅游体验方面起着至关重要的作用,并且可以影响游客做出是否再次返回目的地的决定。旅游景观的感官和情感吸引力也有助于目的地品牌和声誉的形成,影响目的地在全球旅游市场的竞争力。

在旅游凝视理论下,海岛景观不仅是视觉消费的对象,更是游客在其文化、社会与个体视角作用下所构建的意义空间。这些观点揭示了游客凝视中潜在的权力关系与主观性机制。就海岛景观而言,游客的目光会受到多种因素的影响,包括海岛环境独特的风情、海岛的浪漫生活,以及逃离繁忙的都市生活,对放松身心的渴望。这些因素可能有助于形成特定的游客注视,突出海岛景观的某些方面,淡化或忽略其他方面。

"景观"体现了关于环境和人类景观的观察、评价和创造的过程(Pastor et al.,2007)。景观不仅是物理景象,还是文化和社会意识形态的体现。从游客体验的视角来看,因体验而产生的景观对人类的生活和发展具有重要影响。人类经验与体验塑造海岛景观的方式是复杂且多方面的,反映了个人与环境之间的关系。从存在主义哲学的角度来看(Kirillova et al.,2017),塑造海岛景观的人与环境之间的关系是一个复杂且多方面的过程,反映了个人的经验和观点。在海岛景观的背景下,游客体验和感知环境的方式取决于游客的个人经历、观点和情感。此外,人与环境之间的关系是这一哲学观点的核心。人类不再被视为世界的被动观察者,而是塑造其体验和环境的积极参与者。就海岛景观而言,游客并非环境的被动接受者,而是通过与环境的互动积极塑造他们的体验。这种人与环境关系的意义在于,旅游体验不仅受到环境的物理和感官因素的影响,还受到个人经历、观点和情感的影响。这意味着每个游客都可能对目的地形成独特且主观的体验,反映了他们与环境的个人关系。

在海岛旅游体验研究中,景观生产理论可以发挥以下作用。首先,景观生产理论有助于揭示海岛旅游景观的空间、功能和视觉特征,以及这些特征如何塑造游客的体验。其次,景观生产理论可以指导海岛旅游规划和设计,强调景观要素在满足游客需求、引导游客行为和提升目的地吸引力方面的重要性。此外,景观生产理论还可以帮助分析海岛旅游景观的可持续性问题,如生态保护、文化遗产保护以及景观再生等方面的问题。

第三节　自我表达与地方意义

一、从自我到自我表达

自我(Self)是指个体对自身特征、能力、价值观等的认知与了解,涉及心理学、社会学、哲学等多个学科(Swann et al.,2007)。自我表达则是个体通过言语、行为、艺术等形式展示自己特征、情感和观点的过程,主要涉及心理学、社会学、沟通学等学科(Aaker,1999)。

自我表达动机是驱使人们参与旅游活动的关键因素之一,体现在追求个性化旅行、探险、文化体验等多个方面(Hanai et al.,2018)。具体来说,旅行者可能希望通过旅游体验来满足自我实现、社交需求以及逃离日常生活的压力等心理需求。此外,旅游活动中的自我表达还可以帮助个体在社会中建立独特的身份和地位。旅游过程中的自我表达内容涵盖了旅行者的消费选择、行为表现、社交互动等多种形式(He et al.,2022)。例如,旅行者在选择旅游目的地、酒店、餐厅以及购物场所时,可能会关注这些选择是否能够充分展示自己的品位和价值观。同时,旅行者在旅游活动中的行为表现(如参与当地文化活动、探险运动等)和社交互动(如在社交媒体上分享旅游经历和感受)也是自我表达的重要途径。

自我表达可以让旅行者实现自我认知、自我成长和情感满足,从而提高旅行者的幸福感和生活满意度(Lochrie,2019)。具体来说,旅游活动中的自我表达有助于个体更好地认识自己的兴趣、价值观以及潜能;同时,个体可以通过与不同文化和背景的人们互动交流,拓宽视野,增进理解,促进自我成长。在情感层面,旅游活动中的自我表达可以带给个体愉悦的体验和美好的回忆,从而提高幸福感和生活满意度。

这些研究凸显了旅游体验中的社会、文化和心理维度,提出了游客在旅行过程中寻求个性化、独特性和认同感的需求。自我表达研究的贡献在于揭示了游客行为和需求的深层动机,为旅游业提供了有针对性的市场营销和产品开发策略。然而,现有研究仍存在一定的不足,如对不同文化背景、年龄段和社会阶层游客自我表达的差异性研究不足,对自我表达与其他旅游体验要素之间的关系和相互作用也需深入探讨。

在海岛旅游体验研究中,自我表达视角可以发挥以下作用。首先,它有助于理解游客在海岛旅游过程中如何通过特定活动、消费行为和社交互动来展示和塑造自我形象,从而为旅游产品和服务的定位提供依据。其次,自我表达理论可以优化海岛旅游目的地营销策略,挖掘目的地的独特性,满足游客追求个性和独特体验的需求。最后,自我表达的视角还可以帮助分析海岛旅游中的跨文化交流和身份认同问题,以及游客与当地居民、其他游客之间的互动关系。

二、地方性与地方意义

地方性是指个体或群体对特定地理环境的情感、认知和行为反应,涉及对空间的认知、情感和意义观念的综合体现(Tuan,1977;Relph,1976)。地方性的研究内容包括地理环境对个体心理的影响、地方性在文化、社会和经济活动中的作用,以及地方性在地理空间中的表现。研究发现,地方性对旅游目的地的吸引力、游客体验和满意度具有重要影响(Lewicka,2011)。此外,地方性在旅游规划和管理中被视为关键因素,有助于创造独特的旅游产品和服务(李燕琴等,2021)。

地方感是指个体或群体与特定地方形成的情感联系,包括对地方的认知、情感和社会联系(Campelo et al.,2014)。地方感的研究内容涉及个体与地方之间的关系建立、地方感的形成过程以及地方感对个体行为和心理的影响。在旅游研究中,地方感被认为是影响游客行为、忠诚度和目的地形象的重要因素(Jarratt et al.,2019)。地方感还与游客对旅游目的地可持续发展的态度和行为密切相关(Confente et al.,2021)。

地方意义的内涵在结构主义地理学与人文地理学下存在一定差异。结构主义地理学强调地理现象和过程中的结构因素和规律。结构主义地理学家关注地理空间的物质结构、空间关系和形态,以及这些结构如何影响和制约人类行为和社会过程(Duncan et al.,1982)。在结构主义地理学中,地方意义主要被视为地理空间中的物质属性和功能,重点分析地方的形态、规模、组织和相互关系等客观因素。然而,结构主义地理学并不否认人的活动对环境的价值赋予。人文地理学则关注地理现象中的人类行为、文化和社会因素,强调主观体验、感知和价值。人文地理学家研究人类与地理环境的互动,以及地方在个体和群体生活中的意义和作用。在人文地理学中,地方意义被认为是个体或群体赋予特定地理环境的符号、象征和价值,涉及地方在文化、历史、宗教等多个层面的意义(杨勇等,2021)。地方意义在这一领域被认为是一种主观、多维度的现象,与个体的感知、认知和情感紧密相关。

地方意义在文化和遗产旅游中尤为重要,有助于提高游客的认知吸引力和满意度(Timothy,2014)。地方意义也对旅游目的地的品牌塑造和市场推广产生重要影响,能够强化游客对目的地的认同感和归属感(Tilley,2006)。

地方性、地方感和地方意义之间存在密切的关系。地方性强调个体对地理空间的认知、情感和价值体现,为地方感和地方意义提供基础。地方感关注个体与地方的情感联系,与地方性相互作用,共同影响个体的行为和心理。地方意义在人的参与下,强调地方的主观象征和价值,与地方性和地方感相互影响,共同构成个体和群体与地理空间的复杂关系。

这些研究强调了地方在旅游体验中的重要性,揭示了地方如何影响游客的认知、情感和行为。地方性理论为理解旅游目的地的文化、历史和生态特色提供了有益的视角,而地方意义理论关注游客在旅游过程中与地方的互动,以及地方如何成为游客心灵的寄托和归属感的来源。

在海岛旅游体验研究中,地方性和地方意义理论发挥着重要作用。首先,地方性理论可以指导研究者深入挖掘海岛的自然、文化和历史资源,以塑造鲜明的地方特色,提升海岛旅游的吸引力。其次,地方意义理论关注游客在旅游过程中与地方的互动,帮助游客如何在体验海岛旅游的过程中建立情感联系,进而形成地方认同感和归属感。最后,地方性和地方意义理论强调地方资源的保护和利用,为海岛旅游目的地的规划、管理和发展提供理论支持,有助于实现旅游业与地方社区、文化和生态环境的和谐共生。

三、海岛场所精神建构

场所是指具有特定地理位置、物质属性和文化特征的空间单元(Cheng et al.,2003)。场所的概念内涵包括地理环境的形态、结构和功能,以及人类行为和活动在空间中的组织和表现。场所研究关注个体和群体如何认知、感知和评价地理环境,以及地理环境对他们的行为、心理和社会关系的影响(Gieryn,2000)。在旅游研究中,场所被认为是影响游客体验、满意度和忠诚度的关键因素,有助于理解旅游目的地的吸引力、竞争力和可持续性(Young,1999)。

场所精神是指特定地理环境所具有的独特氛围、风格和精神,具有方向感和认同感的作用(诺伯舒兹,2010)。场所精神的概念内涵涉及地理环境的历史、文化、社会和生态特征,以及这些特征如何构成个体和群体对地方的情感、认同和价值观(Hay,1998)。场所精神研究关注地理环境的象征意义、地方记忆和地方传统,以及这些因素如何影响个体和群体的生活、活动和关系(Gustafson,2001)。在旅游研究中,场所精神被认为是旅游目的地的核心资源和特色,对游客体验、认知和行为具有重要意义(Jepson et al.,2015)。

在海岛旅游体验中,海岛场所精神是指海岛特定地理环境所具有的独特氛围、风格和精神,包括海岛的自然景观、生态系统、历史文化、社会传统等多个方面的特征。海岛场所精神综合反映了海岛地方性和地方意义在个体和群体心目中的象征和价值、方向感与认同感,强化了对游客在海岛旅游过程中的认知、情感和行为的影响。海岛场所精神为海岛旅游目的地提供独特的自然景观、生态系统、历史文化、社会传统等方面的资源,增强了游客对目的地的兴趣和好奇心。这有助于满足游客对认知、情感和行为的需求和期望,提高游客在海岛旅游过程中的满意度和忠诚度,并为海岛旅游目的地提供独特的品牌特色和象征,从而提升海岛旅游目的地的知名度、美誉度和竞争力,同时强调海岛旅游发展中的历史、文化和生态保护,有助于实现地方传承和可持续发展。

第四节 文献简评

在当前的全球旅游发展背景下,海岛旅游已成为旅游业的重要领域。笔者对海岛旅游现状、旅游体验、自我表达和地方意义等方面进行了文献回顾与探讨。

现有文献从多维度审视了游客在海岛旅游中的行为和感受,为我们理解旅游体验的本质和特征提供了丰富的理论资源。然而,这些研究在研究内容、研究方法和理论提炼方面仍有一定的局限性。为了进一步拓展海岛旅游体验研究的理论深度和实践应用,本研究将综合分析现有文献,对旅游体验下的海岛性、具身机制与意义建构进行系统性的研究。

首先,现有文献虽然对海岛旅游体验的各个方面进行了较为全面的梳理,但在理论整合和提炼方面仍有较大的提升空间。为此,本文将基于旅游体验、人地关系视角构建"情境—过程—结果"这一新的研究框架,以期为海岛旅游体验研究提供更为系统和深入的理论支持。其次,在研究方法上,部分文献过于依赖单一的定性或定量方法,这可能导致研究结果的局限性。本研究将尝试运用定性与定量相结合的研究方法,以期在深入挖掘游客行为和感受的同时,更好地揭示海岛旅游体验的普遍规律。最后,从理论提炼的角度,本研究将更加关注游客在海岛旅游过程中的主观体验和互动过程,探讨旅游体验下的海岛性、具身机制与意义建构,以期为海岛旅游业的发展提供更为有针对性和实效性的建议。

一、海岛旅游研究内容的扩展

从研究内容的角度来看,旅游体验研究在很多方面已取得了有效的进展,但仍存在一些待补充的空白。海岛旅游研究多从旅游需求、旅游市场、旅游规划、旅游营销等角度展开,分析海岛旅游业的现状和未来发展趋势。虽然这些研究从各个方面分析了海岛旅游的问题,但是忽略了海岛旅游的本质特征——海岛性,以及海岛旅游中的具身体验等方面的研究,缺乏从人地关系和旅游体验的角度出发,探究海岛旅游中海岛性、海岛旅游的具身体验、海岛地方意义等方面的研究。今后的海岛旅游研究需要更加重视海岛性、海岛旅游的具身体验、海岛地方意义等方面,深入挖掘海岛旅游的内在机理和外部影响因素,以更好地促进海岛旅游的健康发展。

在实证研究方面,现有文献对不同类型的海岛旅游目的地进行了多样化的案例分析,揭示了各种旅游体验在不同背景下的特点和规律。现有研究在某些方面尚存在不足。例如,对于游客与当地社区、文化及环境之间的互动关系研究仍相对薄弱;对于游客个体差异、动机和需求的研究也尚未形成系统的理论框架。

未来海岛旅游体验研究可以进一步关注游客与当地社区、文化及环境的互动机制,揭示这些互动如何影响旅游体验的质量、满意度和持续性。在研究游客个体差异方面,未来研究可以尝试建立更加细致的旅游体验模型,关注游客性别、年龄、文化背景、旅游动机等因素如何影响海岛旅游体验的形成和演变。可以从跨学科的角度，尝试引入心理学、人类学、地理学等学科的理论与方法，拓展海岛旅游体验研究的视野和深度。

二、海岛旅游的混合研究方法

海岛旅游研究涉及的领域众多，需要借鉴和整合多学科的知识体系。目前，各学科间的交流和合作仍然不够充分，导致研究内容和方法在一定程度上受限。今后，可以加强跨学科研究，促进知识的整合和创新。

海岛旅游资源和环境具有很大的地区性差异，但现有研究很少关注这些差异对旅游发展的影响。未来研究可以深入探讨不同地区的海岛旅游资源、环境特征和社会文化背景，为各地区制定更符合实际的旅游发展策略提供依据。不同的海岛地区，旅游体验的内容和特点可能存在显著差异。研究者可以从游客的需求和偏好、目的地的自然和文化资源、旅游活动的组织和管理等方面分析旅游体验的差异，并探讨如何为游客提供更丰富和多样化的旅游体验。游客与当地社区的互动是影响人地关系的重要因素。研究者可以关注不同海岛地区游客与当地社区在文化交流、经济合作和环境保护等方面的互动特点和问题，以促进人地关系的和谐发展。

在海岛旅游体验研究中，混合研究方法作为一种结合定量与定性研究方法的研究策略，具有重要的价值和潜力。研究者能够从多元化的视角全面地理解和评价海岛旅游体验。已有的海岛旅游研究在一定程度上已经尝试采用混合研究方法，通过运用问卷调查、观察、访谈等多种数据收集手段，对游客行为、感知、认知和情感等方面进行了综合分析，为理解海岛旅游体验提供了有益的启示。然而，现有研究在运用混合研究方法方面仍存在一些不足。首先，研究者往往过于关注单一的旅游体验要素，如具身性、流动性等，较少关注这些要素之间的相互作用和整体效应；其次，现有研究在数据分析和解释方面尚未充分发挥混合研究方法的优势，如将定量数据与定性数据进行有机整合，揭示海岛旅游体验的多维性和复杂性；最后，在研究方法的选择和设计上，部分研究尚未充分考虑实际需求和研究目标，导致部分结论缺乏深度和针对性。

在未来的海岛旅游体验研究中，混合研究方法有望在以下方面发挥更大的作用：首先，研究者可以更系统地分析旅游体验的多个要素及其相互作用，如具身性、流动性、景观生产、自我表达与地方意义等，以揭示海岛旅游体验的全貌；其次，研究者可以运用混合研究方法从多层次、多视角探讨海岛旅游体验的生成、演变和影响机制,以期为旅游规划、设计和管理提供更为全面和深入的理论支持。

三、海岛旅游本土化理论凝练

部分海岛旅游研究依赖于理论移植,忽视了对本土文化和实践特点的总结。今后研究可以着重关注海岛旅游的本土化问题,探讨如何将海岛旅游的发展与本土文化、生态、经济等多方面的要素相结合,实现可持续发展。

在进行中国海岛旅游研究时,需要扎根本土文化,并对历史和社会背景有深入的了解。了解当地文化有助于研究者提出更符合实际的研究问题和策略,从而为海岛旅游发展提供有益的建议。在研究过程中,要注重挖掘和整合当地的传统知识、技术和经验,为海岛旅游发展提供有益的启示。同时,也要关注当地社区在旅游发展过程中的参与和影响,以及如何保障当地居民的权益。

第三章 研究设计

本章的目的是明确研究对象和方法,确保研究的有效性和可靠性。具体包括确定研究问题,选择合适的样本,匹配适宜的研究方法,如问卷调查、访谈等,以及采取有效的措施控制研究误差和提高研究的可靠性。同时,本章还将探讨研究伦理问题,如保护被研究对象的隐私和权益,确保研究过程的合法性和合理性。通过对研究设计的详细说明,确保研究结果的准确性和可靠性,为后续研究提供坚实的基础。

第一节 研究对象与案例的选择

一、研究对象

本研究以海岛旅游体验为研究对象。首先,海岛地区独特的地理环境、自然风光、人文历史等特点,使其旅游资源呈现出独特的地方性特征。海岛旅游体验因此也具备独特的地方性特征,研究这种体验可以帮助我们更好地理解海岛旅游资源和地方文化,同时有助于挖掘和开发海岛旅游的潜力。其次,海岛旅游是一种复杂的旅游体验,包括自然景观、文化特色、地方人文等多个方面,涉及游客的感知、认知、情感和行为等多个维度。研究海岛旅游体验可以帮助我们深入了解游客的行为模式、心理需求以及对旅游目的地的评价和满意度等方面的问题,有助于为旅游目的地提供更加个性化和优质的旅游体验。最后,海岛旅游体验也具有一定的实践应用价值。随着人们旅游需求的不断升级,旅游目的地也需要不断更新和升级旅游产品,提供更加优质和丰富的旅游体验。研究海岛旅游体验机制和地方意义建构,可以为旅游企业提供有关旅游产品设计、旅游营销策略、旅游管理和服务等方面的指导,为海岛旅游的可持续发展提供有力的支持。

二、案例地选择

本研究的案例地为三亚西岛和蜈支洲岛。本研究在选择案例地时综合考虑了以下因素。

(一)代表性

三亚西岛和蜈支洲岛位于中国南海海域,均属于热门的海岛旅游目的地。它们具有典型的海岛旅游资源,如美丽的沙滩、清澈的海水、丰富的海洋生物和宜人的气候。这些特点使得这两个案例地能够代表中国海岛旅游体验的关键特征。其中三亚西岛具有特色的渔民文化、民宿文化和红色文化,海岛旅游资源丰富;蜈支洲岛的水上活动类型丰富,游客可体验的项目也更多。

(二)可比性

三亚西岛和蜈支洲岛在地理位置、气候条件和生态环境等方面具有相似性,这为综合呈现这两个案例地的海岛旅游体验提供了可比性。同时,它们在旅游资源开发程度、游客来源和旅游产品等方面存在差异,这有助于深入了解不同因素对海岛旅游体验的影响。

(三)可获取性

作为国内知名的旅游胜地,三亚西岛和蜈支洲岛的相关数据和信息相对丰富。此外,研究者可以通过实地考察、与当地旅游从业者和游客进行访谈等方式,收集关于旅游体验的第一手资料。

三、分析单位的确定

本研究以海岛旅游体验为研究对象,分析单位主要包括以下四个方面。

(一)访谈文本

通过与海岛旅游者进行面对面或远程访谈,深入了解他们的旅游体验感受、体验方式、体验难忘之处等。研究者将对访谈内容进行录音,并将音频内容转录成文字形式进行后续分析。

(二)网络游记

网络游记是游客在网上分享旅游体验的重要途径,具有真实性、及时性和多样性的特点(刘大均,2022)。可以通过对网络游记进行系统的收集和分类,获取游客的体验反馈、情感表达、认知和态度等信息。

（三）参与式观察日志与照片

参与式观察是指研究者自身作为游客参与其中，并以观察者的身份记录旅游活动的详细过程、情境、场景和人物等（余菁，2004）。研究者通过编写观察日志和拍摄照片，全面记录海岛旅游体验的各个方面，以便后续分析和总结。

（四）问卷数据

可以收集海岛旅游体验与景观偏好的定量数据，用以描述海岛游客的特征并分析相关变量之间的关系。

第二节　研究方法

一、数据收集方法

（一）田野观察

在2021年5—6月、8—9月和2022年4—5月、9—10月，笔者多次前往三亚西岛、蜈支洲岛等海岛旅游目的地进行了田野观察。累计进行了8次现场调查，每次观察时间为2—4天。观察重点包括旅游场景、游客行为和言语等方面，以多种方式记录数据，包括拍摄照片、撰写田野日志、备忘录和印象故事等。其中，笔者还进行了多次随行纪实，了解游客在具体情境中的体验开展情况。笔者试图通过这些观察，深入了解海岛游客的体验及海岛游客对当地的地方意义的认知，为海岛旅游体验研究提供更为丰富的案例数据。

（二）半结构化访谈

为了更好地了解海岛游客的体验以及分析海岛性，本研究使用了半结构化访谈方法。在访谈的设计上，本研究设置了部分固定性问题，并根据受访者的回答灵活地进行了追踪提问，以保证获得更加详细和准确的信息。根据访谈地点的不同，本研究采用了现场访谈和事后访谈两种方式。现场访谈的目的是了解游客在旅游目的地现场的即时性体验，以便更好地发现游客体验的真实感受和反应。现场访谈受制于游客的时间安排，每次访谈不能持续过长时间，因此，为了进一步挖掘游客体验的深度信息，在游客归家后，本研究还通过微信、邮件等方式进行了事后访谈。笔者在三亚西岛和蜈支洲岛共计进行了45次有效访谈，形成了8万余字的转录文本。

(三)网络游记收集

为深入了解海岛游客的真实体验,笔者于2022年开展了网络游记资料的系统搜集工作,覆盖时间范围为近五年(2017—2022年),整个资料收集过程主要分为以下几个步骤。首先,通过搜索引擎输入相关关键词,如"西岛旅游""蜈支洲岛""西岛"等,获取一定量的网络文本。然后,根据预设的筛选标准,如游记所处的时间范围、游记作者的身份、游记的内容等,对网络文本进行筛选。最终,从剩余的网络文本中提取出与海岛旅游体验相关的游记,并将其保存到本地。在此过程中,笔者还根据需要对网络文本进行了分类,如按照时间、主题等进行归档。三亚西岛共形成有效游记112篇,蜈支洲岛共形成有效游记86篇。

通过对网络游记的收集,笔者能够获取更广泛的游客观点和体验信息,进一步了解游客的需求和行为,同时还能够补充和丰富田野观察和访谈的数据。此外,网络游记的形式多样,有些作者可能会使用图片、视频等多媒体形式来展示其旅游经验,这些多媒体资料也能够为本研究提供有益的参考。

(四)问卷调查法

问卷调查法是常用的量化研究方法,对于探索游客在海岛旅游体验与景观偏好方面的研究具有一定的应用价值(张志华等,2016)。在应用问卷调查法时,可以通过构建合理的问卷,以了解游客的个体特征、旅游行为和偏好、景观感知和满意度等信息,为深入分析游客的旅游体验与景观偏好提供依据。

首先,在构建问卷时,笔者充分考虑海岛旅游的特点和游客的个体差异,设置符合实际的问题,并注意问题的逻辑顺序,确保问题易于理解。例如,采用五点量表等常见的量表类型来衡量游客对于景观特征的感知,同时设计开放性问题,以收集游客对于旅游的主观感受和体验。此外,笔者在问卷中加入一些背景信息,如游客的年龄、性别、受教育程度等,以便深入分析游客的旅游体验和景观偏好与个体特征之间的关系。

其次,在调查实施中,笔者充分考虑了问卷发放的方式和时间,以及游客的配合程度等因素。笔者既利用网络平台发放问卷,又在游客离开海岛时向其发放纸质问卷并进行回收,还在游客到达景区时先进行访谈和观察,然后在游客离开时向其发放纸质问卷并进行回收。在调查时,研究者需要提前做好调查的准备工作,包括设计问卷、准备调查设备等,以确保调查过程的顺利进行。

最后,在进行数据分析时,笔者采用SPSS等数据分析软件进行统计分析,探索游客旅游体验与景观偏好之间的关系,并挖掘游客对海岛旅游的整体满意度、再访意愿和推荐意愿等信息。笔者通过比较不同群体的数据,如不同年龄层、性别、教育程度和收入水平的游客,分析其旅游体验和景观偏好的差异,为制定更加精准的旅游营销策略和景区管理政策提供参考。

二、数据处理方法

(一)内容分析法

内容分析法是社会科学研究中常用的一种方法,特别适用于对访谈材料进行处理(魏博茜等,2021)。该方法的目的是回答"谁说了什么,对谁说,为什么说,如何说,以及产生什么影响"这些经典问题(艾尔·巴比,2005)。在进行分析时,研究者需要精读、理解并阐释文本内容,从整体上把握文本内容的复杂背景和思想结构,以发掘文本内容的真正意义。该方法强调真实、客观、全面地反映文本内容的本来意义,具有一定的深度,适用于以描述事实为目的的研究。内容分析法是一种具有循环结构的方法,单项内容只有在整体的背景环境下才能被理解,而对整体内容的理解反过来则是对各个单项内容理解的综合结果。

本部分主要基于DiVoMiner内容分析软件生成,该软件是一种专门用于文本数据分析和挖掘的工具,能够对文本数据进行自动分类、聚类、情感分析、关键词提取等。在海岛旅游体验研究中,可以通过对游客的访谈文本、网络游记等海量文本数据进行分析,揭示游客对海岛旅游体验的主要感受、意见和建议。因此,采用DiVoMiner进行内容分析可以大大提高研究效率和准确性,为海岛旅游体验的研究提供了有力的支持。

(二)扎根理论方法

当前海岛旅游体验领域的研究大多从已有的概念、命题出发,进行自上而下的演绎论证,难以深入探讨海岛旅游体验的结构、过程和动力机制等问题。而扎根理论强调从具体现象和情境中自下而上地进行归纳与抽象,对研究问题的细节和深度有着较高的要求(孙晓娥,2011)。同时,扎根理论还着重关注乡村游客的身体表现和作用,这一角度在海岛旅游体验研究中也具有重要的应用价值。

扎根理论的核心思想是扎根于原始数据的理论建构。该方法适用于探索性研究,通过编码寻找反映海岛旅游现象的核心概念以及概念间的联系,从下往上建立实质理论。编码过程分为开放性编码、主轴编码和选择性编码,是对原始资料逐渐进行概念化、范畴化和理论化的过程。

扎根理论方法的优势在于其开放性和理论敏感性。该方法注重材料与编码间的不断比较,能够发现并提取海岛旅游体验的核心概念和关系,并对其进行深度剖析。扎根理论方法还能够帮助研究者深入了解海岛旅游体验的内在本质和特征,为海岛旅游的发展和管理提供科学依据。

依据扎根理论的研究程序,研究者借助MAXQDA 2020质性分析软件对田野调查、访谈、网络文本等多种数据进行编码和分类,以深入了解海岛旅游体验的多元性和复杂性。

同时,扎根理论作为一种质性研究方法,着重从实际数据中发现概念和模式,进行理论的归纳和建构。而MAXQDA 2020的编码、分类和查询等功能,恰好支持扎根理论研究的实施。在使用软件进行扎根理论分析时,研究者可以将原始数据进行开放性编码、主轴编码和选择性编码等处理,形成概念体系和模型,并通过软件中的数据可视化工具,对概念之间的关系和联系进行可视化呈现,从而深入挖掘海岛旅游体验的本质和特点。

(三)自我民族志方法

自我民族志方法是一种主观性较强的研究方法,强调研究者作为研究主体的参与和体验,并通过反思和记录自身在旅游过程中的感受、体验和观察,以展现个人的旅游体验并进行分析(吴建兴等,2022)。该方法的核心是将研究者视为游客中的一员,通过亲身体验和参与来了解旅游现象,而不是采用客观的观察和调查方法。在研究中,研究者将自己作为一个参与者,深入了解和体验所研究的旅游现象,通过记录和反思自身的旅游体验,深入挖掘旅游现象的本质和意义。

首先,自我民族志方法可以弥补客观调查方法无法捕捉到的主观感受和细节信息,对于探究旅游体验的深层次意义和影响因素具有重要意义,同时可以更好地了解海岛地区旅游体验中所体现的本土文化和民族特色。其次,自我民族志方法鼓励研究者与研究对象建立平等和互动的关系,通过共同参与和合作来收集数据和进行分析,从而更好地反映研究对象的真实想法和感受。最后,自我民族志方法注重研究者的主观反思和定位,能够帮助研究者更好地反思自身的身份认同、研究动机和影响等,从而避免研究者的主观偏见对研究结果产生影响。

(四)统计分析法

统计分析法在海岛旅游体验研究中具有重要价值,通过定量调查问卷获取大量数据,进而利用统计分析法进行数据处理和解读,探讨海岛旅游体验的普遍性、变异性和相关性等问题。本研究借助SPSS 25.0统计分析软件,深入挖掘数据背后的规律,从而更加客观、全面地了解海岛旅游体验与景观偏好之间的关系。

第三节　研究资料效度

本研究的第五章第三节为定量分析部分,具体介绍问卷量表的有效性,此处不再赘述。本研究关于定性部分的资料效度主要通过以下五个方面进行控制。

第一,研究者反思。研究者应反思自己在研究过程中的角色和偏见,包括对受访者的认识和对数据的解读。应尽可能地保持开放的态度和客观的立场,避免个人的偏见和成见对研究结果产生影响。

第二,多角度数据收集。为了确保研究结果的准确性和完整性,采用多种数据收集方法,如访谈、观察、网络游记等。这些方法可以从不同的角度和层面收集数据,避免单一数据来源的局限性和偏差。

第三,反复确认。研究者在收集和分析数据的过程中,不断与受访者核实数据的准确性和真实性。在数据分析阶段,应该反复确认数据,以确保数据的一致性和可靠性。

第四,交叉检验。为了验证分析结果的准确性和可靠性,研究者采用交叉检验的方法。例如,将访谈数据与网络游记数据进行对比,检验它们的一致性和差异性。

第五,研究者之间的协商。在数据分析的过程中,研究者与专家学者、同学等进行协商和讨论,以确保分析结果的一致性和可靠性,并进一步通过讨论和辩论来消除个人偏见和弥补偏差,从而提高研究效度。

第四节　研究伦理

本研究在涉及受访者个人信息时,尊重他们的隐私权,遵循研究伦理规范。研究者会在征得受访者同意和许可的情况下,收集相关照片和日记等资料。为确保受访者的知情权,研究者会在征得同意后对访谈过程进行录音,同时也会对受访者的个人隐私进行保护。即便受访者提供了姓名,研究者也会采用化名或昵称等方式进行处理,以确保其个人信息不被泄露。在研究过程中,研究者遵循相关的伦理法规和规范,以确保研究的道德性和合法性,保护受访者的权益和隐私。

海岛是特殊的生态系统,本研究特别关注生态保护与研究活动之间的平衡。在实地调查中,严格遵守"不干扰"原则,确保将研究活动对环境和生态系统的影响降至最低。同时,本研究的分析与建议也立足于促进海岛生态的可持续发展,避免过度开发或破坏性干预。

第四章　旅游体验下的海岛性表征与形成

　　海岛旅游正日益成为游客的选择,游客也愈发渴望获得差异化的海岛旅游体验。是什么构成了海岛旅游的独特性?这个问题需要从理论上进行深入探讨。游客不仅来海岛上享受海滩和阳光,还通过对"海岛性"的感知和体验来寻求旅游的愉悦和满足(Pan et al.,2014);并建立起对海岛的认知和理解,进而形成关于旅游目的地的意义和价值观(Saraniemi et al.,2011)。此外,随着社会和文化的变迁,海岛的海岛性也在不断地发生变化。对于旅游业来说,了解海岛性的转变过程机制有助于更好地适应旅游市场的变化。

　　本章将深入研究海岛性的概念和内涵,并通过分析海岛性的表征结构和影响因素,以及基于典型案例地探讨海岛性的流动机制,从而更深入地理解海岛旅游的本质和意义。

第一节　海岛性的内涵

　　在英文学术领域中,海岛性(Islandness)是一个多学科的概念,关注海岛的地理、生态、文化和社会特征(Selwyn,1980;Conkling,2007;Vannini et al.,2013;Coulthard et al.,2017),然而目前国内尚未对"海岛性"概念进行系统的研究。海岛性是一个有着复杂和多元内涵的概念,在不同的层面和维度上都有着不同的意义和价值,如图4-1所示。首先,从自然属性角度来看,大陆与海岛的空间差异是海岛性产生的基础。海岛作为一种地理概念,其地理位置和周围环境具有海岛性的特征(Jędrusik,2011)。这种转变不仅是地理上的转变,还是文化、经济和社会方

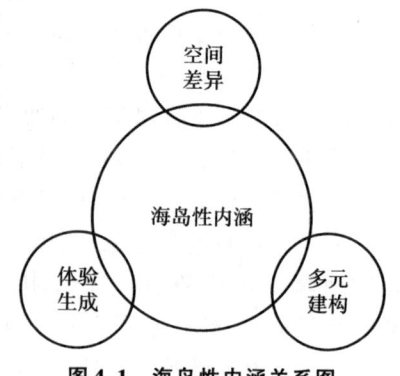

图4-1　海岛性内涵关系图

面的转变。这种转变对海岛性的内涵和在旅游体验下海岛性的生成产生了深刻的影响。其次,从社会属性的角度来看,海岛性在多元主体建构过程中也发生了深刻的变化。海岛旅游既具有旅游目的地的特征,又是游客体验和认知的重要因素(DiPietro et al.,2017)。在多元主体建构下,岛民、游客、旅游企业、地方政府、旅游从业者等多个主体共同构成了海岛旅游的"生态系统",这种生态系统对海岛性的表达和生成产生了重要的影响。最后,从旅游属性角度来看,基于旅游体验的海岛旅游对海岛性的塑造是持续性的。海岛旅游本质上是一种体验式的休闲旅游,游客对海岛性的感知和认知对其所获得的旅游体验的质量具有重要影响。在旅游体验中,海岛性的内涵得到了深化和拓展,涉及游客的感知、情感、体验和意义等多个方面,这种多维度的内涵是海岛性的重要表现形式,也是旅游体验的重要内容。

一、自然属性:从大陆到海岛的空间差异

海岛性的概念涉及一系列复杂的属性,自然属性定义了海岛并将其与大陆区分开来。海岛性的一个关键方面是从大陆到海岛的时空转变,即物理和社会环境的转变。大陆通常具有较高的人口和经济密集度、丰富的文化遗产和深厚的历史积淀,而海岛则被视为相对较为孤立和封闭的区域,具有独特的自然景观、文化特色和旅游资源(Dłużewska et al.,2021)。在这种情况下,为了更好地理解时空转变对海岛性的影响,探索海岛的地理环境是非常必要的。

一方面,海岛的地理隔离创造了一个独特的、相对孤立的物理和社会环境,导致海岛身份、经济体系和社会体系的独立发展。根据空间互动理论,地理环境是影响大陆与海岛之间人员、货物和思想流动的主要因素。当游客从大陆前往海岛时,自然环境会发生转变,如地形、气候以及动植物的种类和分布等,这些要素奠定了游客海岛体验的基础。此外,社会环境会发生转变,如文化、语言和习俗等,这也促进了海岛性的形成与发展。海岛往往与一种孤立感和区别于大陆的独特身份联系在一起。以巴厘岛为例,其热带雨林气候和茂盛的植被创造了异国情调和浪漫的形象,使其有别于大陆。海岛的地理隔离往往使它们在经济上很脆弱。然而,从大陆到海岛的转变促进了适应当地环境的独特经济体系的发展。例如,捕鱼业是许多海岛社区的重要生计来源。同样,旅游业也是许多海岛旅游目的地的支柱产业。海岛往往有与大陆不同的独特社会结构和习俗。例如,许多海岛社区的结构是以大家庭为基础的,这与大陆社区普遍存在的核心家庭结构不同。

另一方面,从情感与行为层面来看,个体在经历了从大陆到海岛的时空转变

后,其对海岛的认知与态度会产生变化。这种变化往往包括情感方面的愉悦、刺激、安逸、放松等(马天等,2017)。在海岛的环境中,个体可以享受到与大陆不同的自然风光和氛围,这种感官上的刺激可以带来心理上的舒适感。此外,海岛上的文化、历史、民俗等元素也为个体提供了全新的体验,使得个体对海岛形成了一种特殊的认同感。从行为层面来看,从大陆到海岛的时空转变也会对个体的行为产生一定的影响。海岛的环境和文化与大陆不同,这使得个体的行为表现也有所不同。在海岛上,个体的行为往往更加放松、自由和开放。例如,个体在海岛上可能会倾向于尝试一些新的活动和体验,与陌生人建立起更加轻松和自然的联系,从而形成一种与在大陆上不同的行为模式。

因此,海岛性的自然属性是一种从大陆到海岛的空间差异下的呈现,包括物理和社会环境变化下所表现出的多样性,这种多样性提升了海岛的价值和吸引力;在个体情感与行为层面的变化下,海岛性作为一个重要的主观体验构成因素,直接影响了游客对海岛的认知和评价,进而对海岛性发展产生深远的影响和重要的推动作用。

二、社会属性:多元主体建构下的海岛性

岛民、政府、旅游企业和游客作为海岛旅游的主要参与者,在实际运作过程中,对海岛性的构建起着重要作用。从社会属性的角度,理解这些不同主体在海岛性构建中的作用和相互关系,对于深入了解海岛性非常重要。

首先,岛民是海岛上的常住居民,他们与岛屿环境形成了紧密的联系,是海岛的重要组成部分。岛民通过行为特点、文化传承、生态保护等方面塑造着海岛性。从行为特点的角度看,岛民行为与海岛的自然环境、社会背景以及生活方式密切相关。岛民通常表现出亲近自然、重视亲情与邻里关系、乐于助人、勤劳朴实等特点。岛民为了适应海岛环境和资源的有限性,发展出了高度依赖海洋的生产生活方式,如渔业、海上运输等,这些独特的生活方式进一步强化了海岛性。从文化传承的角度看,岛民作为文化的传承者,通过口头传统、民间艺术、宗教仪式等方式将海岛独特的文化传承下去。这些文化特色不仅展示了海岛的历史和传统,还为海岛增添了独特的魅力,吸引游客前来体验。此外,岛民对本土文化的传承和保护有助于维护海岛地区的文化多样性,强化海岛性。从生态保护角度看,海岛的生态系统往往比大陆的生态系统更加脆弱,他们可以通过采取环保措施、参与生态旅游项目、开展环境教育等方式,保护海岛生态系统,促进旅游业的可持续发展。岛民对生态保护的重视有助于维护海岛的自然环境和生物多样性,进而塑造

独特的海岛性。例如,岛民通过保护珊瑚礁、植被和珍稀物种等生态资源,为游客提供了原生态的海岛旅游体验。同时,通过生态保护,岛民也能促进海岛生态系统的恢复和平衡,为后代留下可持续发展的环境。

其次,政府是海岛旅游业的重要管理者,对海岛性的建构发挥了重要作用。政府管理的特点包括权力职责明确、管理资源丰富、信息获取渠道广泛、制定规划的权力和能力较大(齐桂珍,2007)。一方面,政府在建构海岛性的过程中,往往会制定相关政策和规划,对海岛进行开发。政府可以投入大量资金建设基础设施,如交通运输、电力通信、水资源等,以便游客更好地体验海岛风情。政府可以制定旅游产业发展规划,支持和引导旅游企业的发展,提升海岛旅游的品质和影响力。政府可以制定环保政策,保护海洋生态系统,确保海岛的可持续发展。另一方面,政府还可以通过发展海岛旅游业,促进文化交流,增进各国之间的相互了解和友谊。政府的政策和规划的制定和实施,会直接影响旅游业的发展和海岛性的塑造。政府的支持和引导能够促进旅游企业的发展和海岛旅游品质的提升,提高海岛性的知名度和美誉度。

再次,旅游企业可以通过提供特色产品、提高服务质量和开展市场营销,增强游客对海岛的认知和感性体验,进而塑造海岛性的品牌形象和价值。首先,旅游企业通过设计和提供特色产品来体现海岛性。海岛地区独特的自然环境、文化传统和历史底蕴为旅游企业提供了大量的创意空间,有助于旅游企业创造出一系列富有海岛特色的旅游产品。例如,旅游企业可以通过开发具有海岛特色的水上活动项目、海鲜美食和民俗文化体验来吸引游客,并通过提供独特的旅游体验,进一步提升海岛性的认知度和吸引力。其次,旅游企业的服务质量也对海岛性的塑造产生着重要的影响。旅游企业可以通过提供高品质的服务(白长虹等,2019),满足游客的需求和期望,提高游客对海岛的满意度和忠诚度,从而进一步提高海岛性的认知度和品牌价值。最后,旅游企业的市场营销策略也对海岛性的塑造产生着重要的影响。旅游企业可以通过精准定位和差异化营销来打造海岛品牌形象,提升海岛性在游客心目中的认知度、美誉度和认可度。

最后,游客体验是建构海岛性的一个重要角度。旅游体验是指游客在旅游活动过程中获得的各种感受与认知,包括景观、文化、人文、自然等多个方面(Zhang et al.,2021)。第一,游客的具身体验是建构海岛性的重要因素之一。游客在旅游过程中,通过身体的感知、运动等方式,深度感知海岛环境,从而产生对海岛性的认知和体验。第二,游客的流动性是建构海岛性的重要因素之一。游客通过不同的旅游路径和经历,形成了对海岛的多元化认知,如对海岛的不同的感知、联想、理解、情感和思考等,进而建构旅游体验下的海岛性。此外,游客与当地社区、旅游企业的互动也促进了海岛性的共同塑造。游客与当地社区和企业的互动,可以促进当地文化、旅游资源的共同开发和共创,进而推动海岛性的建构。第三,游客的景观凝视与景观生产也是建构海岛性的重要因素。游客通过观赏、拍摄、分享等方式,形成了对海岛景观的生产和再现,从而影响着他人对海岛的认知和体验。综上所述,游客旅游体验是建构海岛性的重要因素之一,它的具身性、流动性、创造性不断影响着海岛性的建构。

如图4-2所示,在岛民、政府、旅游企业以及游客体验的共同作用下,海岛性被多元主体建构,下文将进一步探讨旅游体验下的海岛性表征结构与影响因素等关键问题。

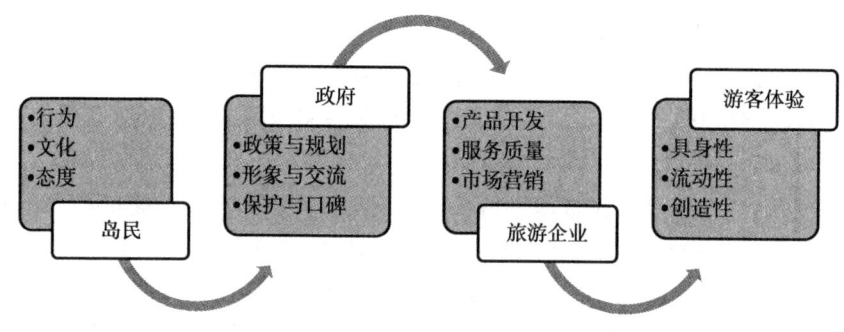

图4-2　多元主体建构下的海岛性

三、旅游属性:旅游体验下重塑的海岛性

伴随着海岛旅游的快速发展,海岛已不再是纯粹的物理空间与地方存在,而是游客与多主体共同创造的地方(Cabiddu et al.,2013)。游客应该如何看待海岛成为一个重要的命题,海岛旅游可以为游客创造什么样的体验价值亦是需要深入研究的话题。在大众旅游时代背景下,游客通过多种途径前往海岛,并寻找一种愉悦性休闲体验,从而获得自我价值的实现与意义创造。游客在海岛景观中流动,不断建构着游客与自我、他者以及海岛景观的关系,海岛旅游体验让游客不再走马观花似地获得认知,而是全身心投入其中,获得新的旅游意义。海岛不仅在旅游开发过程中实现了空间形态的持续建构,也在游客的体验、感知与互动中不断被赋予新的文化意义与象征价值。如图4-3所示,海岛旅游体验的内涵具有如下特点:首先,体验的具身性意味着游客在海岛旅游中通过身体实践来获得感官体验。其次,情境的建构性强调游客在海岛旅游中的体验受到场所、文化和社会

背景等因素的影响,即旅游场景和环境对游客的体验具有重要作用。最后,流动的生成性指出海岛旅游体验是动态生成的过程,它不仅是游客的身体实践与旅游场景的互动,还包括情感、认知和文化等方面的交互作用。

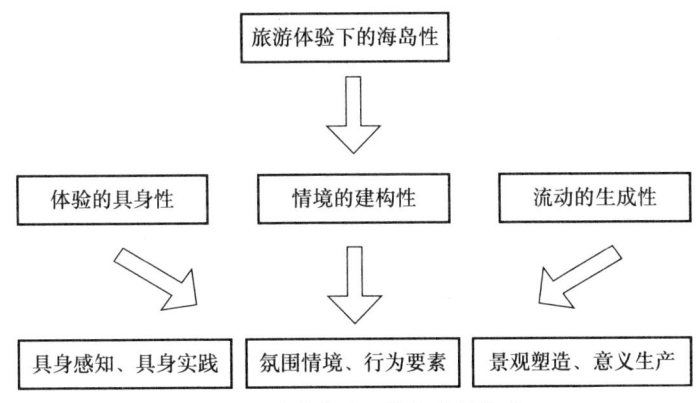

图4-3　旅游体验下的海岛性塑造

(一)体验的具身性

在现代性的语境下,海岛旅游面对的是现代化的时代背景。海岛本身的社会交往和经济结构使得海岛成为多元思想的汇聚之地,商业社会的市场意识也在逐渐影响海岛的发展。区别于现代性的单一维度,后现代思想的发展(张世英,2007)提供了多元的追求。海岛旅游体验的后现代主义特征体现为越来越多的游客被束缚在现代性的枷锁之中,渴望在海岛这一"遥远的异地"寻找身体性的感官刺激。具身性理论的发展过程经历了从早期以主体为中心的个体经验研究,到后来逐渐形成的基于身体与环境交互的整体体验研究(Ignatow,2007)。具身性的现实意义在于,旅游目的地的吸引力表现在能够提供独特而个性化的体验,而这些体验常常源于游客与目的地的互动。旅游体验的具身性体现在游客通过感官和情感交互来体验景观和环境,从而使得旅游体验更加个性化和有意义。Larsen(2007)所强调的旅游体验是一个个人与情境相互作用的过程,其具身性对于旅游的吸引力和发展至关重要。

海岛旅游体验的具身性可以从身体感知、情感体验和环境互动三个方面进行分析,游客正是在具身感知与实践的过程中,参与了海岛性意涵的主观建构。在身体感知方面,游客通过感知海岛自然景观、海洋气息和当地文化等因素,创造出独特的身体体验。在情感体验方面,海岛旅游目的地往往代表着某种文化、情感或者价值观,游客在这里可以体验到强烈的情感联结和共鸣。在环境互动方面,游客通过与环境的交互和融合,逐渐加深对海岛旅游目的地的认知和理解,同时也能够从环境中获取更多的文化和历史信息。

(二)情境的建构性

北宋文学家范仲淹在《岳阳楼记》中写道:"予观夫巴陵胜状,在洞庭一湖。衔远山,吞长江,浩浩汤汤,横无际涯;朝晖夕阴,气象万千。"作者通过文中内容阐释出不同的天气、时间下作者心境的变化,进而展现出不同的情感与价值。旅游体验的情境性因时、因地、因人而不同,具有流动性和建构性的特征,因而具有多样性的特点。Kim 等人(2015)采用人体皮电实验法,针对不同游客在不同时间、不同接触下的反应,证实游客对旅游景观具有差异的反应,从而论证了旅游体验的情境性特点。海岛旅游体验的情境性是指在海岛旅游中,游客的情境感知和情境互动所产生的影响和作用。情境感知是指游客对海岛旅游的环境、氛围、文化等方面的感知和认知;情境互动是指游客与海岛旅游中的人、物、事之间的交互作用和互动体验。情境性旅游体验强调旅游行为是基于情境的,旅游的意义和价值不仅在于景观本身,还包含游客对景观的情境感知和互动体验。

海岛旅游体验的情境建构性首先因游客主体不同而存在差异。从游客的分类来看,Plog(1987)将游客分为中心型游客、近中心型游客、冒险型游客和近冒险型游客,不同心理特征的游客对同一景观的态度和行为选择具有差异性。谢彦君(1990)构建了游客的现代化与原始化心理特征模型,指出游客追求的差异性是旅游行为的重要动力。游客的在场表现会受到同伴和其他游客的影响,从而使游客对旅游情境产生不同的感受。此外,伽达默尔(2007)提出"前置情境"概念,这一概念是指个体不同的生活经历会对具体情境产生影响,因此游客的行为会不自觉地展现其习惯。影响着具体情境,因而游客的行为会不自觉地展现出自我的习惯。Edensor(2001)指出,旅游过程中游客的平日习惯会深刻影响游客的行为。因此,海岛旅游体验的研究要深入到具体变化的情境之中,而不是孤立地、片面地、割裂地去认识海岛旅游。

(三)流动的生成性

游客并不是目的地的单一维度的体验者与消费者,而是与当地居民、经营者、管理者和其他游客产生交集,进而共同创造价值的参与者(刘少艾等,2016)。基于游客的物理移动及其与旅游场的互动,体验的结果在其中不断涌现与生成。

流动性的海岛旅游体验,源于对日常生活的逃逸(张天问等,2014)。从旅游动机的角度来看,逃逸是学界对游客外出旅游动机的一个共识性结果,逃逸是对日常生活的一种反叛,是为了寻求一种差异性体验,从而远离日常生活中的烦闷与压抑的情绪。当游客进入海岛旅游世界时,则会经历一次转变。一方面,这种转变源于海岛独立的地理单元属性,使其产生了"远离"日常的错觉;另一方面,亦是凝视下的景观产生了变换,作为一种"权力的施展"(孙九霞,2019),旅游凝视使得游客发现和生成了新的景观。经历过转变后,游客的创造性得以生成,首先是反身自省阶段,游客在海岛重新认识自我,发现自我,获得对自我价值的再认识。其次是建构自我阶段,游客与他者交往的过程是价值共创的过程,这一过程使得意义得以重塑。最后是解构自我阶段,游客实现自我超越,个人价值与社会价值得以升华,从而升华了旅游体验。

正是这种"逃逸—转变—创造"的过程,使得游客的体验在流动中不断生成。游客的体验始终离不开对"地方(place)"的体验,这里的海岛地方,已不再是纯粹的物理单元,而是具有符号价值,成为承载象征意义与文化表达的舞台。游客在建构中对其进行创造与体验。一座海岛的地方意义正是因此而被创造,可以是一座"浪漫的海岛""慢生活的海岛"等,海岛性正是在这种流动的创造性中被重构与再生成。

第二节　数据采集与分析方法

一、数据来源

本章研究基于2021年8月30日至9月4日在三亚西岛开展的实地调查和访谈所形成的资料,以及后续收集的关于西岛的网络游记资料。在实地调研方面,首先,笔者获得了岛上旅游管理部门的支持,并从管理人员处获得了西岛的官方介绍与相关数据。其次,在对游客和本地居民的访谈过程中,研究者充分倾听访谈对象关于海岛的认识和体验,秉持价值中立的原则,不对答案进行引导,仅提出问题。最后,研究者使用录音设备获取语音资料,并在第一时间将录音资料转换成文本资料,导入软件以备数据分析之用。

研究者采用半结构化访谈的方式,半结构化访谈在形式上介于结构化访谈和非结构化访谈之间,是通过引导访谈对象回答问题来收集数据的一种方式。半结构化访谈不同于结构化访谈,它不需要严格遵循问题列表。具体访谈过程遵循以下步骤:首先,笔者准备了一份大致的问题列表,但是不需要严格遵循。然后研究人员与访谈对象建立信任关系,使访谈对象更愿意回答问题。接着研究人员引导访谈对象回答问题,并鼓励他们更深入地回答问题。最后研究人员收集访谈对象的回答,以便进行后续的分析。研究人员采用简单随机抽样与滚雪球抽样相结合的方式选择访谈对象,在访谈对象知情且同意授权的情况下进行录音。简单随机抽样即从海岛游客中随机选择一定数量的样本进行实地访谈。滚雪球抽样即从海岛游客中随机选择一个样本,在对其访谈或调查后,请其推荐其他符合研究条件的游客作为后续样本,逐渐扩大样本范围,直到达到足够的样本数量。研究人员剔除了无效访谈内容,共计21位有效访谈对象,形成21份访谈文本,编号为"FT-01"到"FT-21",访谈对象的基本信息见表4-1。访谈内容包括访谈对象的基本信息,以及海岛性的表征和海岛旅游体验。具体提问内容包括:谈谈您对海岛的认识,您对西岛现在的变化有哪些感触,体现在哪些方面? 您认为有什么特征可以代表海岛? 为什么这些特征对海岛至关重要? 您认为旅游业对海岛的发展带来了哪些影响? 您认为海岛旅游对海岛的物质生活的改变有哪些(如岛上基础设施、房屋建筑、景观建设等方面)? 您认为海岛旅游的发展对岛上居民的生活方式和认知有什么改变? 请问您此次前来海岛旅游的动机是什么? 您可以分享一下印象最深和体验最好的经历吗?(详见附录A)

表4-1　海岛性表征的访谈对象信息统计

项目	类型	人数/人	百分比/(%)
性别	男	12	57.14
	女	9	42.86
年龄	20岁及以下	5	23.81
	21—30岁	7	33.33
	31—45岁	5	23.81
	45—60岁	2	9.52
	61岁及以上	2	9.52
职业	专业技术人员	3	14.29
	学生	6	28.57
	公司职员	3	14.29
	医生	2	9.52
	教师	3	14.29
	自由职业	4	19.05
受教育程度	高中及以下	3	14.29
	大专及本科	12	57.14

项目	类型	人数/人	百分比/(%)
受教育程度	硕士及以上	6	28.57
角色	游客	12	57.14
	本地居民	7	33.33
	外来务工者	2	9.52

资料来源:本研究整理。

　　研究期间受疫情影响,实地调研并未获得足够的文本数量。为补充和丰富研究资料,研究人员进一步开展网络图文游记的搜索和收集。游记是一种反映个人旅游经历的文字或图片记录,对旅游体验学术研究产生了积极作用。20世纪70年代以来,旅游学者开始关注旅游体验(Cohen,1979)。随着旅游体验研究的深入,游记逐渐被认为是一种重要的数据源,可以为旅游体验研究提供宝贵的信息(谭红日等,2021)。游记在旅游体验学术研究中的作用主要包括:①游记反映了游客的在场与离场体验感受,提供了自我表达的材料和丰富的数据,研究人员可结合旅游情境分析其内在关系与意义价值。②游记反映了不同游客的个人体验,提供了多样的观点,有助于研究人员更全面地了解旅游体验。③游记作为一种文字或图片记录,可以作为历史记录,为今后的研究提供参考信息。④通过沉浸式阅读游记,研究人员可以加深对游客的体验的理解,从而更好地了解游客体验背后的关系。

　　本研究主要通过小红书、马蜂窝、携程、大众点评等网络平台收集图文游记,并遵循以下原则:一是原创性原则,面对互联网上的海量信息,研究人员应核实游记的真伪,确保其不是宣传文本。这需要研究人员对游记的来源进行批判性评估,以保证其原创性。二是全面性原则,研究人员所收集的游记应该包含对游客的经历、感受和想法进行丰富而全面的记述,这样的游记有助于研究人员更全面地了解游客的旅游体验。游记应涵盖广泛的主题,包括游客的整体体验、参观的景点、住宿、交通、食品以及其他提供旅游体验见解的相关方面。三是时效性原则,游记应该是最近的,其内容应该与当前情形相关。游记越新,其相关性和及时性就越高。这有助于研究人员准确、实时地了解游客的旅游体验,并为旅游体验的研究提供有价值的见解。

　　基于上述原则,研究者初步收集到160篇游记,进一步筛选保留了112篇游记。研究者将收集到的游记用Word文档予以保存和转换到Excel表格中,编号为"YJ-01"到"YJ-112",为进一步开展内容分析和文本编码工作做好准备。网络游记收集结果见表4-2。

表4-2　网络游记收集结果

游记呈现类型	数量	总计
以文字表达为主的	65篇	
以图片展现为主的	20篇	112篇
纯文字叙述的	27篇	
文字总数		103567字
图片总数		2862张

资料来源:本研究整理。

二、研究方法

定性研究是一种侧重于探索和理解个人和群体的主观经验、观点和意义的研究方法(潘绥铭等,2010),通过收集和分析定性数据(如访谈、观察和书面文本等),了解在自然背景下所调查的经验和现象(张宏梅等,2005)。本部分采用定性研究主要基于以下三方面原因。其一,定性研究适用于研究复杂而微妙的经验和现象。其二,定性研究适用于探索新兴的兴趣领域。其三,游客的体验内涵与意义需要在文本情境中把握,而且往往难以量化。

内容分析法是一种用于研究文本类型数据的方法,如新闻报道、广告和电影剧本等。该方法通过对文本内容进行系统分类、归纳和统计,探究文本中的主题、信息和观点(卢小丽等,2006)。在旅游体验研究中,可以用内容分析法研究游客在博客等社交媒体平台上发布的内容,进而了解他们对旅游体验的看法和评价。本研究采用DiVoMiner分析软件分析文本。该软件可以自动识别文本中的主题、信息和观点,并将其进行归纳和统计,有助于研究人员快速提取有价值的信息。该软件可以对文本数据进行自动分类和统计,既遵循相同的标准,又可减少人为误差,使得研究结果更加可靠。

扎根理论是一种广泛使用的定性研究方法。它是一种依据文本数据生成理论的系统方法(陈向明等,2015),主要用于发展以研究参与者的经验和观点为基础的理论。扎根理论需要借助质性研究分析软件MAXQDA 2020对文本资料进行编码。首先是开放式编码,这涉及将数据分解为更小的单元,如短语或句子,并依据不同的主题和模式对它们进行分类。编码过程有助于识别数据中出现的关键概念和主题,为理论的发展提供基础。下一步是进行轴心式编码,即对已经编码的数据进行比较和整合。这涉及比较从数据中出现的主题和模式,并将它们整合到对海岛旅游体验的全面理解中。比较和整合过程有助于确定主题和模式之间的关系,并有助于更全面地了解海岛旅游体验。选择性编码涉及将从数据中出现的主题和模式综合成一个连贯而全面的理论来解释海岛旅游相关现象。所产生的理论应以收集到的数据为基础,并应提供对游客在海岛目的地的体验的见解。

第三节　旅游体验下的海岛性表征与结构

一、旅游体验下的海岛性表征要素:基于内容分析

(一)关键词分析

首先,研究者在分析海岛性表征要素的内容时,对访谈文本和游记文本资料进行汇总和分词操作。内容分析软件中的分词步骤作为预处理环节,是内容分析的基础。分词将文本数据从句子级别拆分为单词级别,便于进一步分析。在分词过程中,需要去除标点符号、空格、换行符等,以及不具有实际意义的单词(如"是""的"等)。此外,要对错别字、特殊地名、缩略地名等进行修复,并将英文翻译成中文(如将"dive"翻译为"潜水")。

其次,研究者提取文本资料中的高频词。从西岛海岛旅游文本数据中提取高频词有助于识别旅游体验中常被提及的方面,如热门景点、住宿、交通等。这为分析海岛旅游体验的特征提供了有价值的见解。在提取高频词时,应去除不具有实际意义的停用词,并根据文本数据的大小和性质选择合适的词频阈值。考虑每个词的上下文至关重要,因为同一个词在不同上下文中可能具有不同含义。此外,要确保数据具有代表性和公正性,以保证结果的准确性。

高频词频数统计结果如表4-3所示。

表 4-3　高频词频数统计结果

词	词频	TF-IDF	节点度	度数中心性	接近中心性	词	词频	TF-IDF	节点度	度数中心性	接近中心性
西岛	569	4.85	99	1.00	1.00	适合	222	0.70	95	0.96	0.96
渔村	350	2.86	98	0.99	0.99	到达	221	0.74	97	0.98	0.98
岛上	336	2.91	99	1.00	1.00	下午	221	0.73	95	0.96	0.96
酒店	299	2.21	98	0.99	0.99	只能	221	0.70	96	0.97	0.97
项目	287	2.47	99	1.00	1.00	两个	221	0.60	95	0.96	0.96
地方	287	1.53	96	0.97	0.97	观光车	220	0.95	94	0.95	0.95
时间	274	2.19	98	0.99	0.99	网上	220	0.84	95	0.96	0.96
海水	272	1.70	99	1.00	1.00	孩子	220	0.82	94	0.95	0.95
潜水	272	1.44	95	0.96	0.96	生活	220	0.78	97	0.98	0.98
感觉	264	1.38	97	0.98	0.98	免费	220	0.76	95	0.96	0.96
游客	255	1.00	98	0.99	0.99	爱人	119	1.50	72	0.73	0.79
沙滩	250	1.31	96	0.97	0.97	海湾	119	0.73	94	0.95	0.95
大海	246	1.17	97	0.98	0.98	天气	119	0.69	96	0.97	0.97
景点	244	1.26	97	0.98	0.98	娱乐	118	1.00	97	0.98	0.98
风景	244	1.13	97	0.98	0.98	海风	118	0.80	96	0.97	0.97
电车	243	1.91	98	0.99	0.99	推荐	118	0.75	96	0.97	0.97
热色	243	0.90	97	0.98	0.98	很好	118	0.63	98	0.99	0.99

续表

词	词频	TF-IDF	节点度	度数中心性	接近中心性	词	词频	TF-IDF	节点度	度数中心性	接近中心性
选择	242	0.92	97	0.98	0.98	山顶	118	0.59	94	0.95	0.95
海南	239	0.82	95	0.96	0.96	海岛	118	0.57	97	0.98	0.98
真实	239	0.77	96	0.97	0.97	坐船	117	0.68	95	0.96	0.96
上岛	238	1.56	98	0.99	0.99	动物	117	0.61	96	0.97	0.97
海上	238	1.19	98	0.99	0.99	特色	116	0.99	98	0.99	0.99
海洋	237	1.10	96	0.97	0.97	建筑	116	0.76	97	0.98	0.98
照片	237	0.86	96	0.97	0.97	不用	116	0.69	96	0.97	0.97
不错	236	0.82	95	0.96	0.96	套餐	115	1.42	98	0.99	0.99
排队	234	1.85	98	0.99	0.99	一种	115	0.72	95	0.96	0.96
游玩	234	1.11	98	0.99	0.99	步行	115	0.72	97	0.98	0.98
码头	234	0.89	97	0.98	0.98	太多	114	0.92	94	0.95	0.95
建议	233	1.38	97	0.98	0.98	最美	114	0.77	96	0.97	0.97
价格	233	0.91	98	0.99	0.99	朋友	114	0.72	98	0.99	0.99
海岛	233	0.89	96	0.97	0.97	自由	114	0.63	95	0.96	0.96
海边	232	0.94	97	0.98	0.98	早餐	114	0.58	98	0.99	0.99
体验	231	0.97	98	0.99	0.99	一日	112	0.58	94	0.95	0.95
门票	231	0.89	96	0.97	0.97	渔民	111	0.74	97	0.98	0.98

续表

词	词频	TF-IDF	节点度	度数中心性	接近中心性	词	词频	TF-IDF	节点度	度数中心性	接近中心性
直接	231	0.85	97	0.98	0.98	蓝天	111	0.74	95	0.96	0.96
拍照	230	1.20	96	0.97	0.97	碧海	111	0.72	94	0.95	0.95
海滩	230	0.93	95	0.96	0.96	中午	111	0.61	96	0.97	0.97
小时	229	0.76	97	0.98	0.98	羡慕	99	0.76	74	0.75	0.80
分钟	228	0.79	97	0.98	0.98	用户	99	0.61	98	0.99	0.99
出发	228	0.77	96	0.97	0.97	私人	99	0.60	95	0.96	0.96
海底	228	0.71	95	0.96	0.96	南海	98	0.71	95	0.96	0.96
表演	227	0.87	95	0.96	0.96	游记	98	0.66	98	0.99	0.99
水上	226	0.87	96	0.97	0.97	下车	98	0.66	96	0.97	0.97
清澈	226	0.71	97	0.98	0.98	环岛	88	0.59	94	0.95	0.95
珊瑚	225	1.05	98	0.99	0.99	游览车	78	0.58	96	0.97	0.97
完全	225	0.87	96	0.97	0.97	游览	77	0.68	96	0.97	0.97
船票	223	1.00	98	0.99	0.99	还好	77	0.59	96	0.97	0.97
美丽	223	0.79	96	0.97	0.97	单独	64	0.61	35	0.35	0.61
一点	223	0.61	95	0.96	0.96	线路	34	0.61	39	0.39	0.62
喜欢	222	0.78	97	0.98	0.98	岛主	23	0.63	15	0.15	0.54

资料来源:本研究整理。

最后,研究者观察这些高频词的排序,发现西岛的地理位置具有最高的提及频次,其次是与进入海岛的过程及海岛景观和体验相关的感受。为了深入挖掘关键词之间的内在联系,我们利用 TF-IDF、节点度、度中心性、紧密度中心性和中介中心性等指标生成了语义网络图。

TF-IDF(Term Frequency-Inverse Document Frequency)是一种数值统计方法,用于衡量一个词在文档或文档集中的重要性。它由词频(TF)和逆文档频率(IDF)相乘而得。词频用于衡量一个词在文档中出现的次数,逆文档频率用于衡量该词在整个文档集中的出现频率。节点度表示网络中连接到一个节点的边的数量,反映了节点在网络中的重要性。具有高度数的节点通常被视为中心和有影响力的。度中心性根据节点的连接边数量衡量节点的重要性,可识别网络中连接度最高的节点。紧密度中心性度量一个节点与网络中所有其他节点之间的平均距离。具有高紧密度中心性的节点通常被认为是中心节点,因为它们接近所有其他节点。中介中心性衡量一个节点在网络中充当其他节点之间桥梁的次数。具有高中介中心性的节点通常被认为是中心节点,因为它们在连接网络中的其他节点方面发挥着关键作用。在海岛旅游内容分析中,这些指标有助于识别文本数据中最重要的主题、议题或词汇。

虽然“西岛”在语料中以 569 次的词频和 4.85 的 TF-IDF 得分位居首位,但其节点度为 99,度数中心性和接近中心性均为 1.00,表明它在语义网络中并不承担中介枢纽的作用,仅作为地名定位词,与其目的地概念属性相符。同样,“岛上”(336 次,TF-IDF 2.91;节点度 99,度数中心性 1.00,接近中心性 1.00)与“渔村”(350 次,TF-IDF 2.86;节点度 98,度数中心性 0.99,接近中心性 0.99)虽然 TF-IDF 得分较高,也主要用作情境标识,未在网络结构中形成关键枢纽。相比之下,“酒店、项目、地方、时间、海水、潜水、感觉、游客、沙滩、大海、景点、风景”等一系列高频中心性词汇,因同时具备较高的节点度和中心性,成为文本讨论的核心枢纽词。西岛海岛性词云图见图 4-4。

图 4-4　西岛海岛性词云图

总之,通过对高频词进行排序和分析,我们可以了解海岛旅游体验中最常被提及的方面。利用 TF-IDF、节点度、度中心性、紧密度中心性和中介中心性等指标生成的语义网络图有助于揭示关键词之间的内在联系,以及关键词在文本中的重要性。这为我们提供了宝贵的见解,有助于我们更好地理解海岛旅游体验的特点和趋势,为旅游业的决策提供支持。在未来的研究中,我们还可以进一步探讨其他相关词汇,以揭示海岛旅游体验的更多细节和特点。

(二)语义网络图分析

海岛旅游社交语义网络图是对与海岛旅游相关的一组文本数据中单词、主题或主题之间关系的可视化表示。该图利用网络分析技术(如社交网络分析或文本挖掘等)构建,以识别单词之间的关系并揭示文本数据中包含的信息结构。在海岛旅游社交语义网络图中,节点代表单词或主题,边代表这些元素之间的关系。关系可以基于共现、语义相似性或其他相关性度量。节点的大小和颜色可表示不同属性,如词频或主题的重要性等;边的粗细和颜色可表示不同类型的关系,如相似性或因果关系等。如图4-5所示,海岛旅游社交语义网络图对文本数据中包含的信息进行了可视化呈现,有助于快速识别最重要的主题或词语,并了解这些元素之间的关系。

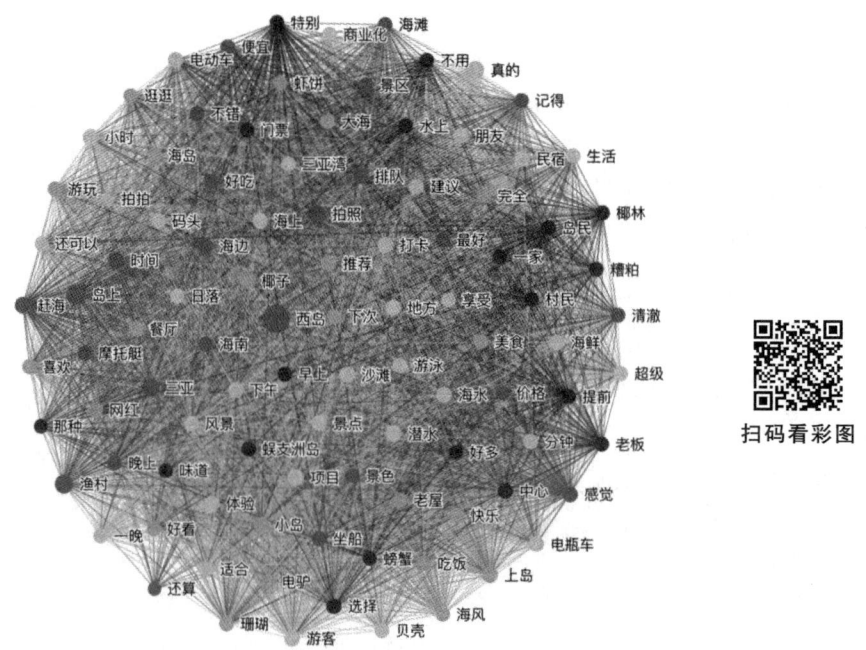

扫码看彩图

图4-5　西岛海岛性社交语义网络图

从图4-5中可以看出,可通过"潜水""日落"和"沙滩"等关键词来标识游客在西岛游玩时所进行的各种观景活动;可通过"交通""住宿""餐饮"和"导游"等关键词来识别游览过程的各个要素以及游客对这些要素的满意度;可通过"美丽""浪漫""刺激"和"放松"等关键词来识别游客在游览西岛时对自己体验的表达和评价。通过分析海岛旅游社交语义网络图中这些关键词之间的关系,研究者可以更深入地了解西岛的海岛旅游体验特征。这些信息可用于支持旅游业的决策,如确定旅游过程中需要改进的地方或开展某些观察活动以吸引更多游客。

(三)情感评价分析

进一步地,可运用大数据分析软件对文本中的情感表达进行评估,即利用情感分析来解析文本内容中的情感。情感分析是自然语言处理(NLP)的一个子领域,关注识别和提取文本中所表达的观点和情感。此方法依据一组预定义的规则来识别和分类文本的情感。例如,"快乐""兴奋"和"愉悦"等词与积极情绪相关,而"悲伤""愤怒"和"失望"等词与消极情绪相关。情感分析可借助带有标注的大型文本数据集进行训练,从而使算法能够识别与积极、消极或中性情绪相关的模式和特征。情感字典用于识别文本中的情感,包含与正面、负面或中性情绪相关联的单词或短语的列表。

在海岛旅游背景下,情感分析可用于评估与海岛旅游体验相关的文本数据的情感。如图4-6所示,对西岛酒店、餐厅、旅游景点的客户评论进行情感分析,文本中有69.81%呈现了快乐情绪,表明游客对西岛目的地的喜爱与满意。这些信息可用于支持旅游业的决策制定,如确定需要改进客户体验的领域。

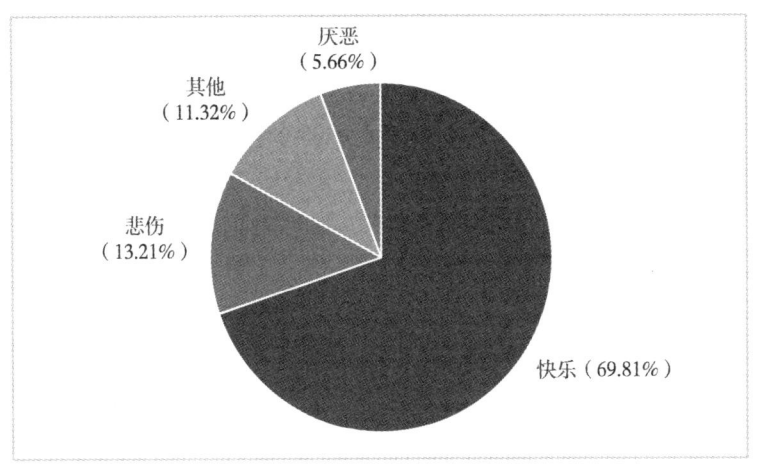

图4-6 三亚西岛旅游情感评价图

(四)K-Means聚类分析

在内容分析中,K-Means是一种聚类分析方法,用于将相似的文本数据分为不同的组(簇)。该方法通过将文本数据分配到不同的簇中,并不断迭代优化,使簇内的文本数据尽可能相似,而簇间的文本数据尽可能不同。K-Means算法的名称来源于其将文本数据划分为 K 个簇的过程。该方法通常用于文本聚类和文本分类中,以便更好地组织和理解大量文本数据。本研究将海岛旅游相关文本分为五组,并运用K-Means算法对相关文本进行分析和总结,分类结果如表4-4所示。

表4-4　海岛性旅游文本K-Means分类

K-Means	关键词	数量/个
1	渔村,赶海,三亚,电瓶车,真的,民宿,上岛,适合,老板,景点	45
2	拍照,游客,电动车,小时,真的,建议,中心,时间,喜欢	20
3	椰子,真的,海南,拍照,椰林,婆婆,好吃,糟粕,快乐,不错	13
4	潜水,海水,感觉,不错,项目,地方,清澈,享受,还算,下水	13
5	司机,热气球,淡季,月份,游泳池,态度,不想,一家人,像是,很漂亮	12

资料来源:本研究整理。

通过对海岛旅游相关文本的K-Means分类,我们可以发现以下五个主要类别反映了游客对海岛旅游体验的关注点:

第一,关于本土文化和生活体验(45个)。关键词包括渔村、赶海、三亚、电瓶车、民宿、景点等。这些词语表明游客在海岛旅游中关心与当地文化和生活方式的接触,注重体验本土特色。

第二,关于旅游设施和行程安排(20个)。关键词包括拍照、游客、电动车、小时、建议、中心、时间等。这些词语凸显了游客关注旅行中的基础设施、交通和合理的行程安排。

第三,关于自然美食与景观(13个)。关键词包括椰子、海南、椰林、婆婆、好吃、糟粕、快乐、不错等。这些词语揭示了游客在海岛旅游中对自然风光和美食的欣赏。

第四,关于水上活动和娱乐(13个)。关键词包括潜水、海水、感觉、项目、地方、清澈、享受等。这些词语表明游客在海岛旅游中希望参与各种水上娱乐项目，体验刺激的水上运动。

第五，关于服务质量和个性化体验（12个）。关键词包括司机、热气球、淡季、月份、游泳池、态度、一家人、很漂亮等。这些词语显示游客关注服务质量和个性化体验。

（五）海岛性的自然表征

表征理论（Representation Theory）是指通过符号、语言、符码等形式表达特定概念、想法、情感和经验的理论（Suess et al.，2016）。在旅游研究中，表征理论被广泛应用于探究旅游产品、旅游目的地和旅游体验的表征方式和含义，以及旅游对社会和文化的影响。例如，Pearce（1982）将旅游表征分为基于客观事实的实在表征和基于主观感受的象征表征。Hunter（2016）则将旅游表征分为目的地特征表征和旅游活动表征。本研究基于上述内容分析的词频、语义网络图以及K-Means分类结果，总结出海岛性的表征包括自然、人文与活动三个维度。

海岛性的自然维度表征涵盖了海洋、海滩、珊瑚礁、植被、动物等自然元素。具体而言，海岛自然风光包括海、沙滩、礁石、岩石、山脉、峡湾等自然景观，其中，海洋作为海岛极为重要的自然元素，能为海岛旅游开发丰富多样的水上活动提供支撑，如潜水、浮潜、海钓、划艇等。沙滩是海岛的另一大自然特色，是众多游客前来海岛旅游的主要目的地之一，同时也是举办各类沙滩运动比赛和文化活动的场所。珊瑚礁是海洋中的一个重要生态系统，其多样的生物种类和壮观的景观吸引了大量的游客。植被是海岛生态系统的重要组成部分，包括森林、草地、湿地等不同类型，它们为游客提供了优美的自然景观，同时也扮演着维护海岛生态平衡的重要角色。动物是海洋生态系统中不可或缺的一部分，各种海洋生物的存在有助于游客获得更加丰富的旅游体验，如游客可以在海岛观赏海洋生物等。

（六）海岛性的人文表征

海岛旅游中的人文维度是海岛性的重要表征，其概念内涵包括文化、历史、社会、经济等多个方面。在海岛旅游中，人文维度不仅是游客探索和了解海岛背景、特色和风情的重要途径，还是促进旅游可持续发展的重要因素。具体而言，文化元素是人文维度的重要组成部分，其表征包括语言、民俗、宗教、艺术、文学等元素。历史元素同样在海岛旅游人文维度中占据重要地位，海岛地区的历史背景也是其人文维度的重要表征，包括古迹、遗址、文物、历史事件等元素，它们反映了海岛地区的历史文化沉淀和演变。社会元素也构成了海岛旅游人文维度的重要方面。海岛地区的社会结构和社会文化包括民族、聚落、家族、组织等，它们代表了海岛地区的社会风貌和文化习惯。经济元素同样是海岛旅游人文维度的重要体现,海岛地区的经济状况和产业结构包括贸易、交通、商业、旅游等方面,它们反映了海岛地区的发展水平和文化特色。

(七)海岛性的活动表征

海岛旅游活动维度的概念内涵包括在海岛旅游期间参与的各种娱乐、运动和休闲活动的经验和感受。这些活动通常包括水上运动、海岛探险、自然观赏、文化体验等。这些活动不仅能满足了游客的需求,还能在一定程度上帮助游客体验海岛的自然景观、生态环境与文化内涵。具体的活动元素包括:水上运动,如浮潜、冲浪、游泳等;海岛探险,如海岛漫步、森林徒步、自行车探险等;自然观赏,如观赏日出、日落,以及观察海洋生物等;文化体验,涵盖民俗文化体验(如参与当地传统节日庆典)、海洋文化体验等。

二、旅游体验下的海岛性表征结构:基于扎根理论

在对海岛性进行内容分析后,我们对自然、人文和活动三个维度有了初步的认识,但这些只是从现有的海岛旅游游记和访谈文本资料中抽取出的主要特征。为了更深入地理解海岛性的内涵,我们需要借助理论框架,以便从更广泛和深层次的视角来解读所分析的数据。扎根理论作为一种社会科学研究方法,强调对研究主题的深入了解和解释,能够为我们提供更全面和深入的理解。扎根理论适用于解决复杂和多元的问题,有助于我们深入了解海岛性的多层次,进而理解它们相互作用和影响的逻辑。

(一)编码过程

研究者借助MAXQDA 2020软件进行编码分析,经过三级编码,最终提炼出7个主范畴和3个核心类属。表4-5简要描述了对海岛性表征的编码过程。在开放式编码的基础上,研究者将文本内容归纳为多个核心范畴,包括海岛景观、海岛生物、海滩体验、氛围环境、岛民住宅、海岛道路、建筑特色、旅游设施、生产方式、生产工具、生活品质、生活节奏、消费方式、饮食特色、语言风格、他者关系、信仰价值、岛民交往、岛民民俗、传统节日、岛民娱乐、宗祠文化、历史遗迹、文化认同等多个范畴。随后进一步将这些范畴概括为海岛自然风光、海岛建筑特色、海岛生产、海岛生活、社会交往、海岛文化、海岛精神7个主范畴。经过上述步骤,最终提出了海岛性的物质层次、社会层次和精神层次3个核心类属。

表4-5　海岛性表征的编码过程

选择性编码	轴心式编码		开放式编码(代表性内容)
物质层次	海岛自然风光	海岛景观	这里拥有细白如银的沙滩，湛蓝如天的海水，游客可以站在海边，呼吸着清新的海风，眺望着远方的海面，感觉自己与大自然融为一体。这里的海水清澈透明，游客在潜水时可以看到海底的各种珊瑚和鱼类
		海岛生物	这里可以看到绚烂多彩的珊瑚和鱼类，还可以欣赏到翠绿的椰树和茂密的丛林。这里的生物丰富多样，植物种类繁多，令人惊叹不已
		海滩体验	细腻的沙滩，晶莹剔透的海水，令人感到无限的惬意。在这里，游客可以享受温暖的阳光，听着涛声拍岸，感受海水的凉爽。这里还有各种各样的海滩活动，如皮划艇、沙滩排球等，可以让游客尽情释放活力
		氛围环境	西岛是一个气候宜人的海岛，环境优美、空气清新、氛围舒适。在这里，游客可以感受到温暖的阳光、清新的海风、宁静的海面，仿佛来到了一个远离尘世喧嚣的"世外桃源"。这里的氛围令人放松自在，游客可以享受到大自然的美好和宁静
	海岛建筑特色	岛民住宅	西岛的岛民住宅独具特色，其造型简洁，自然环保。建筑中还融入了海岛元素，给人一种非常贴近自然的感觉。在这里，游客可以感受到岛民对环保的重视以及对自然的尊重，也可以了解到当地的文化特色和历史背景
		海岛道路	西岛的道路景观优美，蜿蜒曲折的小路通向海岛的各个角落，让人仿佛探索着一个神秘而美妙的地方。道路两旁种满了郁郁葱葱的植物，有时还可以看到小动物穿梭其间。在这里，游客可以与大自然亲密接触
		建筑特色	建筑多种多样，既有传统的海岛木屋，也有现代的民宿。这些建筑形式简约、自然环保。在建筑中还融入了海岛文化元素，如海螺、贝壳、珊瑚等，给人一种非常亲切和独特的感觉

选择性编码	轴心式编码		开放式编码(代表性内容)
物质层次	海岛建筑特色	旅游设施	这里旅游设施十分完备,有各种民宿、餐厅、商店等,可以满足游客的各种需求。这里的设施设计通常都充满了浓郁的海岛特色,融入海螺、贝壳、竹子等元素,整体环境令人感到非常舒适和惬意。在这里,游客可以享受到高品质的服务和设施,同时也可以了解到当地的文化特色和历史背景
社会层次	海岛生产	生产方式	由于西岛的地理位置和生态环境特殊,当地居民的生产方式以渔业和旅游业为主。渔民们通常以捕鱼为生,捕捞出来的海鲜新鲜可口,备受游客青睐。旅游业的发展为当地带来了不少机会和挑战,当地居民通常会从事与旅游相关的工作,如酒店服务、餐饮等
		生产工具	由于西岛的生产方式以渔业和旅游业为主,当地居民所使用的生产工具主要为渔具。渔民们通常使用传统的渔具进行捕鱼,如渔网、渔船等。在旅游设施方面,当地通常会使用独特的手工艺制作一些具有海岛特色的商品,如贝壳手串、海螺吊坠等,这些生产活动也为当地居民带来了不少收入和机会
	海岛生活	生活品质	西岛是一个追求高品质生活的海岛,这里的环境优美、气候宜人、旅游设施完备。在这里,游客可以与大自然亲密接触,也可以享受到高品质的服务和设施。游客可以在这里度过假期或居住生活,从而感受到放松、舒适和惬意。无论是欣赏美景、探险、还是休闲度假,游客都能在这里找到自己想要的生活品质
		生活节奏	西岛环境优美、气候宜人、生活节奏缓慢。在这里,游客可以享受到自然风光、轻松氛围和人情味十足的岛民生活。游客既可以在这里散步、阅读、享受美食,还可以探索岛上的小径和海滩
		消费方式	西岛的消费方式以旅游消费为主,游客可以在这里享受到不同的消费项目,如品尝美食、住宿、购物等。这里有着各种价位和风格的餐厅、民宿和商店,可以满足游客的不同需求。游客可以在这里找到适合自己的消费方式

选择性编码	轴心式编码		开放式编码(代表性内容)
社会层次	海岛生活	饮食特色	西岛的饮食颇具特色,以海鲜、烤肉、热带水果等为主。当地的海鲜新鲜可口,有着独特的风味,备受游客的喜爱。岛上有着多样的美食,如椰子鸡、烤乳猪、热带水果沙拉等,让人流连忘返
		语言风格	西岛的语言风格具有一定的地方特色,通常融合一些当地的方言。在这里,游客可以听到岛民们独特的语调,感受到浓郁的方言特色。此外,由于这里是一个旅游胜地,在这里也可以听到来自不同地区和国家的游客说着各种不同的语言
	社会交往	他者关系	西岛的岛民热情好客、乐于助人,能够给游客留下深刻的印象。在这里,可以感受到岛民之间的亲密关系,也可以感受到岛民与游客之间的尊重和关爱。岛民们通常会与游客交流,分享他们的生活和文化,也会向游客介绍当地的风土人情
		信仰价值	岛民的信仰和价值观念主要受到海洋文化的影响,以尊重自然、爱护环境为主要价值观念。在这里,游客可以感受到岛民对于大自然和环境的敬畏和保护意识,也可以了解到他们的传统信仰和文化
		岛民交往	岛民交往通常富有海洋文化特色,岛民喜欢海上活动、舞蹈和音乐等。在这里,可以看到岛民穿着传统的服装,演奏传统的乐器,跳传统的跳舞,展示出海岛独特的文化特色。此外,这里还有许多传统的节日和庆典,如海祭、渔民节等
精神层次	海岛文化	岛民民俗	岛民民俗通常包含着丰富的文化内涵和传统特色,如祭祀活动、手工艺制作、饮食文化等。在这里,可以了解到岛民的传统服装、住房及婚嫁习俗,感受岛民的传统文化与现代生活的融合。此外,岛民的手工艺制作也十分精美,如贝壳手串、海螺吊坠等,吸引了许多游客前来购买
		传统节日	以春节为例,在西岛度过春节是一种非常特别的体验,可以感受到浓厚的节日气氛和传统文化。在这里,游客可以看到岛民为春节做准备,如打扫卫生、贴窗花、放鞭炮等

续表

选择性编码	轴心式编码		开放式编码(代表性内容)
精神层次	海岛文化	岛民娱乐	这里是一个充满各种娱乐活动的海岛,有着丰富的水上运动、海滩娱乐、文化体验等。在这里,游客可以尝试冲浪、潜水等各种水上运动,还可以在海滩上晒太阳、玩沙滩排球等。此外,海岛上还有许多文化体验活动,如传统手工艺制作、参观博物馆等
	海岛精神	宗祠文化	西岛的宗祠文化丰富多彩,通常以祖先崇拜、宗族文化和传统礼俗为主要特色。游客可以感受到岛民对祖先的敬仰和尊重。通过了解当地的宗祠文化特色和历史渊源,也可以感受到中华文明的多样性和包容性
		历史遗迹	在这里,游客可以感受到古老的历史气息和传统文化的魅力。此外,这些历史遗迹也展示了当地的传统建筑风格和文化传统,如岛上的古民居等
		文化认同	岛民热爱自己的传统文化和生活方式,也乐于与游客分享当地的文化和历史。此外,由于这里是一个旅游胜地,游客也可以在这里感受到不同地方文化之间的交流和融合

资料来源:本研究整理。

编码信度通常通过计算科恩卡帕系数(Cohen's Kappa Coefficient)加以评估。科恩卡帕系数是一种用于衡量两个独立观察者之间分类一致性的统计方法,计算公式如下:

$$\kappa = \frac{P(A) - P(E)}{1 - P(E)}$$

其中,$P(A)$表示观察者实际达成的一致性,$P(E)$表示在随机情况下预期达到的一致性。科恩卡帕系数的取值范围介于-1和1之间,-1代表完全不一致,1代表完全一致。实际应用中,通常会先随机选取若干样本,让两位或多位观察者独立进行分类,然后根据其分类结果计算kappa值,用以衡量各观察者间的一致程度。一般而言,kappa值越高表明观察者之间的分类结果越一致,反之则表明观察者之间存在更多分歧。

在本研究中,两位编码员先在MAXQDA软件中对数据进行独立编码,再就分歧之处共同讨论并统一结果。最终计算得到的科恩卡帕系数为0.698,表明本研究的编码信度处于可接受水平。

（二）编码结果

1.海岛自然风光

海岛景观。在未开发旅游业之前,海岛的自然环境是纯粹的,保留着原始的生态系统,人烟稀少,具有独特的生活节奏和远离大陆的封闭系统。访谈中一位本地岛民FT-02表示:"在没有开发旅游之前,我们这里的生活还是很纯粹的,我们主要依靠捕鱼为生,岛上也有部队。后来开发之后部队也撤了,现在都是搞旅游了,毕竟我们西岛还是有竞争力的。"随着海岛旅游的快速发展,以自然景观为基础,相应的资源脱离型景观应运而生。如游客在YJ-22所述:"西岛的自然景观和人造景观是完美结合的。我先去了海滩,感受到了大海的静谧和壮丽。我还参与了一次潜水,看到了美丽的海底世界。海底的生物多样性令我惊叹不已。我还品尝了当地的特色美食,感受到了海岛的独特文化。我一定会再次来到这个美丽的海岛,享受更多的旅游乐趣。"

海岛旅游景观可以唤起一系列情绪,从敬畏和惊奇,到怀旧和感到宁静。它们还能影响游客对地方的看法,并进一步作用于他们对目的地的整体评价。景观在旅游体验中的意义与地方依恋的概念密切相关,地方依恋是指游客与目的地形成的情感纽带(Hidalgo et al.,2001)。景观的视觉和感官吸引力可以增强游客对某个地方的依恋,并可以塑造他们对目的地的整体体验。海岛旅游景观的设计和管理在创造积极的旅游体验方面发挥着至关重要的作用。旅游景观所带来的感官与情感诉求,有助于塑造目的地的品牌与声誉,从而提升其在全球旅游市场中的竞争力。景观的文化和象征意义对于塑造旅游体验也很重要。总之,海岛景观在旅游体验中的意义与游客对一个地方的感官和情感反应密切相关。通过了解景观的情感和文化意义,旅游规划者和管理者可以创造更令人难忘和有意义的旅游体验,这有助于发展可持续和负责任的旅游实践。

海洋生物。海岛景观之外的生物构成了很强的海岛性表征。FT-20中提及:"在沙滩,远远地就看到了一只可爱的松鼠,它的皮毛呈灰色,尾巴卷曲,非常活泼……最后,我尝试了潜水,看到了珊瑚礁。在透明的海水中,我看到了许多色彩斑斓的鱼类,它们游来游去,仿佛在为我表演。"一位游客在游记中描述了对海岛植物的喜爱:"我来到了西岛的森林区域,看到了许多高大的椰子树。这些树木高大挺拔,树干笔直,绿叶如伞盖,遮阳避雨。在太阳的照耀下,它们看起来非常美丽。我还看到了一些果树。这些树木长势良好,结着鲜美的果实。我品尝了一颗荔枝,果肉清甜多汁,非常美味。"(YJ-32)

植物和动物共同塑造海岛的形态、生态平衡和生物多样性。从旅游体验的角度来看,生物在为游客提供独特的视觉、触觉和心理体验方面发挥了关键作用。首先,植物在海岛上的生长及其对海岛环境的适应对游客的感官体验产生了重要影响。丰富的植被覆盖和多样化的生态环境为游客提供了宜人的氛围和美丽的景观。此外,特有的海岛植物和动物种群为游客提供了独特的观赏和体验机会,从而使得海岛旅游具有更强的吸引力。其次,生物对于地方性意义的塑造也具有重要作用。海岛上的特有植物和动物不仅反映了该地区的生物多样性和生态特点,还在许多情况下与当地的文化和历史紧密相连。这种联系为游客提供了深入了解海岛生活和文化的途径,从而增强了游客对海岛的认同感和对地方意义的感知。

海滩体验。海岛的海滩构成了海岛性的特殊表征,是游客体验的重要场所。在访谈中一位游客表示:"我是一个喜欢到沙滩边散步的人,这次来到了三亚西岛,想要享受这个美丽海滩带来的乐趣。我来到了西岛的白色沙滩,看到了清澈碧蓝的海水和蔚蓝的天空,感受到微风拂面。我换上泳衣,走进了海水里,凉爽的海水冲刷着身体,让我感到非常舒适。"(FT-13)海滩为游客提供了一种愉悦性休闲体验的场所。另外,海滩上的水上运动为游客寻求刺激创造了绝佳机会。正如YJ-73中所描述的:"我是一个喜欢冒险和刺激的游客,想要尝试一些海上运动,挑战自我。我先选择了一艘小小的皮划艇,跳了上去,在教练的指导下,划动着双桨,开始了我的探险之旅。海水在皮艇下涌动,我紧握双桨,努力地划动,一下一下,随着对技巧的逐渐掌握,我体会了探险的成就感。我在清澈的海面上自由前行,感受到海浪的冲刷和海水的清凉,仿佛与大海融为一体。我尝试了一些更加刺激的运动,如水上摩托、滑水等。在海浪中飞速前进,较快的速度和较强的冲击力让我感觉非常刺激和兴奋,进而一次又一次地尝试。"

海滩作为海岛的核心要素,通过波浪、潮汐和海浪等自然力量,对海岛形态产生了显著影响。例如,长期的海浪侵蚀和沉积作用塑造了海岸线的轮廓以及沙滩的形态,进而影响了海岛的土地利用和植被分布。此外,海滩上的植物和动物对于维持海滩生态系统的稳定性和生物多样性也发挥了关键作用。在旅游体验方面,水上运动和海滩活动是海岛旅游的重要组成部分。这些活动中游客与海洋力量的互动,进一步塑造了海岛的形态和生态系统。海滩活动和水上运动对海岛性的构建具有举足轻重的作用。通过自然力量和人类行为相互作用,海滩体验和水上运动在一定程度上影响着海岛独特的生态系统和生物多样性,成为海岛旅游和自然环境中不可或缺的重要部分。这些体验不仅丰富了游客的感官享受,还有助于游客深入了解海岛生态和地理特征,从而为海岛旅游的发展提供了有力支撑。

氛围环境。海岛的氛围环境是指海岛的自然氛围环境和人文氛围环境,如海洋、山林、气候、文化、历史等。这些氛围环境对海岛的形态和地貌产生了重要的影响。例如,海洋的浪潮和风浪等自然力量,长期侵蚀和沉积海岸线,形成了海岛独特的地貌和景观。同时,海岛的气候和山林等自然环境,也对海岛形态和植被分布产生了重要的影响。如游记YJ-25中所写的:"我是一个喜欢追求宁静的旅行者,这次来到了三亚西岛,想要感受这里的独特海岛氛围环境。我来到了西岛的沙滩上,感受到了海风拂面,感觉身心被海洋包围。我坐在沙滩上,闭上眼睛,聆听海浪拍打的声音,用心感受着这个美妙的世界。这种宁静让我感到了一种安宁和放松,仿佛将平时的压力和烦恼都抛开了。"访谈中的游客也表示:"我又来到了西岛植被茂盛的山区,看到了葱翠的植被,沿着小路漫步,感受着自然的气息和芬芳,仿佛走进了一个'世外桃源'。这种自然的美景和氛围,让我深深地感受到生命的力量和美好,同时也让我更加珍惜这个美丽的世界。在西岛的民居里,我看到了当地居民的生活,感受到了浓郁的当地文化和人情味。这种友好和温馨的氛围,让我非常感动。"(FT-09)

海岛的自然氛围环境包括气候、风景和生态等方面。良好的自然氛围环境为游客提供宜人的休闲体验,从而使游客在心理层面产生积极情感。海岛独特的生态环境和生物多样性有助于游客更好地理解地域特色,进一步强化了海岛性的塑造。例如,海岛的温暖气候、丰富的生物种类和美丽的海滩景观,共同营造出宜人的海岛氛围。

海岛的人文氛围环境涉及历史、文化、传统习俗以及社会交往等方面。通过与当地居民互动,以及了解当地的文化、传统习俗和历史,游客能更好地感知海岛性的内涵。人文氛围环境的深入体验有助于游客建立对海岛的认同感,进而影响海岛性的塑造。社会层面的氛围环境主要包括社会关系、服务质量和社会价值观等。海岛社会氛围环境的和谐与包容,能让游客获得愉悦的旅游体验。优质的服务水平和友好的社会关系,也将在游客心中留下深刻印象,从而强化海岛性的传播和影响力。

2. 海岛建筑特色

岛民住宅。海岛居民住宅的建筑风格和材料,对海岛的形态和地貌产生了重要的影响。例如,在建筑风格方面,当地岛民通常建造传统的中式建筑,多为单层独立房屋,建筑材料多为木头、竹子、芦苇等天然材料。这种建筑风格既符合热带气候的特点,也融合了当地文化和历史传统。在建筑材料方面,岛民通常利用当地的天然材料,如木头、石头等,这些材料的使用也影响了房屋的耐久性和稳定性。如游记 YJ-89 中所提到的："我看到了当地岛民住宅的建筑风格，这些房屋通常建造在海岸线附近，以便于岛民捕捞和进行其他海洋活动。建筑风格通常是传统的中式建筑，大多数是单层的独立房屋。房屋通常以木结构建筑为主，因为木材不但结实耐用，而且适应了热带气候的特点，透气性好，凉爽舒适。"海岛居民住宅也是海岛文化的重要体现。"我发现当地的岛民住宅常常采用传统的装饰风格，这些装饰物件蕴含着浓厚的历史和文化底蕴，是当地传统文化的重要体现。另外，当地岛民的生活方式也与众不同，他们通常过着简朴而自给自足的生活，依赖海洋和土地资源来维持生计。他们使用当地天然的原材料，通过编织等手工艺活动，来制作自己的家具、衣服和装饰品等。这种生活方式和文化特色，与现代都市化的生活方式形成了鲜明的对比。"（YJ-53）

当地岛民的居住环境、生活方式和文化传统，都体现了海岛地区的文化特色和历史传统。这些文化特色和传统，对当地的文化传承和发展产生了重要的影响。它们通过建筑风格、材料和文化传统等方面的相互作用，形成了海岛独特的形态、生态和文化，是海岛地区旅游和自然环境中不可或缺的重要组成部分。在开展旅游活动的过程中，我们应该注意保护海岛居民住宅的文化特色和历史传统，从而实现其可持续发展。

海岛道路。海岛道路的规划和建设，对海岛的形态和地貌产生了重要的影响。例如，在道路的规划和建设中，需要考虑当地的地形、气候和海洋环境等因素，以确保道路的稳定性和安全性。同时，海岛道路的设计和布局也影响了海岛的交通和旅游发展，是海岛地区旅游和自然环境中不可或缺的重要组成部分。如访谈 FT-03 中提到的："我发现西岛道路相对狭窄，只能供一两辆车通行，道路两旁常常是茂密的植被和美丽的海景，让人感受到了大自然的美妙和神奇。我搭乘当地的摩托车沿着道路前行，海风拂面以及温暖的阳光让我备感愉悦。我来到了西岛的高地，这里的道路是曲折、陡峭和狭窄的，极具挑战性。"海岛道路也是海岛性的重要体现："当我爬上了山顶，眼前的美景让我感到震撼并产生了敬畏之情。俯瞰着整个海岛，我感受到了生命的伟大和自然的壮丽。我行走在西岛的海滩上，发现当地的道路非常平坦和宽敞，通常有很多游客和当地居民在此散步、跑步，享受阳光。"（YJ-66）

当地岛民的生活方式和文化传统，也影响了海岛道路的设计和使用。例如，在某些海岛的文化传统中，道路往往与宗教信仰、祖先崇拜及民俗习惯等紧密相连，而这些特色与传统对当地的文化传承与发展起到关键作用。此外，道路的空间美包括空间的宽度、深度、高度和视觉效果等，这些元素的设计和布局会影响到街道的空间美。例如，建筑的排列和高度会影响到街道的开敞感和视觉效果。

建筑特色。海岛的建筑特色是海岛文化的重要体现,当地的建筑风格和设计通常融合了当地的历史和文化传统,反映了当地的生活方式和价值观念。访谈FT-18中提及:"我参观了当地的民居,这里的建筑通常是独立的,多采用石头、竹子和木头等天然材料。这种建筑风格不仅满足了热带气候下人们的居住需求,还巧妙融合了当地的文化与历史传统。"在游记中亦有大量关于海岛建筑景观的描述,如"通过这次旅游体验,我深刻感受到了三亚西岛的建筑特色和人文魅力。这些建筑物不仅体现了当地的历史和文化,还融合了现代化和国际化的元素,是海岛旅游和生活的重要组成部分"(YJ-77)。

建筑特色在塑造海岛性方面具有关键作用,既体现了地域文化特征,也体现出旅游体验的独特性。首先,海岛建筑特色是地域文化传承和发展的重要载体。在建筑风格、布局、材料等方面,海岛建筑体现了该地区的历史、文化、气候和地理特点。同时,海岛建筑与周边生态环境的和谐共生,彰显了人与自然的共生关系。其次,游客在参观海岛建筑时,可以感受到地方特色的魅力,这为游客提供了独特的视觉和心理体验。此外,海岛建筑在满足功能需求的同时,通过创新设计和独特元素,给游客留下了深刻的印象,从而增强了游客对海岛的认同感和归属感。

旅游设施。海岛的酒店、度假村、展览馆和演艺场所等旅游设施的设计,不仅需要考虑当地的地理、气候和海洋环境等因素,还需要融合当地的文化传统和地方特色,以塑造海岛的独特形态和风貌。此外,海岛地区交通运输设施的完善与否,直接影响游客前往海岛的便捷性和游览时的出行体验,而海岛交通运输设施的设计和建设,也会对海岛的形态和生态环境产生影响。从游客的记录中可以看出海岛旅游设施对海岛性的塑造,如"我入住的民宿提供了各种各样的设施和服务。这里的海水水质干净,还有专业的救生员进行监管,我和我的家人在这里玩得非常开心"(YJ-12);又如"岛上还提供了各种娱乐设施让我可以尽情放松和享受假期。我还参加了当地的水上活动,如划皮艇、浮潜和潜水等。这些活动需要专业的设备和教练,而当地的旅游公司提供了一系列的水上设施,如救生衣、浮潜装备和潜水器材等,使得我的水上活动更加安全和有趣。最后,我游览了当地的旅游景点,如海滩、古迹和自然保护区等。这些景点的周边设施非常完善,提供了各种各样的服务和设施,如旅游车辆、导游、餐馆、公共卫生设施等,让我可以更加便捷和愉快地游览当地的景点"(YJ-98)。

海岛的旅游设施,不仅提供了各种娱乐和休闲设施,还提供了游客所需的安全保障和服务,如医疗急救、旅游咨询、导游服务等,完善的设施和专业化的服务,可以提升游客的安全感。

3.海岛生产

生产方式。海岛作为一个特殊的地理环境,其生产方式对于海岛性的塑造和游客体验的形成有着重要的作用。生产方式包括资源开发、产业结构、生产技术和劳动力组织等方面。渔业是海岛地区重要的传统产业之一,渔业资源的开发和利用对海岛性的塑造和游客体验的形成产生了重要的影响。渔村是渔业发展的重要基地,渔村的建设和规划对海岛的社会和经济结构产生了深远的影响,同时渔村的传统建筑和文化遗产也为游客提供了独特的旅游体验。例如,YJ-49中提及:"这里是一个充满生机和活力的海岛。我在西岛上看到了许多正在工作的岛民,他们或者在海滩上放置躺椅,或者在椰林中采摘椰子,还有的在渔船上劳作,这些都是海岛生产方式的一部分,也是西岛独特的风景线。我首先参观了西岛的渔村,这里的岛民主要以捕捞为生。在渔村的码头上,我看到了许多渔民在整理他们刚刚捕获的鱼,这些鱼种类繁多,有海鱼、淡水鱼等。"

海岛地区的渔业资源种类繁多,不仅是当地居民的生活来源,还为游客提供了新鲜的海鲜美食。渔业资源的合理开发和利用,既可以满足游客的消费需求,也可以促进海岛经济的发展和提升游客的体验感受。渔业文化是海岛地区的重要文化遗产,其传承和发展对于海岛性的塑造和游客体验的形成具有重要的作用。海岛的传统渔民文化、捕鱼方式、渔业节庆等,都为游客提供了独特的旅游体验。例如,YJ-27中提及:"我还尝到了最新鲜的海鲜,它们在被捕获后就被立即送到了附近的餐馆和市场,制作后的味道十分鲜美。在椰子园里,我看到了成片的椰子树,还有岛民在采摘椰子。据当地人介绍,这里的椰子很有名,是当地的特产,既可以用来制作椰子饭、椰子糕等传统美食,也可以用来制作椰子油、椰子糖等产品。这里的岛民为我们提供了各种各样的服务和体验活动,如水上运动、潜水、夜间漫步等,让我们度过了一个难忘的假期。在海岛旅游的过程中,我们也应该尊重当地的生产方式和文化传统,以更好地了解和欣赏海岛的独特魅力。"

生产方式对海岛性的塑造具有重要影响,因为它直接关系到海岛经济、社会和生态环境的发展。生产方式对海岛资源的利用与保护产生决定性的影响。可持续的生产方式有助于保护海岛的自然环境和生态系统,从而提高旅游资源的吸引力。反之,过度开发和不合理的生产方式可能导致资源枯竭、环境恶化和生态破坏,降低旅游体验质量。

生产工具。海岛环境独特,自然条件复杂多变,生产工具的适应性对于海岛性的塑造具有重要的作用。海岛生产工具能够满足当地的生产需求,提高生产效率和质量,促进海岛经济的发展和提升海岛的竞争力。访谈中一位游客这样细致地记述自己的所见:"我看到了许多当地岛民在劳作,他们用着各种各样的工具在海岛上生产着各种各样的产品,这些工具成为海岛生产的重要支撑,也是西岛独特的风景线。接下来,我参观了西岛的渔村,这里的岛民主要以捕捞为生。在渔村的码头上,许多渔民在整理他们刚刚捕获的鱼,他们手中的渔叉、渔网等工具,不仅能够满足他们的捕鱼需求,还能充分体现海岛捕鱼的传统技艺和文化。"(FT-11)

生产工具在海岛地区还具有重要的文化含义,其传承和发展对于海岛性的塑造和保护有着重要的作用。当地的传统生产工具和制造工艺,不仅能丰富游客的文化和旅游体验,还有助于传承和弘扬海岛的文化遗产。从游客体验角度来看,观察、了解当地的生产工具和生产方式,不仅能够增长知识,还能够感知当地人民的生产生活状态,了解当地文化和传统。生产工具作为文化遗产,体现着海岛的独特文化价值和历史积淀,游客可以通过观察、了解生产工具,深入了解当地文化和传统,增进对海岛的认识。生产工具具有一定的文化、历史和情感价值,游客可以通过观察、了解生产工具,深入感受海岛的文化氛围和历史积淀,产生对海岛的情感共鸣和归属感,从而增进对于海岛的地方认知。

4.海岛生活

生活品质。应不断提升海岛的生活品质,努力为岛民提供良好的居住环境,从而增强海岛的吸引力和影响力。YJ-83中描述了这样的生活场景:"这是一个让人心旷神怡的美丽海岛,这里的生活品质高、环境优美。登上西岛的那一刻,我就感受到了迎面而来的清新空气,这里没有城市的喧嚣和浮躁,只有安静和舒适,是远离城市喧嚣的绝佳选择。在这里,我既可以漫步在海滩上,听着潮水的声音,感受大自然的气息,也可以参加各种有趣的活动,如沙滩排球、海岛探险等,海岛旅游真的很值得。"又如YJ-26中所描述的:"西岛的岛民非常友善和热情,他们的生活方式简单、朴素,充满了浓浓的人情味和生活情趣。在这里,我品尝到了美味的当地菜肴,感受到了岛民的淳朴和真诚。同时,我也欣赏到了岛民的传统文化,他们的住房、衣着、生活习惯等方方面面都充满着浓郁的海岛特色,让我感觉特别有意思。西岛的环境也十分优美,海滩干净,岛上绿化覆盖率高,整体卫生情况良好。这些为游客营造了一个高品质、健康、环保的旅游环境,让游客在旅途中能够充分享受,更加放松。"

海岛生活品质的提高,不仅能够为游客提供更加健康和环保的旅游体验,使游客身心得到充分的放松和休息,让游客享受到更高品质的旅游服务,还可以为海岛形象的建立提供有利条件。海岛是一个综合性的旅游目的地,良好的生活品质有助于海岛建立健康、环保、高品质的旅游形象,有利于海岛旅游的发展。良好的生活品质可以推动海岛经济的发展,提高海岛的综合竞争力,改善居民的生活质量。同时,优质的居住环境与完善的公共服务体系,不仅提升了居民的生活满意度,也为岛民创造了更多就业机会,进一步促进海岛的繁荣和发展。

生活节奏。海岛缓慢的生活节奏是海岛的独特魅力之一,也是游客到海岛寻求放松和休闲的重要原因之一。这种独特魅力可以吸引更多的游客来到海岛,进一步推动海岛旅游的发展和繁荣。如YJ-09中所描述的:"我感受到了这里和城市的不同之处——缓慢的生活节奏和轻松的氛围。在这里,时光似乎'放慢了脚步',让人们可以更加放松,享受当下的美好。第一天,我来到了西岛的一个小渔村,这里的生活节奏慢到了极致。这里的岛民以捕鱼为生,生活充满着宁静和闲适。我观察到他们每天都在安静的海湾里捕捞,一边慢慢地抛出渔网,一边享受着海风和阳光。渔村的生活节奏缓慢,与大都市的喧嚣和繁忙形成了鲜明的对比。"海岛缓慢的生活节奏使游客可以在这里获得放松,享受休闲体验。这种体验能够帮助游客减轻在城市生活中的压力和疲劳,进一步提高游客的身心健康水平。"我参加了一个当地的采摘活动,这里种植了各种各样的水果和蔬菜,岛民们在这里忙碌着,采摘着他们自己的作物。第三天,我来到了一个偏远的海滩,这里人迹罕至,只有海浪和风声伴随着我。我享受着这种宁静和自由,漫步在海滩上,收集美丽的贝壳。这种慢节奏的生活让我感到身心愉悦,减轻了在城市生活中的压力。这种节奏是海岛的独特魅力之一,能让我们在这里获得放松、自由的体验。在这个快节奏的时代里,西岛的慢节奏生活让人们得以放松身心、恢复活力。"(YJ-50)

海岛生活节奏通常较内陆地区更为缓慢,这一特点既源于地理环境的制约,也与海岛居民的生活方式、价值观和心理特质紧密相连。海岛缓慢的生活节奏有利于传统文化的传承与保护,同时也为新文化的融入提供了舒适空间(Cohen,2004)。海岛"慢生活"的氛围为游客提供了一个远离城市喧嚣、放松身心的理想目的地(Lengen et al.,2012)。然而,随着全球化和技术发展的推进,海岛的生活节奏可能面临变革的压力。为应对这一挑战,未来研究应关注如何在保持海岛生活节奏特点的同时,适应外部环境的变化。

消费方式。在海岛上,游客可以通过品尝当地美食、购买当地特色产品、参与当地特色活动等方式,感受海岛的独特文化和历史。这种消费模式不仅让游客更加深入地了解当地传统与文化,还在一定程度上推动了海岛文化的传承与发展。海岛消费方式是海岛生态环境的重要组成部分,具有重要的生态和环境价值。在海岛上,游客可以通过参与采摘、捕捞、垂钓等活动,体验到海岛生态环境的独特魅力。如FT-10中所提及的:"这里的海鲜特别新鲜,价格也比较实惠,我觉得性价比较高。在这里能够品尝到各种各样的海鲜美食,如新鲜的龙虾、海螺等,让我品尝到了海岛的特色美味。"多元化、个性化的海岛消费方式能够满足游客多样化需求,从而助推海岛旅游的持续发展与繁荣。"我还购买了当地的海鲜制品和珍珠首饰等特色产品。我和当地的岛民一起采摘了新鲜的芒果、荔枝等水果,品尝到了海岛的美味。在这里,我体验到了一种回归自然和生活的感觉。接着,我来到了一个安静的海滩,这里还没多少游客,没有商业气息。"(YJ-42)这种消费方式还能够带动当地商业与经济发展,从而促进当地居民的就业并提升其生活水平。在海岛的管理和开发中,需要注重海岛消费方式的优化和提升,为游客提供更加独特和多元化的旅游体验。

饮食特色。海岛饮食特色是当地居民多年生活和文化积淀的产物,代表着当地的历史和文化。海岛饮食特色包括当地独特的食材、烹饪方式和食品文化,这些都是游客感受海岛文化的重要途径之一。海岛的饮食特色不仅有助于游客更深入地了解当地传统与文化,还在一定程度上推动了海岛文化的传承与发展。在收集的游记中,美食经常被提及,如"我迫不及待地想要品尝这里的美食。西岛的海鲜特别有名,价格还算合适,这让我感到非常兴奋。第一天,我来到了一个当地人经常光顾的海鲜餐厅,享用了第一顿美食。服务员给我们推荐了当地的特色海鲜菜品,包括蒜蓉蒸虾、清蒸海鱼等。每一道菜品都非常新鲜和美味,让我感受到了西岛的美食文化和特色。第二天,我参加了一个当地的烧烤活动。这里的烧烤以新鲜的海鲜和肉类为主,味道非常好。我品尝了当地特色的烤鱼和烤乌贼,非常的美味。除了烧烤,这里还有当地特色小吃和甜品。隔天,我来到了一个当地的早市,这里有各种新鲜的水果、蔬菜和海鲜。我尝试了当地的特色早餐。这些早餐既营养又美味,让我感受到了海岛的生活文化和饮食特色。这里早市的食材非常新鲜,让我觉得每一餐都成了一种享受"(YJ-105)。

事实上,海岛饮食特色深受自然环境影响,其中以海鲜菜系最具代表性,体现了当地海洋资源的生态特征。通过推广可持续捕捞方式和生态友好的饮食理念,海岛饮食文化有望转化为推动海洋生态保护的重要路径,实现资源利用与生态保护的良性互动。因此,海岛饮食特色常常成为吸引游客的关键因素之一,不仅有助于游客获得多样化、个性化的旅游体验,还能进一步推动海岛旅游业的发展与繁荣。同时,这类饮食特色还能带动当地经济的发展,从而增加当地居民的就业机会,提升当地居民的生活水平。

语言风格。海岛方言源自当地居民长期的生活实践,既呈现出独特的语言风格与文化底蕴,也能帮助游客更深入地了解当地传统文化,进而推动海岛文化的传承和发展。海岛方言作为吸引游客的重要因素之一,不仅为游客带来多元化、个性化的旅游体验,促进了海岛旅游的繁荣,还能带动商业与经济的发展,为当地居民创造更多就业机会,提升其生活水平。如游记中所描述的:"这里的居民都使用一种很有特色的方言,好像和海南话还有一点区别,有点像粤语或是闽南话。在一个小店里买东西时,我和老板聊天,发现这里的方言和普通话明显不同。这种独特的语言风格让我感到非常亲切。和老板聊天时,他给我讲了一些关于西岛的历史和文化的故事,让我更好地了解这个地方。"此外,海岛的语言景观也构成了海岛特色的一部分:"除了和当地居民聊天,我还留意到一些当地的标语和招牌都使用了当地的方言。这种文字风格让我感到这里有着独特的文化和历史,让我对这个地方充满了好奇和兴趣。深入了解后发现,三亚西岛的语言风格是这里独特文化的重要组成部分,它不仅承载了当地的历史和文化,还给游客带来了一种独特的体验。怎么说呢,这种语言风格也能够促进当地文化的传承和发展,同时也能够帮助游客更好地了解和感受当地的历史和文化。"(YJ-95)

语言风格和方言是地域文化的重要载体,它们反映了海岛居民的生活方式、价值观和传统文化(Trudgill et al.,2004)。语言风格和方言赋予了海岛性独特的文化内涵,有助于塑造海岛的独特形象和地域特征。同时,这种文化内涵也为海岛居民提供了共同的认知基础,促进了社区凝聚力的形成。游客往往寻求与日常生活不同的体验,而海岛具有地域特色的语言恰巧能够满足游客这一需求(Urry et al.,2011)。当游客在海岛旅游过程中接触到这些特色语言风格和方言时,他们会更深入地体验到海岛的文化氛围和生活节奏。

5. 社会交往

他者关系。海岛上的他者关系往往代表着当地居民对待他人的态度和价值观念。在有着不同文化背景的游客与海岛居民之间,他者关系有助于促进文化交流与碰撞。这种交流与碰撞可能会推动海岛文化的创新与发展,从而塑造海岛的独特性。"来到这里,我感受到这里的居民都非常友好和热情。当我走在小巷时,很多居民都向我问好,甚至主动和我聊天。我很感动,这种热情和友好让我觉得自己不是一个陌生人,而是与当地居民有着紧密的联系。"(YJ-94)另一位游客也描述道:"在一家小餐馆里,我和老板娘聊天,她向我介绍了当地的风俗和文化,包括当地居民的生活方式和习惯,以及海岛的发展历程。我很感谢她的分享,因为这些知识能够让我更好地了解这个地方。我在漫步海滩时,遇到了当地的渔民,他们非常热情地向我介绍了他们的生活和工作。同时还向我展示了当地的捕鱼技巧和渔民文化,让我可以更好地了解这个海岛的文化特色。我也向他们介绍了我的故乡,我们一起度过了一段愉快的时光。"(FT-13)

不同文化背景的游客与海岛居民的互动可以促进文化的融合与创新,从而使海岛文化更具包容性和多样性,进一步塑造独特的海岛性。基于价值共创理论,海岛旅游交往可以被理解为多主体之间协同互动、共同创造价值的过程(宋晓等，2022)。在这个过程中，海岛旅游交往涉及多个主体之间的相互作用。游客与当地居民的互动是价值共创过程的关键。通过这种互动，游客可以更深入地了解和体验当地文化，同时当地居民也能获得新的知识与生活经验。这种互动不仅丰富了游客的旅游体验，还有助于海岛文化特色的传承和发展。

信仰价值。海岛的社会信仰对旅游地的影响是多方面的。海岛作为文化和历史的代表，往往蕴含深厚的宗教信仰和民间传统。例如，在海岛上可能存在着许多庙宇、神像和祭祀活动等，这些都是海岛文化和社会信仰的体现。这些宗教信仰和民间传统往往会影响海岛旅游资源的开发和利用，比如海岛的建筑、景观和文物等都体现了这些信仰和传统的印记。在海岛上，可能存在着许多基于宗教、民间传统而举办的文化节庆活动等，这些活动需要得到当地居民和宗教团体的支持和配合。这就需要旅游服务提供者与当地居民和宗教团体之间建立良好的合作关系，从而为游客提供更好的旅游服务。如访谈中有的游客表示："在岛上的许多地方，我还看到了人们祈福的场景，他们认为这样可以获得'神灵'的庇佑。这些信仰活动是当地文化的重要组成部分，也是海岛信仰特点的重要体现。此外，岛上还有一些民间传统习俗。这些习俗虽然已经逐渐淡化，但在当地居民中仍然有一定的影响力。在岛上的一些民宿里，我了解到许多有关这些传统的故事和细节，这让我更加深入地了解了当地人民的信仰和文化。"(FT-18)

岛民交往。海岛的风俗习惯是海岛文化的核心，它体现了海岛居民的思想、信仰、生活方式等方面的特点。这些风俗习惯的存在不仅是海岛居民历史传承和文化价值的体现，还是海岛特色文化和旅游资源的重要组成部分。游客深入了解海岛的风俗习惯并参与相关活动，不仅能够加深自身对海岛文化的认识和了解，提升体验感受和文化兴趣，还能促进海岛文化的传承和发展。"在三亚西岛的民俗文化村中，我还了解到了海南红色民兵相关的历史事迹和革命精神。当地居民用表演以及手工艺品制作等方式向我们展示了他们的文化和传统。"(YJ-82)海岛的生活、文化和社会经济发展都受到了自然环境和地理条件的限制，而这些限制也对海岛居民的生活习惯和文化传统产生了重要影响。例如，海岛居民可能会有特定的节令食品和祭祀仪式，以适应海岛的季节变化和自然环境。因此，海岛的风俗习惯不仅是海岛文化的特征，还体现了对海岛自然环境和地理条件的适应和利用。如游记中所记录的："我看到了许多红色民兵的标志性物品和服饰。当地居民向我们展示了他们制作的红色民兵服饰以及红色民兵队伍模型，让我们更好地了解了红色民兵的历史和传统。"(YJ-03)

海岛居民往往生活在相对封闭的社区中，社会关系和互助合作是他们生活的重要支撑。风俗习惯在这种社会关系和社区生活中发挥着重要作用,如家庭聚会、祭祀仪式等活动,不仅可以加强居民之间的联系,增进感情,还是传承海岛文化和发展海岛旅游的重要手段。

6. 海岛文化

岛民民俗。不同于内陆地区,海岛地区人口相对较少,资源相对有限,居民在长期的生活实践中形成了自己的文化特色。岛民民俗作为其中的重要组成部分,反映了海岛居民的生产、生活、信仰等方面的特点。如YJ-33中所提到的"在村子里,我看到了许多特色建筑,包括红砖青瓦的房屋和精美的木雕装饰。居民们穿着传统的服装,欢迎我们的到来,还向我们介绍了他们的历史和传统文化。在游览过程中,我了解到了许多有趣的民俗风情。此外,居民还有一项独特的传统舞蹈,这项传统舞蹈现在已经成为一类重要的民间文化艺术表演。"岛民民俗是地区文化传承和发展的重要载体,它涵盖了海岛地区丰富的历史、文化和地域特色。这些特色包括建筑、饮食、语言、信仰等方面,对于形成海岛的独特性具有重要作用。如游记中描写的:"除了传统活动和舞蹈表演,我还了解到了许多有趣的习俗。例如,端午节海上居民的习俗,在这个仪式中,居民会吃传统的粽子、糕点和鲜果,同时在享用美食的过程中欣赏民俗表演和音乐。总之,三亚西岛的民俗文化丰富多彩,这趟旅程让我更加了解和尊重海岛居民的传统和习俗。"(YJ-25)

传统节日。从社会学角度来看,传统节日是民众团结的象征。在海岛地区,由于人口分散、资源有限,岛民们借助传统节日来凝聚人心,展现当地的文化特色,增强群体的凝聚力和认同感。传统节日所展示的价值观念和行为模式,也会对当地的社会和文化结构产生影响,进一步塑造社会身份、明确社会地位和提升社会价值。如YJ-23中所呈现的"来到三亚西岛,正值端午节,整个海岛上洋溢着喜庆的氛围。走在岛上的小巷中,我看到了许多色彩鲜艳的五彩丝线和装饰品,以及端午节的传统食品——粽子。这里的粽子口味丰富多样,有甜味的红枣粽、桂花粽、豆沙粽,也有咸味的肉粽,种类多得让人眼花缭乱。当晚,我参加了当地居民自发组织的龙舟竞赛活动,整个比赛场地氛围十分热烈,欢呼声和锣鼓声此起彼伏"。传统节日是文化的重要表现形式,反映着社会的生产、生活、信仰等方面的特点。海岛地区的传统节日往往融入了海洋文化的元素,如龙舟竞渡、祭海神等活动,反映了海岛居民对海洋的依赖和崇拜。这些元素塑造了海岛地区的独特文化特色,也成为海岛地区吸引游客的重要因素之一。在展示海岛特色节日习俗的游记中,有一段具有代表性的描述:"在端午节龙舟赛时,我看到了岛上的红色民兵队伍,他们身着统一的红色服装,举着红旗,为龙舟队伍加油助威,他们的呐喊让整个比赛场面极为壮观。最终,我和同行伙伴支持的队伍获得了冠军,现场整个场面欢呼声不断,气氛非常热烈。"(YJ-37)

从游客体验的角度来看,传统节日可以提供丰富多彩的文化体验,增加旅游目的地的吸引力。游客可以在传统节日中领略当地的传统文化和历史,了解当地居民的生活习惯和信仰,感受当地的独特魅力。传统节日还可以促进游客和当地居民之间的交流,增进相互了解和认同,推动旅游目的地的可持续发展。

岛民娱乐。岛民的娱乐活动在当地社会中具有重要地位,可以促进社会联系和增强社会凝聚力。岛民们常常会在沙滩上组织各种娱乐活动,如橡皮球游戏、沙滩排球、摔跤比赛等,这些活动不仅能够让居民之间相互认识和交流,还能够增进信任和友谊,促进社会和谐稳定。如游记所提到的:"我来到了三亚西岛,在沙滩上晒着太阳,听着海浪声,感觉非常舒适。突然,我发现海岛上的岛民们正在玩一种类似羽毛球的游戏。我好奇地走过去,发现这是一种叫作'橡皮球'的娱乐项目。我凑上去想看会热闹,岛民们邀请我一起加入游戏,我犹豫了一下,接受了他们的邀请。虽然我并不是很擅长这个游戏,但是岛民们很友好,给了我许多鼓励和指导。"(YJ-24)

对于游客来说,参与当地居民的娱乐活动可以获得更丰富和深入的旅游体验。游客不仅可以欣赏当地的美景,感受当地的风俗习惯,还能够与当地居民进行交流和互动,借此更好地了解他们的文化和生活方式。这种参与式的旅游模式可以提供更具沉浸式的旅游体验,使游客能够深入了解当地文化和社会风貌。

7. 海岛精神

宗祠文化。宗祠文化强调了岛上居民对祖先的尊重和信仰。这种信仰是海岛社会文化中的重要组成部分,反映了海岛居民对祖先和家族的情感连接。在这种信仰下,海岛居民会把祖先视为他们的"守护神",认为祖先会保佑他们家庭和睦、幸福安康,这种信仰增强了居民内心的归属感和社会认同感,对于维护海岛社会的稳定发展非常重要。宗祠文化对海岛社会的历史和文化传承有着重要的作用。"据说这座宗祠建筑建于百年以前。宗祠内部有着丰富的文化展品和各种历史文物。我看到了许多精美的石雕和木雕,这些雕刻精美的艺术品展示了三亚西岛的历史和文化。"(YJ-45)宗祠是海岛社会中的重要场所,是海岛文化和历史的重要载体。在宗祠中,海岛居民可以通过祭祀仪式、族谱研读、文化展示等方式了解他们的历史和文化遗产,从而更好地传承这些文化。不仅如此,这种历史和文化传承对于海岛的文化多样性和文化认同非常重要,同时也为游客提供了更深入和有意义的旅游体验。正如游记中所描述的:"他们祭拜的对象是祖先和海上的

'神灵'，这种信仰源远流长，对当地居民的文化和生活方式产生了深远影响。岛上的居民认为祖先是他们的'守护神'，会保佑他们幸福安康。"（YJ-32）

宗祠文化对于海岛社会的社交活动和社会凝聚力也有着重要的作用。作为社区生活的重要场所，宗祠吸引了海岛居民前来交流和参加各种社交活动。这种社交活动对于社会凝聚力和社会信任的建立非常重要，是海岛居民日常生活的重要组成部分。对于游客来说，参与这些社交活动也可以感受到当地居民的热情和友好，获得更深入和有意义的旅游体验。

历史遗迹。从社会学的角度看，历史遗迹承载着当地社区的历史和文化，是当地社区的象征。海岛历史遗迹的保护和传承，可以加强当地社区的文化认同感和归属感。历史遗迹是当地社区与游客交流的重要渠道，有助于促进社区与游客之间的沟通和了解，进而推动海岛文化多样性的保护和发展。从文化学的角度看，历史遗迹也是海岛文化的重要组成部分，承载着海岛的历史和传统文化。"在三亚西岛，我参观了当地的红色文化博物馆和传统村落。通过这些展品，我了解了当地岛民的历史和文化。"（YJ-78）历史遗迹有助于游客更深入地了解海岛的文化和历史，从而增进游客对海岛的认知，促进文化交流和传承。同时，历史遗迹可以成为海岛旅游业发展的独特文化旅游资源，丰富了旅游产品的内涵和吸引力，有助于提升游客的旅游体验和满意度。如游记中所描述的："传统村落展现了岛民的居住环境和习惯。在这里，我看到了当地岛民的传统住宅等建筑，了解了他们的生活方式和传统文化。这些传统村落是展示当地文化和历史的重要场所，为游客深入了解当地文化提供了机会。"（YJ-28）

文化认同。海岛文化认同是海岛文化塑造的重要组成部分。当游客在海岛旅游时，如果能够理解并接受当地的文化和习俗，就能更好地领会海岛的独特魅力，提升对当地文化的认同感和尊重，从而推动海岛文化的传承和发展。"在三亚西岛上，我看到了一些传统建筑，这些建筑采用了传统的海南岛建筑风格，其特点是实用、简朴，与岛上的自然环境相得益彰。这些传统的建筑物不仅代表了传统的建筑文化，还是岛民生活方式和生存状态的体现。此外，在岛上的市场上和商店里，我还看到了一些当地特色手工艺品，如编织草帽、海螺雕刻、海藻编织等，这些手工艺制作不仅体现了当地居民的生产方式，还是他们传承和展现文化的一种方式。"（YJ-69）同时，海岛文化认同也对游客体验有着重要影响。当游客在海岛旅游时，如果能够理解并接受当地文化，就能更好地融入当地社会，与当地居民交流和互动，增强归属感和满足感，从而提高游客的体验品质和满意度。正如游记提示道："在三亚西岛的岛民中，红色民兵是一个独特的存在。在西岛发展历程中，他们是一类特殊的历史群体，代表了特殊年代当地居民的坚韧和勇气。这些

文化元素,让三亚西岛成为一个独特的旅游目的地,是海岛文化塑造和传承的重要组成部分。"(YJ-15)

海岛文化认同对海岛的可持续发展具有重要作用。当游客在海岛旅游时,如果能够理解并尊重当地的文化,就能更好地保护当地的自然和人文资源,减少对海岛环境和文化的破坏,从而促进海岛的可持续发展。

(三)模型构建

本研究基于旅游体验下的海岛性扎根理论编码结果,提出海岛性结构模型图,如图4-7所示,采用层次化内容逻辑线索,将海岛性提炼为物质层次、社会层次和精神层次,揭示了海岛性各要素间的关联及其对旅游体验的影响。通过这种创新性的分析框架,本研究不仅丰富了海岛性的内涵,还为海岛旅游研究提供了一个更全面、深入的理论视角,从而有助于揭示旅游体验下的海岛旅游背后的复杂社会文化现象。

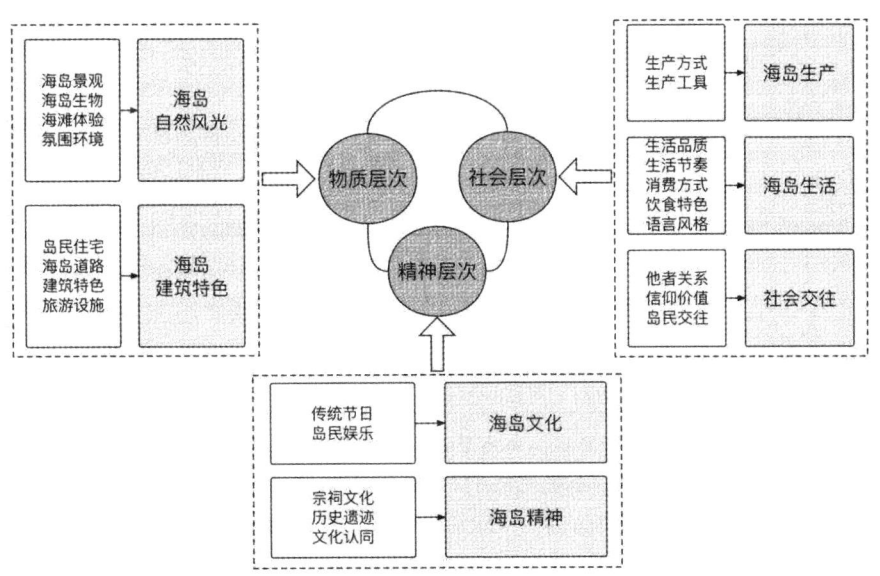

图4-7　基于扎根理论的海岛性结构模型图

第四节　旅游体验下海岛性的形成机制

海岛性的生成受主观文化认同与客观外部推动双重因素影响,并呈现出由"推动"向"拉动"的转变过程。这一动态演化过程有助于揭示海岛性形成与转变的深层机制。深入研究旅游体验下海岛性形成机制中的影响因素与转变动力,有助于我们了解海岛性的变化趋势和发展规律。鉴于案例地三亚西岛在旅游开发前后呈现出明显变化,笔者在现场调研和文本内容分析后,最终提出旅游体验下海岛性的影响因素和推拉转变过程模型。

海岛性是海岛的核心要素,然而在海岛的规划和建设中,海岛物质、社会和文化等核心特性并未得到充分的重视。对影响因素的内容分析显示,海岛的客观因素包括自身资源的本底特征,以及资金、交通和信息等要素的共同作用;主观因素则涵盖游客的个人经历、自我特征及社会价值等方面。与此同时,岛民、政府、企业和游客等不同主体所做出的反应,也会对海岛性感知产生不同程度的影响。因此,海岛旅游中海岛性的影响因素及其关系可以从主观和客观两个层面进行剖析和阐释。要想实现海岛旅游地的可持续发展,需要充分考虑游客对海岛特性的主观感受,重视游客的需求和体验,同时加强对海岛特性客观因素的保护和利用,促进海岛特性的全面提升和演化。

一、海岛性的影响因素

(一)主观影响因素

笔者从海岛性感知主体差异的角度出发,发现个体的主观偏好与海岛性的感知水平和结构密切相关。不同游客可能因其个人经历、文化背景、兴趣爱好等因素的不同,对海岛性的认知产生差异。这些差异表现在游客对海岛各特点的关注程度及海岛性水平的评价上。"*我觉得每个人对海岛的看法都不一样,我的朋友更关注海滩和度假,而我则更喜欢探索当地的文化和传统。*"(YJ-56)根据符号互动主义理论(Fitchett et al.,2021),游客的偏好影响他们对海岛性的关注和解读,从而塑造其对海岛性的独特认知。相关研究资料显示,较少接触海洋的群体可能会更加重视海洋景观,而关注海洋文化的群体则会强调海岛文化传承作为海岛性的重要表征。此外,游客的情感也会影响其对海岛性的认知。例如,对宽阔的生存空间和清新的空气等有较强认同感的游客,其对海岛性的认同水平可能较高。在居民层面,居住在旅游地的居民对海岛物质空间、社会空间和精神空间具有较高的认同感,因为他们能够更深入地感知海岛性。在年龄方面,相对年长的群体可能会认为海岛是一个适合养老的地方,而相对年轻的群体可能对城市生活更加向往,因为相对年轻的群体认为海岛的工作机会较少。此外,性别、教育水平、经济状况、家庭收入来源等多个维度也可能影响游客对海岛性的认知和情感。例如,经济收入较高的游客可能更注重享受海岛的高端旅游服务,而经济收入较低的游客则可能更注重海岛的自然环境和民俗文化。

观念和认知对个人的海岛性感知水平具有较大的影响,同时社会因素也会对个人的认知产生重要作用。海岛的内涵和特征是在社会历史发展背景下形成的,因此不同地区和不同时代的海岛特征也存在差异。海岛性是由社会媒体、文化和人们对海岛的共同认知建构而成的,不同的人群和社会因素会对海岛性的认知产生影响。不同文化背景、生活习惯、社会价值观等社会因素都会影响人们对海岛性的感知和认知。例如,生活在城市中的人们可能更喜欢海岛的宁静和清新的空气,而生活在农村的人们可能更喜欢海岛的自然环境和资源。不同年龄段和教育程度也会对人们的海岛性认知产生影响,比如年轻人可能更喜欢海岛的娱乐活动和文化体验,而年长者可能更注重海岛的养生和度假。如访谈文本FT-08中提及:"我喜欢海岛的冲浪和音乐节,而我父母更倾向于在西岛养生,享受宁静的时光。"此外,人们的感知水平也受到海岛宣传和旅游服务质量的影响,例如旅游媒体和导游的宣传能够影响人们对海岛的感知水平,旅游服务的质量和游客体验会影响人们对海岛的认知。如YJ-93中提及:"导游讲述了许多关于西岛的故事,使我对海岛文化有了更深入的了解。"

(二)客观影响因素

从海岛自身资源基础来看,海岛旅游作为旅游业的一个重要组成部分,其吸引力源于海岛独特的资源特征,如周围的自然生态环境、人文资源和历史遗产等。这些特征也是游客前往海岛旅游的重要动机。不同的海岛旅游地拥有不同程度的资源禀赋,如气候环境、地形地貌、海洋生态环境、人文历史资源等,这些元素都会对游客的海岛性感知产生重要影响。如有的游记中提及:"我被西岛丰富的历史遗产和美丽的自然景观所吸引。这些元素使得我对这个海岛产生了浓厚的兴趣。"(YJ-37)游客对海岛旅游地的生产方式的认同程度也会影响其对海岛性的评价,以旅游业和渔业为主要生产方式的海岛旅游地通常具有较高的海岛性认同。此外,海岛距离大陆的远近、人口密度和政策推动等因素也会影响游客对海岛性的感知。如访谈文本FT-11中提及:"西岛人口稀少,生活节奏悠闲。这些因素让我对这个海岛的海岛性感受更为明显。"海岛旅游地的政策推力也是影响海岛性感知的重要因素。地方政府和企业的投资、宣传等行为会显著改变海岛特征,进而影响游客对海岛性的评价。因此,地方主体对海岛性的认知,以及对旅游发展的支持力度和投资等行为,均成为影响海岛旅游地海岛性的重要因素。"政府及企业的投资和宣传让这个地方的海岛特征更为突出,也让游客对这个地方的海岛特征有了更深刻的认识。"(YJ-30)

在全球化和现代化进程中,海岛性受到流动性要素的明显影响。随着海岛居民的信息素养和移动技术水平的不断提升,他们的日常生活和经济活动与现代化市场经济体系日益融合,从而在一定程度上推动了海岛社会的现代化进程。现代化进程对海岛传统文化的影响亦不容忽视。在这一过程中,社会价值观逐渐现代化,导致传统海岛文化特征逐步淡化。海岛居民的社会交往也开始更多地遵循现代化市场经济法则,而非传统的人情交往。不同居民对海岛性的认知水平在这些流动要素的作用下产生差异,如访谈文本FT-09中表示"我们这里的生活和文化发生了很大变化。过去,我们更注重传统的文化和价值观,但现在,很多年轻人追求现代的生活方式"。

交通网络对海岛性的影响是不可忽视的,随着交通技术的不断发展,海岛地区逐渐拥有全球化的交通网络,这也使得海岛居民的生活和经济活动越来越依赖于现代交通体系。"游客通过坐船能够很快到达岛上,岛上的路四通八达,非常值得去探索一番。"(YJ-31)交通网络的便捷化促进了海岛与外界的联系,促进了资金、技术、信息、人员等要素的流动,也引发了海岛文化和居民观念的转变。传统的海岛特征在交通便捷的环境中逐渐消退,同时,交通网络也带来了一系列负面影响,如海岛居民的生活方式受到交通流的影响,导致消费市场半径扩大和原生市场萎缩。交通工具的广泛使用也对海岛居民的生活环境产生影响,如空间缩减,水源和生态受到破坏等,而交通拥堵也严重影响了本地居民的生产和生活。

旅游流引发的变革在海岛社会中也同样存在。随着旅游业的快速发展,游客数量增加,旅游流成为改变海岛社会结构的重要推动力。旅游流的推动作用主要表现在以下几个方面:其一,旅游流带动人口流动,推动海岛经济的发展;其二,市场经济对传统社会产生影响,海岛居民的生产方式也从以农业为主转化为以旅游服务业为主;其三,游客的到来对海岛居民的思想理念产生影响,游客传达的价值观影响了海岛地区的传统价值观念;其四,旅游流深入海岛社会,挤压海岛的原生空间,导致社会交往空间日益萎缩,人际关系不断弱化,生活空间受到侵占并解构。旅游流还推动了海岛基础设施建设、区位交通等要素的改善。同时,海岛景观的更新,导致海岛原有格局和原真性景观消失或异化。海岛旅游发展能够积极推进海岛文化的展演,使得传统文化得到保护并实现有序传承,此外,对于海岛文化的不合理利用也能导致文化异化,进而出现低俗化的现象。

资金流的涌入对海岛旅游业发展起到了关键作用,改善了海岛地区的基础设施和景观,提升了海岛的旅游吸引力和国际知名度。但是,在资金流涌入的过程中,部分海岛地区对海岛性内核的认识不清,盲目引进外来景观和商业模式,导致海岛空间同质化,海岛特质淡化。此外,资金流导致了海岛社区的异化,原生海岛居民的流失和外来居民的流入,使得海岛产业更加丰富多样化、现代化和国际化,然而,这同时也可能导致传统海岛性特质的淡化。在资金流的驱动下,海岛旅游业得到了快速的发展。如案例地的旅游开发在资金的支持下得以快速发展:"**在旅游公司的资金支持下,我们岛上的各项事业发展很快,游客越来越多,收入确实也有一定提高,大家也算是吃上了'旅游饭'。**"(FT-08)海岛旅游的发展既带来了生态、经济、文化等方面的多重效益,又存在不少负面影响。资金流的涌入改变着海岛的生态环境,海岛居民的生活方式和社会交往模式也在逐步转变,海岛特色文化在这一过程中逐渐消失,海岛居民的价值观念逐渐与市场经济价值观念融合。资金流对海岛旅游业的发展具有重要的促进作用,但也需要更加科学的管理规范,以保护海岛的自然生态和文化特质。

综上所述,如图4-8所示,本研究围绕影响海岛性的多重要素展开分析,既包括感知主体差异(如个性、价值观、经历)和海岛资源本地差异(如资源基础、海岛特征),也考量了刺激因素(如资金、交通、信息、游客等)与响应主体(岛民、政府、企业、游客)的交互作用。这些要素与机制共同决定海岛性的增强或削弱,为后续理解海岛性在不同环境与发展阶段中的演化过程提供了重要参考。

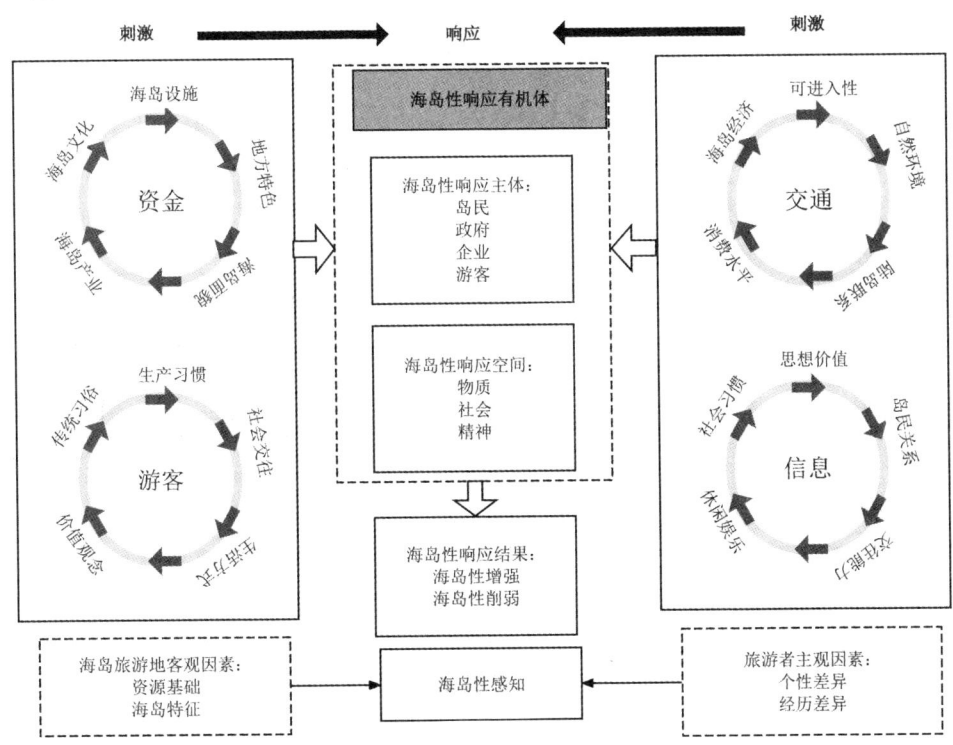

图4-8　海岛性的影响因素模型

二、海岛性的转变过程

在前述分析中,我们讨论了影响海岛性的主客观影响因素,包括感知主体差异、海岛资源客观差异、刺激因素和响应要素等。然而,为了更深入地理解海岛性的转变过程,我们还需要结合具体案例进行研究。三亚西岛作为一个在旅游开发前后变化较大的典型案例,为我们提供了一个理想的研究对象。通过对三亚西岛的分析,可以从流动性要素(包括信息、交通、资金与人员等)的角度探讨海岛性转变过程的推拉机制。这将有助于深入揭示海岛性的动态特征,为理论研究和实践应用提供更丰富的启示。因此,在接下来的研究中,笔者将重点关注三亚西岛,探讨其在旅游开发中海岛性的转变过程及相关机制。

(一) 信息流动

信息流动在海岛性演变中起着关键作用。基于对三亚西岛案例的研究,笔者总结出一般性规律,即现代信息技术的发展和全球化进程的推进促使海岛居民的信息素养和移动技术水平不断提高,进而将海岛居民的日常生活和经济活动与现代市场经济体系紧密结合。信息流动加强了海岛与外部世界的联系,推动资源、资金和技术等要素的流入,从而助力海岛社会的现代化进程。尽管如此,信息流动也带来了一定的负面影响。海岛居民的传统文化特征在现代化进程中逐渐淡化,社会价值观转向现代化,传统社会交往情分弱化,使得海岛文化面临巨大压力。此外,信息流动还可能导致信息过载,造成海岛居民信息焦虑和信息隔离等问题,从而影响海岛的独特性。

访谈中发现,信息流动能在一定程度上强化海岛性。一位受访的岛民表示:"现在我们可以通过互联网平台更好地宣传自己的传统文化和历史,这有助于我们更好地保护和传承这些珍贵的传统文化。"(FT-01)信息流动提高了海岛居民的信息素养,与外界的交流增进了海岛居民对本土传统文化的认同和理解。

此外,信息流动加速了海岛地区的现代化进程。一位受访的人员表示:"与外界的信息交流为海岛地区的经济发展带来了新的机遇,提高了我们的生产力,提升了海岛居民的生活水平,但有时也会增加海岛居民的压力,使他们产生焦虑感,毕竟周围环境变化太快了。"(FT-05)这表明,信息流动在推动海岛性演变的过程中具有复杂的双重作用,既有正面的推动作用,也存在潜在的负面影响。因此,在研究海岛性演变过程时,必须全面考虑信息流动所带来的多重影响。

（二）交通流动

交通流动对海岛性产生了深远影响。随着交通网络的不断完善和交通方式的多样化，海岛与外界的联系日益紧密，海岛居民的生活方式、价值观念等方面也逐渐与现代化市场经济体系融合。如访谈中所提到的"*自从交通建设发展起来，我们的生活变得更加便利，与外界的联系变得更加紧密，交通建设的发展为我们带来了更多的发展机遇。*"（FT-01）然而，过于依赖外部交通网络的海岛将面临海上交通的不稳定性和孤立性等问题，一旦交通中断，海岛社会的运转将受到严重干扰，甚至可能导致资源、资金、技术等方面的短缺。此外，过度开发海岛旅游业可能导致交通拥堵，加剧竞争，从而干扰本地居民的生产和生活，扰乱海岛的原生空间和社会交往空间。因此，适当平衡外来交通与本地交通、海岛旅游业发展与本地居民的需求，有助于增强海岛的自我可持续性和地方性特色。

同时，交通流动可以强化海岛性。通过建立稳定的交通网络，海岛可以与外部世界更紧密地联系起来，获得更多的外部资源和经济动力。此外，交通流动也有助于推动海岛经济的快速发展，扩大本地产业的规模，提高海岛居民的生活水平。在这一过程中，本地居民可以通过自主创业等方式实现自我发展，同时借助旅游业等产业的繁荣为本地经济注入新的活力。通过交通流动，海岛还能够吸引外来投资和技术，加速推进经济发展与现代化进程。此外，在海岛与外界的交流和互动中，海岛居民可以更好地认知和塑造海岛性，不断丰富海岛特色，弘扬海岛传统文化，进一步增强海岛的地方性特色和吸引力。

（三）资金流动

资金流动的加速也为海岛性的发展带来了许多机遇。资金流入有助于海岛地区基础设施的改善，为海岛地区提供了生态修复的机会，推动了海岛特色产业和旅游业的发展，创造了更多的就业机会。同时，外来资金的流入还可以带来新的理念和技术，促进海岛地区经济和社会的现代化发展。此外，资金流动也有助于推动文化传承与创新。因此，海岛需要加强对资金流动的管理和引导，充分发挥资金流动在海岛性发展中的积极作用，确保当地经济、社会和文化的全面、可持续发展。如在访谈中本地岛民提及："*在发展旅游业的过程中，政府和企业加大了投资，我们的房屋得到了修缮，并建起了民宿，依靠相关资金扶持，我们的收入得到提高，就业情况也得到了很好的改善。*"

资金流动的加速对海岛性带来了一定的负面影响。海岛地域较为封闭，当大量外来资本进入后，若未能有效结合本地资源与劳动力结构，可能出现"就业错位"现象，即虽然整体岗位数量增加，但本地居民实际受益有限。此外，海岛的基础设施建设往往依赖于外来资金,而外来资金的流入也会引发土地过度开发、房地产泡沫等问题,破坏了海岛的生态环境。资金流动对海岛特色文化的维护也会带来一定的挑战,因为资金的流入往往伴随着外来文化和发展模式的冲击,导致传统文化特色的淡化或丧失。因此,海岛应该合理引导资金流动,防范资金流动对当地环境、经济和社会的负面影响。

(四)人员流动

海岛旅游业发展中,部分地区可能会出现人才外流现象,特别是一些高端人才可能会选择在更加发达的城市发展,这会导致海岛地区缺乏人才,进而影响到该地区的经济水平和社会发展。同时,过于依赖旅游业可能会导致海岛"空心化",游客消费过后离开,本地居民难以获得持续的收益,导致生产方式和生活方式的变化,甚至可能会引起社会矛盾和不满情绪。此外,游客文化的输入也会对本地居民的思想观念产生影响,使得传统海岛文化特质逐渐淡化,甚至可能会出现"拜金"主义和物质主义盛行等现象。在游客的示范效应下,海岛居民的价值观、文化观也可能发生变化,引发社会生活的重构和重塑。正如一位岛民所述:"过去几年,虽然受疫情影响,但是我们岛上的旅游业发展迅速,吸引了大量游客。这确实给我们带来了经济收益,与此同时,一些岛民选择离开西岛前往更发达的大城市发展。随着游客数量的增加,我们发现本地岛民的传统价值观和生活方式受到了一定程度的冲击。"(FT-01)

岛民和游客流动也可以促进海岛性的强化,通过旅游业的发展,海岛地区的经济水平和基础设施不断提升,生态环境逐渐得到修复和改善,同时岛民的生活氛围也得到营造和提升。在旅游业的带动下,岛民可能会获得更多的就业岗位和收入来源,从而更加积极地参与到当地的经济活动中,这将进一步促进海岛地区经济水平的提升和社会的发展。同时,游客文化的输入也能为海岛地区注入新的活力和思想观念,这些新观念会引起当地居民的生产和生活方式变革,进而引领海岛地区文化的新发展,提升当地居民的文化素养和综合素质,使海岛地区在文化上更具特色。

综上所述,如图4-9所示,海岛性转变过程存在一个推拉机制。在探讨现代性转变与旅游开发过程中所产生的推力与拉力时,可以看出海岛性的流动呈现出极为复杂且多维的特征:一方面,在现代化进程中,信息、交通、资金及岛民的流动形成推力,致使市场化价值观的扩散、生活方式的转变、环境压力的加剧以及人才外流等负面效应不断出现,从而削弱了海岛的独特性;另一方面,在旅游开发与游客体验的推动下,游客、资金、交通与信息的流动又形成了拉力,带来了经济增长、思想观念革新、基础设施完善与生态修复等积极影响,进而强化了海岛地方性并为其持续发展提供助力。

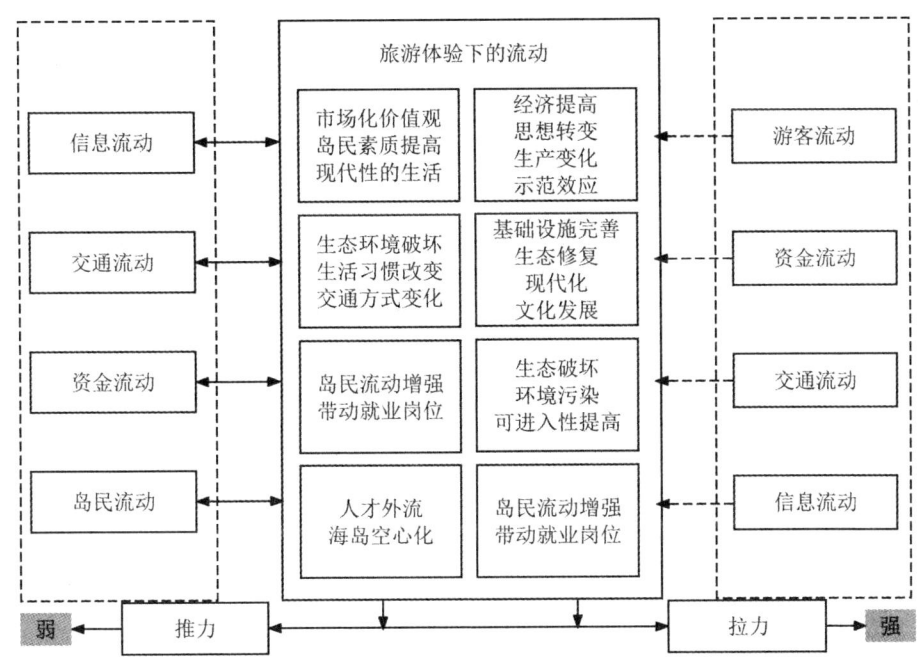

图4-9　海岛性转变过程的推拉机制

　　这一模型系统地揭示了海岛性流动的推拉逻辑、动态机制和相互关系,从而为海岛旅游研究提供了一个新的视角,有助于深入挖掘海岛地区在全球化和现代化背景下的发展机遇和挑战。此外,本研究关于海岛性的表征结构和影响因素分析为进一步开展海岛性演变过程研究奠定了坚实的基础。通过对海岛性表征结构的识别和影响因素的分析,研究揭示了海岛性在不同发展阶段的特点和变迁规律。这一成果对于理解海岛地区的经济、社会、文化和生态变化具有重要意义,为海岛地区的可持续发展提供了理论支持和政策建议。在此基础上,进一步开展海岛性流动过程研究将有助于揭示海岛性在不同发展背景下的转变路径,以及多种影响因素之间的相互作用。这对指导海岛地区制定合适的发展策略、促进海岛旅游业的健康发展、维护海岛生态环境和文化传承以及提升海岛居民生活水平等具有现实意义。对海岛性演变过程的研究有助于更好地把握一般海岛地区的发展演变脉络,为相关政策制定者和研究者提供参考和启示。

第五节　本章小结

　　本章提出并完善了"海岛性"的研究范畴，旨在扩展海岛旅游理论研究的范围，并提出从空间差异、主体建构、体验生成的角度把握海岛性的内涵；基于内容分析和扎根理论的方法，对相关数据和资料进行深入研究，进而提出海岛性的表征与结构、形成机制。

　　本章是实证研究的起点，从"海岛性情境"出发，分析海岛旅游体验所依赖之地的相关知识体系。为了回答上述问题，本章综合调用了理论思辨、内容分析、扎根理论的方法，通过对经验事实材料的系统分析，阐释相关概念及其关系，主要得出如下结论。

　　（1）海岛旅游是指游客利用其自由时间前往海岛地区，在海岛旅游产品和服务的安排下，以寻求愉悦体验为目的所进行的一种旅游活动。此类活动通常包括景点参观、文化体验、海滩及水上活动、品尝当地美食等。与大陆旅游相比，海岛旅游的最大特点在于依托海岛与众不同的生态、气候与人文环境，使游客能够深度感受与内陆地区截然不同的生活节奏与文化氛围。从现象学角度看，海岛旅游是一种具有感性与沉浸特点的体验过程，强调旅游主体的积极参与和感官体验。游客不再只是被动地观赏风景，而是在与海岛自然与人文环境的多重互动中获得身临其境的认知与情感反馈。

　　（2）海岛性的内涵可从大陆—海岛空间差异、多元主体建构以及旅游体验生成三个维度进行理解。首先，从自然属性视角来看，海岛性是一种独特的时空转变现象，体现了从大陆到海岛过程中物理环境与社会情境的变迁，这种变迁赋予海岛别具一格的吸引力与价值。其次，从社会属性视角来看，海岛性源自岛民、政府、企业与游客等多方主体在共同塑造海岛特质时所产生的社会互动。不同主体间的行为与观念交融，对于深入理解海岛性的重要性不言而喻。最后，从旅游属性视角出发，海岛性在旅游体验的参与过程中得以不断重塑，包括以下三方面。

　　①具身性：强调通过身体感官与真实互动来感知海岛环境。

　　②情境建构性：场所、文化与社会背景共同影响游客对海岛的认知与体验。

　　③流动生成性：游客的情感、认知与文化因素在动态交互中不断演变，从而衍生出多重层次的海岛性内涵。

　　（3）旅游体验下海岛性的表征要素包括自然、人文与活动三个方面；结构特征包括物质层面、社会层面和精神层面。物质层面包括海岛自然风光、特色海岛建筑。游客在海岛旅游中深刻体验到海岛独特的自然景观和建筑特色,物质层面的体验对提升游客的旅游体验产生了重要影响,同时也对当地的景观生产起到了推动作用。社会层面包括海岛生产、海岛生活和社会交往。海岛生产和生活方式的特殊性影响了游客对海岛的感知和评价,社会交往使游客与当地居民之间产生了情感交流和文化交流,增强了游客的海岛体验感。在精神层面,海岛文化和海岛精神是海岛性的重要精神维度。海岛文化和海岛精神的独特性质,深刻影响了游客对海岛的认知和情感,增强了游客对海岛的向往和追求。

(4)海岛性的形成机制与多元要素的交互。在旅游体验背景下,海岛性的形成机制可以从海岛性影响因素与流动要素的推拉过程这两个主要方面来归纳。海岛性的影响因素既包括主观要素,也包括客观要素。主观要素主要是感知主体的差异,如个性、价值观和过往经历;客观要素则体现在海岛资源本底的差异,如资源基础与海岛特征。这些要素往往通过刺激因素(如资金、交通、信息、游客等)与响应要素(如岛民、政府、企业、游客等海岛性"响应主体")相互交织,对海岛性产生或增强或削弱的影响。此外,响应要素在物质以及精神层面均会产生相应后果,从而决定海岛特质在空间—社会—文化维度的动态演化。

(5)旅游体验下海岛性的转变过程存在一个推拉机制。进一步而言,海岛性在旅游体验中的转变过程包含推力—拉力交互的机制。通过探讨现代性转变与旅游开发所伴随的多种要素,揭示海岛性流动的复杂性与多维性。

① 弱化的推力(现代性转变):信息、交通、资金和岛民外流等现象在现代性进程中构成了对海岛性的削弱。它们催生了市场化价值观的扩散、生活方式的转变、生态环境的破坏以及人才外流等负面效应,继而整体降低了海岛的独特性。

② 增强的拉力(旅游开发与游客体验):游客、资金、交通和信息的流入在旅游开发与游客体验环节构成促进海岛性的拉力。它们为经济发展、观念更新、基础设施完善和生态修复等带来积极作用,从而强化了海岛在地方性与文化属性方面的凝聚力。

在此推拉机制的作用下,海岛性因环境变化与社会互动而呈现出动态、立体、多层次的演化过程,也为后续深入讨论海岛旅游的可持续发展与在地文化保护提供了重要参考。

第五章 海岛旅游的具身体验机制

海岛旅游的具身体验是游客在海岛旅游过程中身体所深刻体验到的,具有身体感知、情感体验和环境互动等方面的旅游体验。在这个过程中,游客还是参与者和体验者,通过亲身体验和感知,深入了解和感受海岛的自然、文化和社会特征。本章采用定性和定量的混合研究方法,并综合使用描述性、解释性和诠释性的分析过程,总结出海岛旅游的具身体验过程、动力机制以及海岛景观偏好与旅游体验的相关关系。

第一节 海岛旅游具身体验现象

具身性(Embodiment)理论强调个体通过身体与周围环境的互动来感知、理解和经历世界的过程。具身性理论揭示了身体在认知、情感和行为中的重要性,将身体视为内在心理与外在环境之间的桥梁(Small et al.,2012)。海岛旅游体验具有丰富的参与性特征,一方面涵盖视觉、听觉、嗅觉、味觉和触觉等感官系统层面,另一方面涵盖平衡感、重力感、压力感等与身体运动和空间定位相关的感知层面,这些感受的产生不仅依赖于感官系统的感知,还涉及身体的动态参与和体验者的情感体验。因此,将海岛旅游体验分解成视觉、听觉、嗅觉、味觉和触觉等单独研究,可能无法全面理解旅游体验的本质和丰富性。单一感官的研究方法是存在局限性的,因为这些方法无法完全反映旅游体验中的复杂关系和相互作用(马天等,2020)。因此,需要将感官经验与身体动作、情感体验、文化认同以及地方意义相结合,从而更好地理解旅游体验的具身性。

格式塔心理学关注知觉的整体组织原则,现象学则强调身体在经验生成中的基础作用,两者共同为具身旅游体验研究提供了感知结构与主观意识层面的理论支持(Cohen,1979;Wagemans et al.,2012)。现象学是一种研究人类主体与客体之间关系的哲学流派,强调"直面事物本身"的理念,提倡直接观察、描绘和分析经验现象。海岛旅游的具身体验应该是主客体之间的一种"共生"体验,游客的主体性与海岛的客体性相互交织,共同构成了一种全面的体验。这种体验并非单纯的感官体验或对客观事物的认知和理解,而是主客体之间相互关联、相互影响的结果。

因此,本节将结合内容分析法,探讨海岛旅游的具身体验现象,重点关注身体感维度、身体体验共鸣。首先,研究游客在海岛旅游过程中的身体感维度,包括视觉、听觉、嗅觉、触觉等,以及如何通过这些感官与海岛环境互动。其次,探讨身体体验共鸣,重点分析游客之间在情感层面的共享和相互影响,揭示游客如何在海岛旅游过程中建立情感联系和共同体验。

一、海岛旅游的具身体验共感

在海岛旅游中,游客所体验到的是一种全面的身体互动,仅通过味觉、嗅觉、触觉或听觉无法让人完全感知外部的空间世界。这种全面的身体互动不应仅限于感官的运作与整合,而应以具体且内在的身体感知为载体,呈现给游客。通过对相关资料的分析,我们可以提炼出游客在海岛旅游中期望获得的几种典型身体感知,从而探讨身体感知在海岛游客群体中的作用。

(一)清新感和放松感

在现代性社会中,人们常常面临着巨大的压力,不论是在工作状态上还是在生活方式上都追求高效和快速(袁祖社,2020)。这种工具理性的方式虽然提高了我们的生产力和效率,却也带来了身心健康问题和环境问题(张德胜等,2001)。同时,在这种快节奏的生活状态下,我们容易感到疲惫和烦躁,很难体验到清新感。而海岛旅游恰恰提供了一种疏解现代社会压力和回归自然的方式,使我们能够体验到清新的感觉。此外,海岛旅游还能帮助我们远离城市污染和嘈杂的环境,呼吸新鲜的空气,感受清澈的海水和蓝天白云,从而更好地享受生命的美好。

清新感是游客前来海岛旅游所普遍体验的感觉。如这位游客描述在海岛的感受:"初来西岛,湛蓝的天空、细软的沙滩和碧绿的海水让人不由自主地沉浸在一片清新之中。身上的衣服和鞋子仿佛也一下子变得轻盈起来,仿佛不再背负着现实中的沉重,彻底解放了压抑已久的内心。"(YJ-88)亦有游客提到海岛的清新愉悦感:"海风拂面,吹去了城市的浮躁和疲惫,代之以满足和喜悦,让人仿佛重获新生。看着眼前的美景,似乎所有的忧虑和困扰都在这一刻消失殆尽,剩下的只有心灵的宁静和感官的愉悦。"(YJ-32)

清新感是一种令人舒适、愉悦、振奋的感觉,它可以让人忘却生活中的烦恼和压力,体验到身心的轻松与愉悦。在旅游中,清新感成为很多游客追求的体验。从具身感知的角度来看,清新感是一种身体感觉,是通过身体与周围环境的互动产生的(吴俊等,2018)。当游客初来海岛时,他们会感受到不同于家乡的气息和环境,这种新鲜感、舒适感和愉悦感,就是清新感。这种感受不仅来自身体感官,还包括心理感受和情感体验。

身体主体在旅游中的体验是一个主体与客体的互动过程(王钰宁等,2022)。在这个过程中,身体主体并非一个被动的接受者,而是会通过自身的活动和体验,影响周围环境和自己的情感状态。例如,在海岛的海滩上,游客可以通过感受海风、听海浪声、踩海水、看海景等方式,感受到海的自然之美,从而激发自己内心深处的情感。这种身体主体的活动和体验,不仅是一种感觉,还是一种认知和理解,可以使游客更深入地了解自己和周围的环境,从而更好地体验清新感。正如游记YJ-79所提到的:"当我来到海岛时,我感到自己的身体完全不同了。这种感觉开始是非常微妙的,但随着时间的推移,它逐渐加强了。我开始更敏锐地感知海岛的环境、气味和声音,而这些感知并非单纯来自我的感觉,而是来自我的整个身体。我开始意识到自己身体的感知能力在不断变化,这让我更深入地体验到了这个地方的独特之处。当我在海岛的海滩上漫步时,我可以感受到沙子在我脚下的质地和温度,我可以感受到微风吹拂到皮肤上,我可以感受到海水对皮肤的轻轻触碰。"

海岛特色通常体现为自然景观、民俗文化和饮食文化等,这些文化形态带有轻松、自在、开放、自然的特征(Vallega,2007)。游客在与这种文化形态进行互动的过程中,不仅可以更好地理解和融入当地的文化氛围,还可以让身心得到放松。

如游记中对游客放松体验的感受进行了细致描写——"海滩上的白色沙粒闪闪发光,清澈的海水轻轻拍打着海滩。我坐在沙滩椅上,眼前是一片宁静的海洋,耳畔是轻柔的海浪声。这一刻,我感觉自己完全放松下来,心中只留下平静和美好。在这里,时间仿佛静止了,没有城市的喧嚣和繁忙,没有压力和焦虑。每一次呼吸都是如此的自由和深沉"(YJ-72),以及"这里的风景如诗如画,远离尘嚣的环境让我感到心旷神怡,这里的一草一木都是那么的美丽,让我深深地陶醉其中。我喜欢这里,这里让我感受到一种美妙的放松感,彻底放松了身心,让我远离了城市的喧嚣和压力,重新找回自我"(YJ-89)。

清新感和放松感是海岛旅游中重要的身体体验,二者在体验结构上存在一定的相似性。清新感涉及身体的轻盈感和身心的舒畅感,放松感涉及身体的松弛感和心灵的平静感,二者都体现出身体和心理的愉悦状态。游客在海岛轻松自在的环境中,感受到身体和心理的放松,同时也会因为清新的空气和自然的美景而感受到身体的清新感。清新感与放松感之间存在着相互转化的关系。比如,当游客漫步在海岛的沙滩上,聆听海浪拍打的声音,感受到阳光和微风的抚慰时,不仅可以获得放松感,还会因为环境的清新而获得清新感,二者之间相辅相成,共同构成了海岛旅游的愉悦体验。

(二)探险感和兴奋感

探险感是海岛旅游中常见的具身体验之一。人类一直在探索未知领域,包括探险、冒险、发现和探究,这是人类发展和进步的重要动力。探险感可以激发人们的好奇心和求知欲,以及勇气和自信心,推动人类向未知领域不断前进(Leather et al.,2016)。从心理学的角度来看,探险感是一种刺激人类大脑神经系统的感觉体验(Houge Mackenzie et al.,2020)。当人们置身于陌生的环境中,大脑会产生一种特殊的兴奋和刺激感,这种感觉可以激发人们的好奇心和求知欲,并且能够增强人们的记忆力和学习能力。

在旅游学视角下,探险旅游的出现和发展源于现代人对于"体验""情感""发现"等方面的需求,代表着现代人对于旅游方式的多元化和个性化追求(邹统钎等,2010)。探险旅游的核心是"探索未知、挑战自我、超越平凡",具有很强的个性化特征。它突破了传统旅游的束缚,使人们更加积极地去发现未知、挑战自我,从而增强了人们的自信心和自我认知。如在游记文本中的描述:"走了很多陡峭的山路,踏过很多坎坷不平的小路,最终到达了瀑布。我伫立在瀑布旁,深深感受到了自然的力量与美丽,这让我感到探险的体验是如此值得。接着,我去了山里的一个荒野地区,那里人迹罕至,我独自穿过灌木丛,渡过小溪,绕过山丘,终于来到了一个神秘的洞穴。洞穴内阴森幽暗,但我却有一种奇妙的感觉,仿佛整个世界都变得安静神秘。我逐渐适应了环境,开始探索洞穴深处的秘密。"(YJ-30)"在岛上的沙滩上,我还尝试了划皮艇,这是我第一次划皮艇,感觉自己好像成为一个真正的探险家,穿越海浪,感受着微风拂面的感觉,这让我感到无比的舒爽和自由。在探险的过程中,我不断地发现自己对于探索未知的事物有着强烈的渴望,这让我开始思考人类的本性与探险的关系。或许探险感让我们更加接近人类的本真,这让我想起了一句话——'旅行,是为了在远方寻找自己'。"(YJ-63)

兴奋感是旅游中常见的情感体验,它源于游客对预期的超越,因满足了期待而带来一种强烈的情感反应。从哲学的角度来看,人类在不断寻求刺激与创新,而旅游正是一种充满未知和挑战的体验,为游客提供了探索未知的机会,进一步满足了人类对新奇体验的渴求。心理学认为,兴奋感和惊喜感与身体化的经验密切相关(Cater,2006)。当游客体验到新鲜事物,或是突破自身的极限时,身体会产生一种兴奋感和惊喜感,这种反应在神经系统、荷尔蒙分泌和肌肉张力等方面都有所体现,从而让游客感到非常兴奋和满足。

从旅游学的角度来看,兴奋感或者惊喜感的体验是旅游活动中的重要组成部分,它是旅游业的核心竞争力之一(Magnini et al.,2011)。旅游业需要不断创新和改变,为游客带来更多的惊喜和体验,从而吸引更多的游客,增强旅游业的竞争力。如一个游客这样记录着自己的体验:"听说这里是水上运动的天堂,于是我决定尝试一下刺激的水上运动。我选择了冲浪,刚开始,我还有些害怕,不敢放手去尝试。但一旁的教练告诉我,要相信自己,放松心情,我这才敢试了一下。感觉自己好像被海浪拍打着,同时还感到自己仿佛在海面上飞翔,那种感觉真是太棒了!在海浪中挣扎着站起来的时候,我的心情十分激动,仿佛突破了自己的某种限制,同时也深刻感受到自己身体的强大。"(YJ-48)

一方面,探险感指的是游客对未知领域的好奇和探索欲望,是对自身认知的拓展和重构,因此可以被称为"与自己探险"。另一方面,兴奋感是游客身体和心理受到强烈刺激和挑战而产生的愉悦和满足,可以被称为"与环境探险"。游客在海岛旅游中,通过参与水上运动、攀岩等探险活动,体验未知的自然环境,挑战自身的极限,获得身心的刺激和愉悦感,即"与环境探险"。同时,也可以通过了解当地文化历史等方面的知识,探索自身认知的拓展和重构,即"与自己探险"。因此,探险感和兴奋感在海岛旅游中相互交织,产生更为丰富和深刻的身体体验。

(三) 浪漫感和文化感

浪漫感是海岛旅游中常见的体验之一,它能让游客感到某种美好、幸福、温馨和惊喜,从而增强旅游的吸引力,提高游客的满意度(李萌等,2022)。浪漫感是对于美好、理想和追求的感受,是对于生命深刻内涵的体验。在海岛旅游中,浪漫感可以来自游客对大自然的敬畏和欣赏,也可以来自游客对异乡文化的认知和体验,这些都能激发人们对生命的热爱和感悟。浪漫感是一种积极的情感体验,能够促进游客的情感表达和情感共鸣,增强游客之间的联系和互动(Lin et al.,2019)。同时,浪漫感也能够缓解游客的压力和疲劳,提高游客的幸福感和生活满意度。浪漫感是一种文化现象,它与文化的传承、变迁和交流密切相关。海岛旅游中,浪漫感常常来自不同文化的碰撞和交融,比如体验当地的传统文化、品尝异乡美食、参与节庆活动等都能够激发浪漫感的产生。此外,浪漫感更是一种文化惯例和情感表达方式,它隐含着某种价值观和审美观。在海岛旅游中,浪漫感也可以来自旅游产品和服务的设计与营销,比如海岛婚礼、浪漫晚餐、星空露营等都是为了满足游客的浪漫感需求而设计的。从旅游学的角度看,浪漫感是海岛旅游中重要的体验需求之一,它与旅游产品和服务的质量和差异化密切相关。

如游记中详述了一段浪漫感的体验经历:"我们一起漫步在沙滩上,手牵手,感受着彼此的温暖,享受着属于我们自己的甜蜜时刻。在这里,我们碰到了一场浪漫婚礼仪式,面对着广阔的海洋,向彼此宣誓,承诺永远相爱。这场浪漫的婚礼使得我们两人的关系更加紧密,也让我们对爱情更加坚定。在海岛上,我们还一起欣赏了日落,这个美妙的时刻让我们充满了浪漫情怀。当夕阳缓缓落下,整个天空都染上了一抹绚烂的颜色,我们一起静静地坐在海边,感受着这个美丽的瞬间,享受着彼此的陪伴。"(YJ-74)

海岛旅游中的文化感源于游客对当地文化的认知和体验。游客通过观察、互动、参与和学习等方式,对当地的历史、文化传承和习俗有了更深刻的认知和理解,这种认知和理解是文化感产生的重要前提。游客在获得文化认知的同时,还会产生一种与当地文化相关的情感体验(Connell,2013)。这种情感体验可以是喜悦、好奇、感慨、震撼等,从而让游客更深刻地体验到文化感。游客可以通过与当地居民的互动来更深刻地了解当地的文化和习俗,这种社会互动对于游客产生文化感起到了重要的推动作用。同时,文化感的传承和演变也需要游客的参与和互动。如游客在对海岛的少数民族文化体验中这样描写道:"在向导的带领下,我来到了村民聚居的小屋子。在向导的解说下,我得知这些房屋都是由村民们用当地的材料动手搭建的,这不仅体现了黎族和苗族的勤劳和智慧,还是一种保护传统文化的方式。随后,我参观了当地的苗绣作坊,看到了黎族和苗族的传统手工艺品的制作过程。从原材料的选取、纺织、刺绣到制作成品,每一个环节都需要精益求精,需要一定的技巧和经验。这些苗绣作品,不仅精美绝伦,还是黎族和苗族传统文化的重要组成部分。在村里的黎苗民族文化博物馆,我深入了解了黎族和苗族的历史和文化。博物馆中展示了大量的黎族和苗族的文化遗产,如服饰、器物等。"(YJ-55)

文化在旅游活动中得以体验性再现,并通过游客的感知、参与与反思,不断生成新的意义与认同(王国炎等,2003)。在海岛,游客可以感受到丰富多彩的海南文化,如海南椰子文化、黎苗文化等,这些文化元素不仅可以在景点中体验,还可以通过亲身参与和交流的方式得到深刻感受。例如,参加黎苗传统节日庙会、品尝当地特色美食、观看黎苗歌舞表演等活动,都可以让游客深入了解海南文化的内涵和特色。浪漫感贯穿家的温馨和爱情体验等方面。这些体验可以让游客沉浸在自然环境和人文氛围中,感受到文化的魅力和浪漫的情感,进而获得身体和心灵的放松与愉悦。

(四)豁达感和自由感

豁达感是指在某种困难或压力下保持开放和宽容的心态,具体体现为宽容、平和、开放、自由等情感体验。豁达感是一种心态的转变,它需要游客去超越自我,跳出日常的自我局限(Li et al.,2020)。在海岛旅游中,游客所遇到的环境和景观往往是崭新的、陌生的,面对这些未知和挑战,游客需要放下对安逸和舒适的追求,接受挑战,迎接未知,从而在心态上产生一种超越自我、自我提升的豁达感。从心理学的角度看,豁达感的获得可以带来积极的心理效益,如减轻焦虑、缓解压力、消除消极情绪等。在海岛旅游中,游客通过挑战自我、接受新事物、感受自然等方式获得豁达感,从而增强自信心和自我价值感。从社会学的角度看,豁达感的获得需要游客具备一定的跨文化交际能力和包容心。在海岛旅游中,游客在面对陌生的环境和文化时,需要做到尊重和理解当地文化,从而获得豁达感,增强社会交往的能力。

如在访谈中游客详述了自身的豁达与自由感体验:"在海岛的海滩上漫步是一种令人心旷神怡的体验。我感受到脚底下细腻的海沙,以及海浪拍打在脚踝上的清凉感,心中的烦躁和焦虑仿佛随着海浪一波一波地被冲走。在海岛的山间小路上徒步旅行也是一种让人感到豁达的体验。穿过青翠的山林,身体的疲惫和汗水的滴落换来了内心的宁静和豁达。在远离城市的喧嚣和繁忙的生活后,我感到自己变得更加深思熟虑和冷静,更加能够面对未来生活中的各种挑战了。"(FT-13)此外,一些游记中也证明了海岛旅游中豁达感的获得,如"最后,海岛上的温泉也是一种让人感到豁达的体验。泡在温暖的泉水中,放松身体和心灵,深呼吸清新的空气,尤其是在夜晚欣赏星空,让我对自然和人生的本质有了更深层次的理解。海岛给我带来了许多的豁达感体验,这些体验不仅让我放松身心,还让我更加开放、包容和豁达,成为我宝贵的人生财富"(YJ-94)。

自由感作为一种身体主体的体验,通常被视为人类普遍追求的心理需求之一。在海岛旅游中,游客可以通过多种方式获得自由感,如海滩漫步、水上运动、自驾游、探险旅行等。自由是人类生存和发展的"必需品",同时也是个体自我意识的表现,自由意味着个体对自己行动具有选择权,有助于塑造个体的生活态度和人生价值观。从心理学的角度来看,自由感是人类心理健康的重要指标之一,可以缓解焦虑和压力,增加幸福感和满足感(吴艾凌等,2020)。自由感也与社会文化和制度紧密相关,一个自由度高的社会往往具有更好的文化品质,能够满足个体的多样化需求和追求。从旅游学的角度来看,自由感的获得是旅游消费者选择旅游产品的重要动因之一,旅游业也应该致力于为消费者创造自由、开放、多元化的旅游环境和服务。

在海岛旅游中,游客可以通过体验多种形式的活动获得自由感,如漫步海滩、潜水、冲浪、探险等。这些活动的共同特点是给予游客更多的自主选择权,让他们能够自由地探索和体验海岛的风景和文化,从而增加自身的人生经验和内心世界的丰富度。在海岛旅游中,游客可以暂时抛开烦琐的工作和生活,尽情享受海岛的美好和自由,获得身心的放松。这种自由感体验不仅对个体的心理健康和生命质量有积极的影响,还有助于推动社会的发展和进步,增进有着不同文化的民族之间的相互了解和尊重。如在游记 YJ-35 中所提到的:"在这个美妙的地方,我尝试了各种各样的活动。我去了海滩上的浮潜中心,穿上潜水服,潜入海中,看到了许多珊瑚和各种鱼类。在那里,我获得了自由感和活力,仿佛自己可以在这里尽情地游泳、探索,远离世界的喧嚣。此外,在游览这个美丽的海岛时,我还参观了本地文化遗产,包括山上古老的寺庙、博物馆和传统的手工艺品店。这些地方让我感受到了文化的自由和多样性,也让我更加热爱这个地方。"

在海岛旅游的具身体验中,豁达感与自由感是紧密相连的。豁达感源于游客的开放和包容心态,这种心态让游客更能够接受和享受周围的自然环境和当地文化。自由感则体现为游客对时间和空间的自主支配能力,游客可以自由地选择行程和活动,获得更多的个人满足感和探索感。

如图 5-1 所示,海岛旅游具身体验共感可分为四个维度,分别是清新感和放松感、探险感和兴奋感、浪漫感和文化感以及豁达感和自由感。这一模型对于理解游客在海岛旅游中的身体感知与体验具有一定价值:涵盖了游客在海岛旅游中可能产生的多种身体感知,提供了一个分析框架,有助于深入挖掘游客在海岛旅游过程中的具身体验;丰富并拓展了旅游体验研究领域的理论体系,弥补了现有研究对海岛旅游具身体验共感维度探讨的不足。

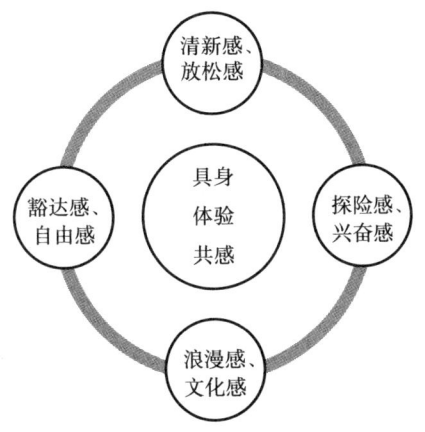

图 5-1　海岛旅游具身体验共感维度模型

此外,本研究所提出的具身体验感维度模型不仅与已有的旅游体验理论相互印证,还进一步拓展了其应用范围。与传统的旅游体验研究更多关注游客的认知与情感体验不同,本模型强调了身体感知在旅游体验中的核心地位,凸显了海岛旅游这一特殊场景下具身体验的重要性。

二、海岛旅游的具身体验共鸣

具身体验共鸣是指游客在旅游过程中,通过互动、交流和共享经验而产生的一种共同的、强烈的身体感知(Sun et al.,2021)。这一现象在海岛旅游中尤为突出,海岛旅游特殊的自然环境和丰富多样的活动项目为游客提供了多样的感官刺激和社交机会。在旅游体验研究领域,已有大量研究聚焦于游客的认知与情感体验,但对于具身体验共鸣现象的关注相对较少。然而在海岛旅游中,游客之间的具身体验共鸣往往是塑造旅游氛围、增强旅游吸引力和提升游客满意度的关键因素。因此,对海岛旅游的具身体验共鸣现象进行深入研究,将有助于更好地理解游客在海岛旅游中的互动行为。

身体共感通常在团体旅游中得以体现,当游客们共同参与旅游活动并分享类似的感受时,这种共感便得以产生(张静红,2020)。例如,当一群游客一起浮潜,体验到海底世界的美妙时,他们可能会产生相似的兴奋和惊叹,这种同步的身体体验便构成身体共感。

研究者对访谈现场中的一段多人情境对话进行了记录(FT-03):

A:大家一起下海游泳,一起爬山看风景,都会获得相似的感受。

B:对,就像我们一起去海边玩沙子,沙子细腻柔软,让脚底感受到温暖,还有海水拍打着脚,让人感到非常舒适。

C:我记得我们一起进行海底潜水,虽然每个人有着自己独特的经历,但我们都会感受到水底的神奇和美妙,获得自由自在的感觉。

D:对,共同行动让我们能够更好地融入旅游环境,让我们更加享受旅游过程。不同的人会收获不同的体验,而相似的感受可以让我们更亲近,更能够建立感情,这也是旅游的乐趣之一。

在海岛旅游中,身体共鸣也是通过具体活动体验来实现的。大家一起品尝当地的海鲜美食,沉醉在美食的香味和口感中,共同获得饱腹感和满足感。在沙滩上一起玩水、玩沙,感受阳光、海浪和沙子的触感,享受海岛带来的愉悦和放松。当大家一起参加当地的民俗文化节日、观看演出,欣赏美景时,也会产生相似的情感共鸣和兴奋感。这些活动和体验让大家有了共同的话题和共同的经历,也加强了大家之间的联系和认同感。

身体共鸣源于游客在当下的情境中产生的身体感受。例如,当游客置身于海岛环境中——沐浴阳光、感受海风拂面、赤足踩踏柔软沙滩时,身体的感官系统会同时接收阳光的温暖、海风的清凉以及沙粒的细腻触感,这些多层次的知觉融合会引发独特的情感体验,形成身体共鸣。类似地,当游客穿过郁郁葱葱的热带植被,跳进碧蓝清澈的海水中,水的温度和压力也会产生身体共鸣,游客们享受着身体上的快感和轻松感。这类体验具有强烈的在场性,只有亲历者才能真切感知,并由此获得独特的旅游记忆。这样的身体共鸣,不仅让游客们获得了独特的旅游体验,还有助于他们更深入地了解当地的自然环境和文化特色。

现象学认为,身体是人与世界交互的核心媒介,是感知与行动的媒介,是主体与客体之间的纽带(Fuchs et al.,2009)。如图5-2所示,主体间性是现象学的一个概念,它强调个体在经验中的相互作用和联系,旅游体验也是这种相互作用和联系的一种体现(郭湛,2001)。在海岛旅游中,游客自我、游客他者和当地居民之间的交互产生了各种感官、情感和认知上的体验,这些体验是主体间性的表现。游客在海岛旅游中的身体共鸣主要来自他们的共同体验。在海岛旅游的过程中,游客们有着共同的旅游体验,如观赏海岛景色、品尝当地美食、参加当地的节日活动等。这些共同体验通过身体的感知和行动,使游客之间建立起了紧密的联系。游客们在交流和互动的过程中加深了他们之间的身体共鸣。游客还与当地居民和除游客和当地居民之外的“他者”发生接触,这些游客他者有着不同的文化背景、生活经验、年龄和性别等。这些主体在交往中通过身体的感知和行动,形成了身体共鸣。游客与当地居民之间的对话和姿态,游客之间的身体互动,游客与身边的动植物之间接触等都可以促进身体共鸣的产生。游客与当地居民之间的身体共鸣主要来自他们的共同体验和互动。游客在购物、就餐、住宿等方面与当地居民互动,他们之间的身体语言、动作和表情等可以促进他们之间产生身体共鸣。此外,游客与当地居民之间的文化交流也是促进身体共鸣产生的重要因素。通过了解和尊重当地的文化和生活方式,游客可以更好地与当地居民建立联系,并形成身体共鸣。

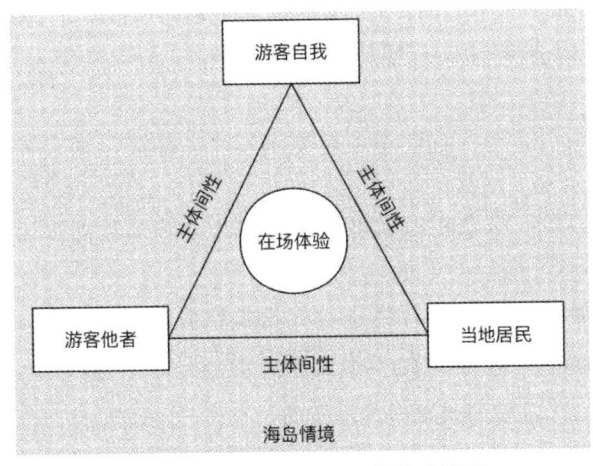

图5-2　海岛情境中的身体共鸣模型

第二节   海岛旅游具身体验过程

在探讨了海岛旅游具身体验现象的多个方面之后,我们对具身体验共感维度、具身体验共鸣有了较为全面的理解。然而,要想更为系统地揭示游客在海岛旅游的具身体验过程,则需要扎根于游客具身体验的典型实践,从而更好地理解海岛旅游具身体验的生成、发展和变化过程。

笔者通过观察,以及整理现场访谈和网络游记后发现,来海岛的游客越来越多地参与到水上运动体验之中,水上运动具有极强的身体参与性。本研究的案例地蜈支洲岛开发了丰富的水上活动,近些年,冲浪体验成为海岛旅游中备受追捧的新活动(Towner et al.,2020),通过研究海岛水上运动行为,可以充分把握海岛旅游具身体验的形成机制,具体依据如下。

第一,海岛水上运动具有多元感官体验的特征。海岛旅游的冲浪体验是一项极具吸引力的水上运动,游客需要与海浪、风力等自然环境因素紧密互动。这项运动还涉及多种感官体验,如触觉、平衡感、听觉等,这些多元感官体验相互融合,为研究海岛旅游具身体验过程提供了丰富的素材。

第二,海岛水上运动的身体与自然环境深度互动。冲浪体验使游客与自然环境产生深度互动,游客既需要了解潮汐等自然规律,又需要调整自身动作来适应变化的海洋环境。这种身体与自然环境的互动有助于揭示游客的海岛旅游具身体验过程。

第三,海岛水上运动具有挑战性。冲浪具有一定的挑战性,游客需要克服恐惧、挑战自我,逐步提高技能水平。在挑战的过程中,游客可以体验到成就感,增强自信心,还能体会到与他人互动交流的乐趣,从而丰富海岛旅游具身体验的内涵。

第四,海岛水上运动具有互动性与文化属性。冲浪作为一种具有浓厚文化内涵的运动,不仅融入了海岛的生活方式和传统文化,还促使游客与当地居民和其他游客进行社会互动,分享心得和经验。这些社会互动和文化体验为研究海岛旅游具身体验过程模型提供了重要线索。

综上,通过对冲浪游客的行为进行扎根理论分析,我们可以更深入地理解海岛旅游具身体验的形成、动态变化和关键因素,并为海岛旅游产业提供有益的理论指导。

一、数据来源与研究方法

（一）研究问题与方法

本节需要回答海岛游客旅游行为的具身体验过程与动力机制等方面的问题。首先，对于该问题需要结合相关情景深入挖掘具体资料，切身体验情境，因而适宜采用自下而上的归纳方法，对原始资料进行编码归类，提炼核心概念，从而形成对相关问题的认识。其次，以具身理论视角审视海岛冲浪旅游体验的研究相对较少，冲浪旅游体验过程最突出的感受是身体感知，需要通过扎根到实际问题中，提出冲浪旅游具身体验的理论模型。最后，从研究目标来看，扎根理论方法适合生成理论以及具有一定探索性的研究，故该方法充分契合了本研究的目标。

为了回答本研究所涉及的问题，笔者通过收集网络游记和现场访谈的方法来获取文本资料。为了弥补网络游记缺少现场情境与在场即时体验反馈的不足，笔者同时在现场进行随机访谈，并筛选出 24 个具有代表性的访谈文本作为资料分析的来源，并用 F01—F24 的方式标记。访谈遵循自愿原则，在表明身份情况下进行开放式问答，研究者不对访谈者的表述进行引导。访谈问题包括：访谈对象的基本信息，为什么选择冲浪旅游，进行冲浪旅游之前有什么期待，在冲浪旅游过程中有什么感受，冲浪旅游对自己的身体感受有什么影响，以及其他相关开放式问题。笔者综合网络游记和现场访谈的文本资料，采用扎根理论方法进行技术分析。

本部分研究的目标是建立海岛旅游体验的具身理论模型。笔者在研究问题之前未提出理论假设，而是直接进行实际观察，对经验材料数据进行开放式编码、轴心式编码和选择性编码，同时在编码的过程中不断与原始资料进行比对，最终实现对原始数据的概念化、命题化和理论化。扎根理论方法与现象学中强调直面对象本身的思想在哲学层面上具有高度一致性。为了保障文本资料分析的效率和准确性，本研究借助质性分析软件 MAXQDA 2020 对文本内容进行三级编码和类属分析。

（二）研究对象与数据收集

本研究以海岛旅游的冲浪游客的相关网络游记和访谈材料为分析单位。根据以下标准选择游记：①样本点来自具有代表性的海岛冲浪旅游案例地蜈支洲岛，所选取的样本涵盖不同性别、年龄的游客；②样本文字记录翔实，表述真实性高，具有较高的可信度和较强的传播力；③识别游记撰写者身份，回避接受旅游地和旅行网站等赞助的游客所撰写的文本，以保持样本的客观性。

笔者先进行网上查阅和筛选,初步得到蜈支洲岛涉及冲浪的游记文本96篇;依照筛选标准,进一步确定86篇内容丰富的游记,采用W01—W86的标记方式,主要来源于主流旅游网站(如马蜂窝、TripAdvisor等)以及影响力较大的自媒体平台(如小红书、新浪微博等)。访谈材料选择了2022年5月实地调研时对海岛冲浪游客的访谈记录24篇。游记和访谈记录两类有效文本共计110篇,有效文本中涉及的受访者及游记撰写者覆盖“60后”至“90后”。样本确定后,对文本单独编号,并输入到MAXQDA 2020分析软件,其中103篇用于编码分析,随机7篇用于理论饱和度检验。

二、编码过程

(一)开放性编码

扎根理论方法要经过开放性编码、轴心式编码、选择性编码的过程。在开放性编码阶段,笔者充分阅读文本资料,确保对资料的熟悉度。然后,将有意义的符码进行独立标注,经过两次对比与改正后,最终确定760个基本概念。随后进行概念化,根据语义、逻辑关系和概念内涵进行归类聚拢和概念抽象化命名,共形成21个范畴,包括视觉、听觉、嗅觉、味觉、触觉、身体逃离、身体技术、身体感知、情绪表达、身体痛感、情感互动场、身体工具、他者关系、亲近自然、自我生成、行为隐喻、他者景观化、磨炼身心、丰富认知、净化心灵、自我建构。开放性编码示例见表5-1。

表5-1 开放性编码示例

编号	原始语句	概念化	范畴化
W05	平时工作真的太忙了,也缺乏锻炼,感觉真的有职业倦怠了,这次来海南正好可以体验一下冲浪,我觉得挺好的	身体逃避	
W71	我比较有冒险精神,愿意尝试一下新鲜事物	身体技术	
W14	来之前看了很多攻略,在家还跟着视频做了一些基本动作,这次我也找了教练,虽然刚开始确实很难站上板,不过我持续玩了两天后,终于成功了		具身唤醒
F04	冲浪结束之后,才发现自己还有这方面天赋,让我重新找到了一项喜爱的运动	身体感知	
W86	在水中的时候,虽然呛水很难受,但是好在我会游泳,无法做到顺畅地冲浪,那就当作游泳锻炼好了		

资料来源:笔者整理。

（二）轴心式编码

笔者在开放式编码所形成的概念基础上，利用轴心式编码进一步压缩概念关系，通过反复阅读文本资料，比对相关概念关系，进一步将21个范畴压缩为6个主范畴，分别为具身感知、具身唤醒、具身情感、具身延展、具身表达和具身意义。各个主范畴之间的关系如表5-2所示。

表5-2　主范畴之间的关系

主范畴	对应范畴	代表符码
具身感知	视觉	蓝色的大海
	听觉	海浪声、拍打声
	压力感	海水压迫感
	味觉	大海的味道
	嗅觉	咸咸的海水
	触觉	坚硬的礁石
	平衡感	失去了平衡
	重力感	重心不稳
具身唤醒	身体逃离	社会压力、放松、离开日常、枯燥的生活
	身体技术	身体素质（体力、耐力、协调性）、冲浪技巧（上板、站立、抓浪）、冲前训练、冲浪装备
	身体感知	主动唤醒（上板/抓浪/身体意识）、被动唤醒（呛水）
具身情感	情绪表达	壮观、狂野、惊叹、多样性、危险感
	身体痛感	累、难度、折磨、痛苦、筋疲力尽
	情感互动场	积极情绪、消极情绪
具身延展	身体工具	冲浪板、相机
	他者关系	与冲浪者交流、人际互助、凝视他人
	亲近自然	亲近自然、感受大海、戏水
具身表达	自我生成	发现自己、成长、挑战、具身生成
	行为隐喻	尝试、意义、不可思议
	他者景观化	凝视浪人、身体审美
具身意义	磨炼身心	锻炼身体、磨炼意志、自我挑战、自我激励
	丰富认知	具身认知、看真实的世界、新奇、新鲜感、眼界

续表

主范畴	对应范畴	代表符码
具身意义	净化心灵	净化心灵、治愈心灵、放松身心、令人释怀
	自我建构	反求诸己

资料来源:笔者整理。

(三)选择性编码

在开放式编码与轴心式编码的基础上,选择性编码阶段对核心范畴进行了整合,如图5-3所示,进而形成具有逻辑连贯性的故事主线与理论框架,用以系统呈现冲浪体验的生成机制与内在结构。

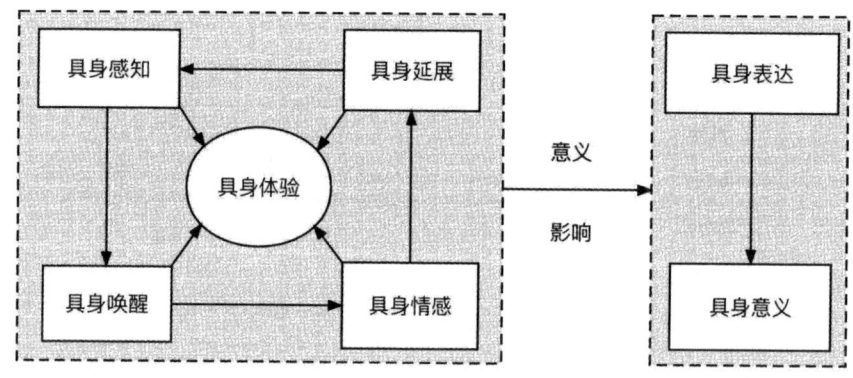

图5-3　主范畴的典型关系结构

在对海岛冲浪旅游体验的范畴概念进行概念化关系串联后,将核心范畴确定为具身体验。围绕具身体验这一核心范畴发展故事线,即游客在冲浪旅游体验中,经历了具身感知、具身唤醒、具身情感和具身延展的过程,身体感在冲浪体验中被置于重要位置,并以游客的身体表征为中介,形成游客的意义建构。现代性与单向度的生活让游客的身体在日常生活世界中处于"休眠"状态(Kolar,2017),海岛冲浪旅游对身体技能的要求使游客通过体验让身体得到充分唤醒。在经历了感知、唤醒、情感与延展后,身体成为表征游客体验的重要载体,并在和自己与他者的互动中不断建构自我认同与旅游体验的意义。

三、海岛具身体验过程模型

本部分研究中,两位编码员分别在一定的软件环境中进行独立编码,就存在分歧的结果进行讨论并达成统一。计算所得的Cohen's Kappa系数为0.716,表明本研究的编码信度处于可接受水平。随后对留存的文本做饱和度检验,没有产生新的范畴关系,说明资料内容已经达到理论饱和。

基于上述编码结果和理论饱和情况,围绕核心范畴和故事线,本研究构建海岛具身体验过程模型来描述冲浪旅游体验的具身现象,诠释了相关具身体验的过程机制与社会意义。

（一）具身感知

海岛冲浪旅游始于身体的感知,通过视觉、听觉、嗅觉、味觉、触觉以及平衡感、重力感和压力感的方式综合展开,为置身于旅游世界的游客身体感的唤醒提供基础。

视觉体验以旅游凝视这一行为得以呈现。旅游凝视作为旅游体验中的一个重要概念,强调了游客对于旅游目的地所表现出来的注意和观察。在海岛旅游中,旅游凝视有着特殊的意义。海岛地区的独特自然环境和文化背景常常吸引着游客的目光。一方面,旅游凝视可以让游客更好地感受海岛地区的自然环境和文化氛围。例如,在海岛环境中,游客可以通过"凝视"周围的植物、动物和地形来感受大自然的力量和魅力。同时,在海岛的海滩上,游客可以通过"凝视"海水、沙滩和日出日落感受到大海的广阔和美丽,这样的体验也可以激发游客对生命的敬畏和珍惜之心。另一方面,旅游凝视也可以让游客更好地了解和理解当地的文化背景和社会现实。例如,在海岛的民俗村落中,游客可以通过"凝视"当地的建筑、服饰、饮食和传统手工艺品来了解当地人民的生活和文化传统,这有助于游客更好地欣赏当地的风景,尊重文化多样性和文化遗产。

案例地蜈支洲岛不仅拥有良好的自然环境,而且拥有丰富的水上运动文化,这些构成了游客视觉凝视的对象。"这里的标牌设计得很有特色,能够感觉到不一样的冲浪文化。"（W53）除了符号化的标志物,对于他者的凝视亦是游客对冲浪文化的一种理解。"这里的浪人一眼就看得出和我们不一样,他们的肤色、发型都很酷。"（F05）

听觉体验是旅游体验的重要构成,海岛旅游中的听觉体验可以包括波浪声、海鸟叫声、风声、海浪拍岸声等。这些声音可以引起游客不同的情绪和反应,如平静、放松、兴奋、惊奇等。此外,听觉体验也可以与视觉和触觉等其他感官体验相互作用,共同构建起游客对海岛旅游的全面体验。因此,在对海岛旅游体验进行研究时,不仅要关注旅游凝视,还需要重视听觉体验的作用,通过综合研究来深入探讨游客在海岛旅游中的多维感受和体验。"蜈支洲岛的浪很大,海浪声听着很有冲击力,周围充斥着尖叫声和欢呼声,在这种环境之下自然而然就会愿意去试一下了。"(F21)海浪的拍打声建构了游客对海洋的认知,冲浪声与他者的互动声音交织在一起,凝聚着游客体验。

　　嗅觉体验在海岛冲浪体验中亦得以呈现,建构出游客对冲浪旅游地的认知。嗅觉体验能够增强游客对海岛旅游体验的记忆和认知。嗅觉与大脑的嗅觉中枢直接相连,能够触发深层的情感体验和记忆。当游客在海岛旅游中感受到具有特殊气味的海水、沙滩、植被等,这些气味会与其他感知信息相互作用,增强游客对于这些地方的记忆,帮助游客更好地理解和评价海岛旅游体验。不同气味可以诱发不同的情感体验,如海水的气味可以诱发舒适、放松的情感,某些花香则可以诱发浪漫、幸福的情感。如访谈游客所提到的"一进来空气中都是荷尔蒙的味道"(F18),"这里的空气很清新,没有一般大海的腥味,我很喜欢这里"(F04)。嗅觉体验的研究也有助于加深人们对于海岛旅游目的地文化的认知。每个地方都有其独特的气味,这些气味常常与当地的文化、历史和地理环境密切相关。

　　味觉体验与触觉体验在冲浪旅游体验中都会给游客留下难忘的记忆,海水的咸味在冲浪中时常会被游客感受到,海底礁石的硬度、海水的温度会让游客体会到大海与浪的意义。在旅游过程中,食物是不可或缺的一部分,它可以满足游客的基本生理需求。此外,味觉体验在食物的味道、质地、外观等方面,让游客感受到当地的风味和文化。同时,味觉体验也是一种情感体验,可以带给游客舒适、满足、快乐等正面情绪,或是不适的负面情绪。触觉体验在海岛旅游体验研究中具有重要的学术价值。海岛旅游涉及游客与自然环境的接触,其中触觉体验是最直接的感知方式之一,可以影响游客对海岛的认知、情感和行为。触觉体验包括海岛上的海滩、岩石、海水、风等元素,以及游客参加的各种活动,如潜水、冲浪、划艇等。这些元素和活动可以给游客带来不同的触觉体验,如冰凉的海水、粗糙的岩石表面、柔软的沙滩、轻柔的海风等。

　　海岛旅游体验中的平衡感、重力感和压力感具有特殊的感知作用。如W47中所描述的:"站在海岸线上,眺望着远处的海平线,感受着海风的轻拂和阳光的温暖。心中满是期待和兴奋,因为今天我要来一场挑战自我的冲浪之旅。走进海水中,我感受到了平衡感的重要性。在浪花中不断前行,我必须时刻调整身体的平衡,保持姿势的稳定。"另一个具有代表性的冲浪游记对身体感受这样写道:"我需要时刻感受着重力的作用,以便更好地把握板的位置。在冲浪的过程中,我也深刻地感受到了压力感的存在。我努力地抓住浪头,与巨大的力量进行着较量,整个身体仿佛被压迫在一起,压力感扑面而来。但是,当我成功地站立在板上,随着浪头向前冲刺,所有的压力感瞬间消失,取而代之的是无比的兴奋和喜悦。这种冲浪的具身体验让我深刻地认识到了身体感知的重要性,只有通过身体感受到平衡、重力和压力,才能真正体验到冲浪的乐趣和魅力。海岛冲浪之旅,是一次充满挑战和成就的经历,让我更加热爱大海,热爱冲浪这项运动。"(W-76)

（二）具身唤醒

逃离现实是游客前来冲浪旅游的一种动机,现代社会中的工作压力使人们的生活越来越单向度,对传统观光旅游方式的厌倦促使游客渴望身体感的唤醒。身体逃离,即通过身体感知逃离现实世界的一种方式,它让游客将注意力集中于身体感觉,从而达到减轻压力、放松身心、提高幸福感等效果。冲浪体验是一种需要身体高度投入的旅游体验,在冲浪旅游中"不需要特别多的设备,你只需要一块板,就可以冲向大海,如果你真的沉浸其中,你会忘掉很多烦恼"(W11),当游客准备冲入海浪的时候,身体的在场与情境的融入便得以展开。海岛旅游体验提供了一种特殊的身体逃离方式,游客通过参与各种海岛活动(如冲浪、潜水、漂流等),获得身体刺激和挑战,从而忘却日常生活的压力和烦恼,享受身体逃离带来的愉悦感。海岛文化注重身体感知的体验,例如,在夏威夷文化中,冲浪被视为一种精神与身体的连接;在印度尼西亚巴厘岛的文化中,潜水被视为一种沉浸于海洋"神话"的体验。这些文化元素不仅体现了当地文化的独特性,还通过身体逃离的方式向游客传递文化内涵。

身体技术是指人们通过在特定情境下实践运用身体,来感知、理解和适应这个情境的能力和技能。在海岛旅游体验中,身体技术是非常重要的,因为它涉及游客在水上、岸边、山林等不同环境下,如何运用身体去适应和感知环境,如何控制身体的力量和平衡,以及如何在动态和静态的情境中保持稳定和协调。冲浪旅游对于初学者来说有一定的学习门槛,有的游客通过在岸上模拟冲浪动作,体会水中技巧。在模仿一系列动作之后,冲浪体验才能得到一定的保障——"冲浪有一定的冒险性和挑战性,正因为如此,我愿意尝试,教练把基础动作为我们示范了一遍,在没有下水的时候我们以为很简单。实际上在水里的时候,很难上板,同时水流的压力也让你的身体承受着一定的痛苦,因此,大家需要量力而行,否则可能存在一定风险。"(W48)身体技术能够帮助我们更加深入地理解人们在特定环境中如何感知和适应。对身体技术的研究有助于探索人们如何运用身体去解决实际问题,如何通过实践和体验不断提升自己的技能和能力,从而实现身体和心智上的完善。

游客开始下水冲浪时,通过推板、上板、站立等躯体活动,产生独特的身体感知,不禁发出"阵阵尖叫""感觉体内的生命力在循环不息地流动"(F03),身体意识被个体的主观努力所唤醒。同时,变幻的海浪给身体造成麻烦,如摔倒、受伤、溺水等,使冲浪者产生呼吸沉重、汗如雨下等肉体反应,个人身体意识被唤醒。

(三)具身情感

在冲浪旅游体验之中,对自然力量的崇拜以及对自身技能的挑战,都能引发身体反应,为游客提供了情绪宣泄的途径。经过对文本资料的分析,可以发现,游客多采用积极词汇来描述冲浪过程中的紧张感与刺激感,如"感觉到身后的一个浪过来了,呼呼的声音是挺震撼的"(W79),"第一次站上板之后,我激动得大叫起来了,确实尝试了很多次,还被板撞得有点受伤了,但是无所谓,这次经历是很难得的,这里人很多,能充分感受到大家的激情。总的来说,冲浪很刺激,好玩得很"(F01)。

在冲浪过程中,游客要面对大海和海浪的未知因素,洋流的变化使得这项运动充满了冒险和危险性。身体痛感是冲浪体验中游客技能水平下降的一种表现——"岸边有些地方有很多礁石,很危险,好几次不小心撞到礁石上,特别疼"(W5)。由于蜈支洲岛特殊的地理环境等自然因素,这里海浪较大,具有一定的挑战性,普通游客在冲浪时时常会产生挫折感,会经历一定的煎熬——"刚开始下水的时候,感到挺新奇的,但是这个运动真的很危险,而且我的身体力量不够,玩了一会感觉特别累,但是和我一起下水的小伙伴还要继续玩,觉得花了钱了不多玩会有点可惜。我其实挺煎熬的"(W69)。

情感互动场构建了冲浪旅游体验的氛围,他者的身体图示为冲浪者提供了一定的示范效应,与浪共处的过程其实也是在与人相处。在冲浪体验过程中,互相影响与互动是水上体验的重要组成部分——"我其实都是看着别人怎么玩的,跟着学,然后他们也很愿意帮助我,学习如何在海上驾驭冲浪板确实挺难的,但是别人传授的一些小技巧确实很管用,多练习几次,找准时机的话还是挺好上板的。大家这样互助其实也挺好的"(F05)。

(四)具身延展

身体工具是游客身体技能的延伸,冲浪过程中主要借助于冲浪板和泳衣等装备,装备看似简单,但不同材质与不同大小的板对冲浪体验的影响较大。对于新手来说,并不适合采用较小的冲浪板,相反,较大的冲浪板更能给游客带来稳定安全的冲浪体验。相较于普通游客,较为专业的冲浪者在寻找到一个拥有完美的浪的地方的时候,更愿意将自身的装备发挥到极致——"你可以看到这些浪人是很讲究他们的穿着与板的特色的,他们的工具和我们的一看就不一样,所以我一眼就能认出那些经常玩冲浪的人。我用相机记录了很多时刻,回来给别人看的时候别人都觉得很有特色"(W48)。

他者关系构成了冲浪旅游交往的重要环节,冲浪旅游社区是一个开放、多元化的区域,这里充满了时尚元素,人与人的交往也更加简单纯粹,没有过多的利益问题——在冲浪的时候,"我和其他游客虽然也是刚认识,但是大家也会一起交流经验,我旁边没有教练,他还会帮我推板,让我体验到了冲浪的乐趣"(FT11)。在冲浪旅游交往的过程中,从陌生到熟悉的过程相对较快,这里的文化属性让人们之间的距离不断缩小。

亲近自然是对人的自然属性的回归,多数游客生活在远离海洋的陆地,在冲浪的过程中进一步加深了对大海和海浪的认识——"可以如此肆无忌惮,如此贴近自然,我可以肆意地在大海中游泳、呐喊,欢快地哼着没调的小曲,呼吸带着海水味儿的空气,迎接透过椰子树叶洒下的阳光"(W56)。这种与海洋环境亲密接触的过程,让游客产生对自然的敬畏之情——"离开以后我并不是特别怀念冲浪本身,这项运动提供了一个绝佳的自然环境,我感叹于自然的美妙,能融入其中我就满足了"(W19)。

(五)具身表达

自我生成是冲浪体验过程带给游客一种变化,冲浪让游客重新认识自我与他者的关系、自我与自然的关系以及自我与社会的关系。一方面通过对冲浪文化的理解,游客的认知得以开阔,另一方面,冲浪体验让游客的人生观得以重塑,游客重新审视了多种关系——"冲浪不单单是一种文化,在对这项运动有所了解后,我发现这里有很多可取的积极世界观,对于生活的包容,对于很多事情我也不再那么执念,而是选择一种更加豁达的生活态度,我想这也是冲浪文化所宣传的。我还是比较认可的"(W15)。

行为隐喻代表冲浪文化具有特殊的"嬉皮士"文化意味,更多的时候,冲浪者会将旅行中的身体作为表演的载体,通过一些日常行为展示象征意义,构建一个世俗世界的文化意义空间——"我很好奇为什么喜欢冲浪的人的打扮与着装看起来都很相似,我觉得他们一定是有着共同的信仰的"(F13)。

他者景观化表明冲浪游客会将凝视的目光由自然景观转向与自己共在的他人,作为一种权力欲望的表达,凝视是冲浪游客体验的一种特有方式——"我们就坐在这里发呆,静静地看着那些冲浪者,或站在民宿阳台欣赏旅人的姿态;看那些在社区里溜达的游客寻找着自己感兴趣的活动"(W24)。

（六）具身意义

磨炼身心是游客的一次成长体验,在经历自我挑战并获得满足之后,游客开阔了视野,压力得以释放,身心素质得以锻炼。游客一旦进入水域,需要克服多重恐惧与未知,并且不断激励自我,在感受到冲浪的乐趣之后,收获满足感,从而切实地体验到成长。对于专业冲浪者来说,全身心地投入到冲浪活动之中,更是一次"畅爽"体验,身体与心理与当下情境深度融合,从而获得极大的满足感——"我是一个冲浪爱好者,多年的冲浪让我更加能直面生活中的困难,总是能想到事物积极的一面,所以我觉得我很幸运能够学会这项运动"(W25)。

升华认知体现在冲浪旅游中,每个动作都依托身体技能,有助于游客全方位、真实地感受自我,体会到自然的伟大——"冲浪可以消除你身体里所有的杂念,包括狭隘感、自豪感,唯独留下了强烈的好奇心。这时你就像是一个孩子,对一切都充满了求知的渴望"(W05)。

净化心灵,是因为冲浪的过程可以补偿日常生活带来的心理匮乏,让生活世界中的痛苦得以补偿,在对大海观照的过程中减少烦恼、放松神经、倾听内心世界,从而收获一种安宁感以及满足感——"我对大海有种特殊的敬畏,因为世间最广阔的是大海,她能包容一切,在这里心灵能得到净化"(W14)。

自我建构是冲浪游客在建立自我核心价值、实现自我并获得畅爽体验的过程中,不断建构出自我与他者、自我与社会的意义。从事冲浪活动后,参与者会通过事后的回顾、回馈与分享而感知到较高的快乐情绪,也能够体验到自我效能感与胜任感——"教练说能够挑战成功的人以后会对自己更有信心,而就算挑战失败,以后也会不再惧怕失败,好像现在真的领悟了这样的道理,感觉人生有了新的希望"(F06)。

（七）模型构建

如图5-4所示,海岛旅游的具身体验过程模型包括:具身感知、具身延展、具身表达和具身意义等关键范畴,展示了游客在海岛旅游过程中所涉及的各种感官体验、情感互动和意义建构。这一具有实证基础的具身体验过程模型弥补了海岛旅游场景具身体验分析的不足。通过对具身体验过程的深入探讨,模型揭示了具身体验在海岛旅游中的多样性和动态性,从而丰富了具身理论在旅游研究领域的应用。

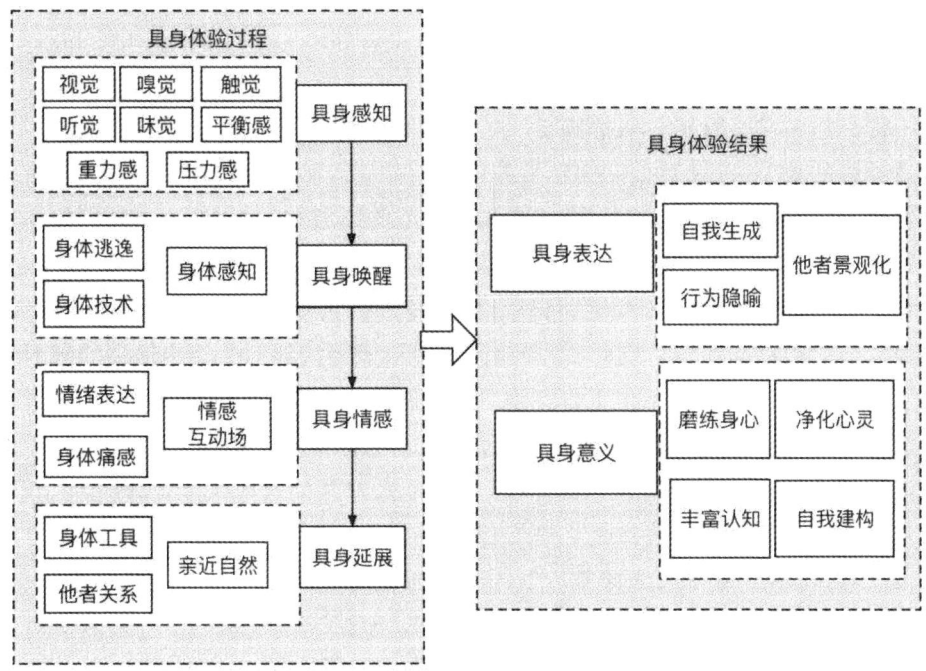

图 5-4　海岛旅游的具身体验过程模型

第三节　驱推拉阻：海岛旅游具身体验动力

在对海岛旅游具身体验过程模型进行探讨的基础上，研究发现海岛旅游具身体验存在一个动力机制。动力机制是对推动具身体验形成因素的分析，关注其内在逻辑将有助于揭示海岛旅游具身体验的本质与特点。接下来的研究将聚焦于探索塑造海岛旅游具身体验动力机制的因素，以及这些因素如何相互作用、共同发挥影响。

已有研究针对推拉理论和推拉阻理论在旅游发展动力中存在着混淆内力和外力的不足之处，提出了驱推拉阻模型（陈扬乐等，2022），该模型将驱动力视为内部力量，将推力和拉力视为外部力量，认为阻力既可以是内部阻力也可以是外部阻力。笔者在对文本进行内容分析后，发现海岛旅游具身体验的动力机制符合驱推拉阻模型，是在游客补偿匮缺与自我实现的驱力、旅游供给的推力、海岛旅游需求侧的拉力以及旅游体验的阻力相互作用下形成的。

一、驱力

海岛旅游具身体验的补偿匮缺与自我实现的驱力可以表现为对自我实现和情感愉悦的渴望,以及对生活中缺失的东西的补偿。海岛旅游作为一种具身体验的旅游方式,为游客提供了身体、感官和心理上的刺激和满足,促进了游客的身体健康和心理健康,同时也可以满足游客对自我实现和情感愉悦的需求。海岛旅游提供的美景、新鲜空气、阳光等,可以让游客摆脱日常生活中的压力和疲劳,体验到身心上的放松和愉悦。同时,海岛旅游也可以满足游客对生活中缺失的东西的补偿,如缺少自然、文化和社交体验等。通过旅游,游客可以感受到不同于平日的生活和文化,开阔眼界和增加人生体验,这也是对生活的一种补偿。如FT12所描述的,"作为一个城市的居民,我已经习惯了每天都是如此的快节奏,几乎没有时间停留下来去体悟身体的感受。但是,来到海岛,我突然发现,我可以让自己的身体完全放松,尽情感受大海的魅力"。此外,游记 W-70 的描写也证明了海岛旅游具身性的自我实现:"在那蓝色的海水里,我感受到了平衡感和重力感,感受到了自己在这个世界上的微小,感受到了大海的无穷力量。除了自然美景,海岛还有独特的文化。在这里,我发现了一个新的自我。身处如此美丽的海滨城市,我感受到了自己拥有自由发挥的空间和机会。我发现自己可以在这里做想做的事情,如冲浪、潜水等,这些活动让我更加接近大海,也让我更加接近自己内心深处的渴望。"

这一驱动因素揭示了游客在寻求海岛旅游体验时,不仅关注满足个人需求,还在追求更深层次的心理和情感满足。游客补偿匮缺部分强调了游客在现代生活中可能面临的压力、紧张和不满,这些因素驱使他们寻求海岛旅游体验作为一种调适和补偿的方式。自我实现驱动因素强调了游客在追求海岛旅游体验时,希望通过具身体验找寻自我价值,实现自我成长。表明游客在满足基本需求的同时,还关注个人成长和未来发展,这对于理解游客在具身体验中寻求深度价值具有一定意义。

二、推力

海岛旅游体验的需求推力源于游客的旅游能力和旅游动机。随着人们收入水平的提高和旅游经验的积累,越来越多的人拥有了出行的能力和意愿,同时海岛旅游的独特魅力也吸引了越来越多的游客。游客的旅游动机不断增强,有些人是为了寻求新鲜感和刺激而来,有些人是为了放松身心,享受度假时光,有些人是为了探索文化和历史(郭亚军等,2009)。这些游客的需求将会促进海岛旅游的发展,推动旅游业持续壮大。

海岛旅游体验的旅游能力推力主要取决于游客的可支配收入和闲暇时间。随着经济的发展和人们生活水平的提高,越来越多的游客拥有足够的旅游支出和更多的闲暇时间,这将促进海岛旅游的发展。此外,随着交通基础设施的完善和信息技术的发展,越来越多的游客可以通过便捷的交通方式到达海岛旅游目的地,并获得更多的旅游信息,从而提高了他们的旅游能力。

海岛旅游对于许多人来说是一种相对奢侈而新奇的体验,因为海岛资源相对有限,去海岛旅游的人也相对较少。因而,对于那些渴望探索未知的人来说,海岛旅游是一种极具吸引力的旅游选择。有些人选择海岛旅游是因为他们渴望获得一种与大自然亲密接触的体验,享受海岛美景。有些人选择海岛旅游是因为他们想要逃离城市的喧嚣和生活的压力,寻求一种放松和宁静的感受。总之,海岛旅游的稀缺性和新奇性是其旅游动机推力的重要来源。

三、拉力

海岛旅游供给侧拉力主要来自政府、企业和技术。政府作为海岛旅游的主管部门,通过政策引导、投资扶持等手段推动海岛旅游的发展(Belle et al.,2005)。企业则是海岛旅游发展的重要力量,它们通过不断提高服务质量、增加旅游项目和打造独特的旅游体验,吸引更多游客来到海岛旅游(Yang et al.,2016)。技术也是海岛旅游的重要拉力,随着科技的不断发展,新的科技手段不断涌现,如VR技术等,为海岛旅游带来了新的发展机遇(Um et al.,2021)。这些拉力作用将为海岛旅游的持续发展提供有力的支持。

在海岛旅游发展中,政府首先需要提供必要的基础设施建设,如道路、水电、通信等,以满足游客的基本需求。其次,政府需要提供对旅游业务的监管,以确保旅游业能够按照规范进行,保障游客的安全和权益。此外,政府还可以制定有利于旅游业发展的政策和措施,如税收减免、基金扶持、行政审批等,以支持和鼓励旅游业的发展。最后,政府需要提供安全保障,确保游客在海岛旅游中的人身安全,包括军事安全和灾害救援保障等。政府拉力在海岛旅游体验中具有重要作用,为海岛旅游的发展提供了有力支持。

企业拉力是海岛旅游体验发展的重要力量。随着海岛旅游市场需求的不断增长,企业需要不断拓展旅游业态,提供更加多元化、个性化、高品质的旅游产品,以满足游客对于海岛旅游体验的需求。企业通过投入资金、技术、人才等资源,积极开发新的旅游产品,创新旅游体验模式,来提高服务质量,提升竞争力。同时,企业在海岛旅游体验中承担着重要的责任,如保障旅游安全、维护旅游环境、推广旅游文化等。企业通过不断提升自身价值和市场竞争力,实现自身的价值和利润最大化,同时提升海岛旅游体验。

技术的应用拉动了海岛旅游产业的数字化和智能化发展。首先,通过移动互联网技术和智能终端设备的应用,游客可以在预订、购物、导航、查阅旅游攻略等方面获得便利,提高旅游体验的便捷性和舒适度。其次,新能源技术推动海岛旅游产业的绿色化和可持续发展。通过利用太阳能、风能、海洋能等可再生能源,减少传统能源的使用,达到减排减污的效果,降低环境污染,提高海岛旅游的环保性。此外,新材料技术的应用可以提高海岛旅游基础设施的质量和安全性,如在建设海上浮式平台和人工岛礁等方面,应用新型材料可以增强其抗风抗浪性能,提高安全系数。最后,人工智能技术和大数据分析技术的应用可以提高海岛旅游服务质量和效率,如通过智能语音识别、图像识别和大数据分析,对游客需求进行智能匹配和推荐,提高旅游服务的个性化和定制化程度。

四、阻力

海岛旅游具身体验阻力是指在海岛旅游过程中,游客身体条件、体验能力、旅游经验等内部因素,以及环境、天气等外部因素的限制,导致游客无法充分体验海岛旅游的所有活动和景点。例如,一些海岛旅游活动可能需要较强的身体素质和技能,一些景点可能需要长时间的行走,这些都可能成为游客具身体验的阻力。同时,天气、气温等外部因素也可能影响游客的身体体验,如高温、风暴等极端天气可能会对游客的身体健康造成不良影响,致使游客获得不好的旅游体验。

游客自身条件包括身体状况、年龄、性别、文化背景等,这些因素会影响游客在旅游过程中的体验。因此,游客的自身条件可能会成为海岛旅游具身体验的阻力。身体状况是游客自身条件中的一个重要因素。对于一些身体状况不佳的人群,如患有慢性疾病、行动不便等,海岛旅游会带来额外的身体负担,在一定程度上影响游客的身体健康和旅游体验。在年龄方面,对于一些年龄较大的游客,他们的身体功能不如年轻人,在旅游过程中可能会遇到一定的不便,需要更多的关注和照顾。性别和文化背景也是影响游客具身体验的因素。例如,某些国家对女性在公共场合的行为和着装有一定的限制,这会对女性游客在海岛旅游中的体验产生影响。

　　旅游体验能力不足的游客,可能会因为对目的地、活动、设施和服务等方面的不熟悉或不适应而无法享受到完整的旅游体验,这会成为他们具身体验的阻力。具体来说,旅游体验能力不足的游客可能会面临以下阻力:游客在面对众多旅游产品、旅游服务和旅游活动时,可能由于体验能力不足而难以做出明智的选择,从而无法获得满意的旅游体验。旅游目的地的文化、气候、饮食、交通等方面与游客的家乡环境不同,如果游客的旅游体验能力不足,可能会感到不适应,从而影响旅游体验的质量。游客在旅游活动中可能遇到一些不熟悉的项目,如果游客的旅游体验能力不足,他们可能难以理解这些活动的规则、流程、安全要求等,从而无法全面地体验旅游活动。现代旅游目的地通常提供各种各样的旅游设施和服务,如导游服务、旅游信息中心、交通工具、住宿设施等。如果游客不知道如何利用这些设施和服务,可能会影响他们旅游体验的完整性。

五、模型构建

　　综上所述,本研究构建了如图5-5所示的驱推拉阻:海岛旅游具身体验动力模型,该模型强调了海岛旅游具身体验动力机制由多重因素相互作用而成。首先,游客补偿匮缺与自我实现的驱力与海岛旅游需求的推力共同促使游客参与海岛旅游体验。其次,海岛旅游的供给侧拉力反映了市场和社会环境对游客具身体验的影响;最后,旅游体验的阻力可能对游客的具身体验产生制约。

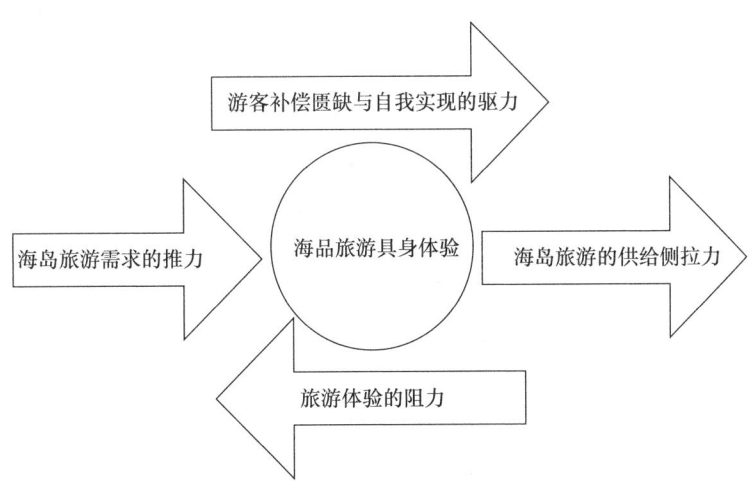

图5-5　驱推拉阻:海岛旅游具身体验动力模型

第四节　具身体验认同与海岛景观偏好的定量分析

前文基于定性资料探讨了海岛旅游的具身体验现象、过程模型和动力机制,这些内容有助于我们更深入地理解游客在海岛旅游中的具身情感和行为。然而,定性研究并不能全面把握旅游具身体验的特点与内在规律性,本节将从定量分析的角度进一步描述与解释旅游具身体验认同与海岛景观偏好,以期全面呈现海岛旅游具身体验的知识面貌。

具体而言,本节将通过调查问卷和统计分析来了解游客对具身体验的偏好以及所喜好的海岛景观类型。将定量研究与定性分析结合起来,有助于我们更全面地了解海岛旅游的具身体验现象和行为规律。

一、问卷数据的收集

(一)正式问卷的形成

笔者对海岛旅游具身体验认同和景观偏好所涉及的相关变量予以概念化并设计题项。在对游客体验的访谈和游记资料的文本内容分析的基础上,从海岛景观类型、旅游具身体验的情感与评价机制等入手,验证调查问卷的题项的合理性。关于海岛景观类型,笔者参考了现有研究,以海岛的自然景观(如海滩、岛礁、植被等)、人文景观(如历史遗迹、当地文化等)等因素作为考察指标。旅游具身体验的情感与评价机制的题项设计则参考了心理学和社会学理论,涵盖了满意度、愉悦度、参与度等多个维度,并用通俗易懂的语言进行表述,以方便游客理解和填写。具体步骤如下:首先,对58个海岛游客填写的小样本数据进行探索性因子分析(EFA)预测试,分别开展了区分度分析、结构效度分析和信度分析,剔除了不适用的题目,从而改进了初步问卷。在这个过程中,笔者确保了每个题项都直接与研究目标相关,并且可以有效地度量研究变量。其次,对部分观测指标的内容和表述方式进行了调整,以便衡量和评估。在此阶段,笔者对问题的措辞进行了细致的审查,以确保问题的清晰度和准确度。最后,本研究的调查问卷得以确立(详见附录B)。

正式的问卷包含三个部分:第一部分主要关注人口统计特征。该部分包括年龄、性别、教育水平、职业、月收入水平、婚姻状况、居住地以及常规休闲活动等10个题目。这些题目的设计基于人口统计学理论,以期能够捕捉到可能影响海岛旅游体验和景观偏好的个体差异。第二部分是海岛旅游景观偏好调查表,作为问卷的核心部分,采用5级李克特量表(Likert Scale)进行测量,提供非常不喜欢、不喜欢、无所谓、喜欢、非常喜欢五个选项供受访者选择。在这一部分中,提供了各种海岛景观元素的描述,包括但不限于海滩、珊瑚礁、森林、历史建筑等,让受访者基于他们的个人感受和体验对每一个元素进行评价。第三部分涉及游客具身参与海岛旅游时的体验认同,作为问卷的另一个关键部分。与第二部分的偏好调查表类似,该部分也采用5级李克特量表(Likert Scale)进行测量,提供非常不赞同、不赞同、说不清、赞同、非常赞同五个选项供受访者选择。具身体验的测量项设计中,引入了以下方面:感官体验(如视觉、听觉、嗅觉、触觉和味觉的刺激等)、情感反应(如愉快、兴奋、轻松、满足等)、参与度(如在旅游活动中的沉浸程度等),以及对旅游结果的满意度等。

(二)问卷的发放与回收过程

本研究针对去过三亚西岛、蜈支洲岛等海岛旅游的游客发放问卷,问卷发放与回收采取以下方式:

首先,笔者通过网络发布来筛选相关游客。笔者在"问卷星"网站设计问卷,并在旅行社导游、海岛旅游相关部门等的协助下推送问卷,被调查者通过微信或QQ分享的链接在"问卷星"网站提交问卷。

其次,笔者于2022年10月1日至7日通过在三亚西岛、蜈支洲岛进行旅游实地考察,邀请岛上的游客填写问卷,填写之前充分告知本次问卷的用途,向被调查者承诺不会涉及个人隐私,仅用于学术研究。待被调查者填写完成后,为其送上一份海南旅游特色礼品作为回馈。

最后,笔者于2022年10月1日至2022年11月10日累计回收问卷531份,剔除明显漏填、错填以及空白问卷,得到有效问卷417份,问卷有效率约78.5%。问卷数量满足因子分析中样本量至少为测量题项5倍的要求,即有效样本量符合探索性因子分析(EFA)的题项比例要求。相关数据采用SPSS 25.0进行后续的统计和分析。

二、描述性统计分析

(一)性别与年龄

如表5-3所示,从性别上看,女性被调查者的比重(55.9%)稍高于男性(44.1%),一方面由于女性前往海岛旅游的倾向通常比男性更明显,另一方面存在女性更愿意配合问卷调查的因素。

表5-3 被调查者的性别分布

项目	频率	占比
男	184	44.1%
女	233	55.9%
总计	417	100%

数据来源:笔者分析后整理。

如表5-4所示,从年龄分布来看,海岛旅游被调查者的年龄分布主要集中在25—34岁(占40.5%),其次是18—24岁(占20%),35岁以上的三个年龄段平均占比约12.9%。在该类样本中,海岛旅游的受众群体是比较均衡和广泛的,这一定程度上与现实情况是相一致的。

表5-4 被调查者年龄分布

年龄	小于18岁	18—24岁	25—34岁	35—44岁	45—54岁	55岁以上
人数	4	83	169	58	64	39
占比	0.9%	20.0%	40.5%	14.0%	15.3%	9.3%

数据来源:笔者分析后整理。

(二)职业构成与收入水平

如表5-5所示,在被调查者职业构成方面,被调查样本量中的职业百分比位列前三位的依次为工程/制造/物流从业者(29.5%)、行政管理/公共服务工作者(21.8%)、医疗保健工作者(13.2%),之后是以不同行业的工作人员均匀分布。在校学生仅占1.4%。本问卷的结果可信度要比许多以学生为主体的问卷高。一定程度上反映了前往海岛旅游群体的真实情况。

表5-5 被调查者职业构成

职业	频率	占比
在校学生	6	1.4%
医疗保健工作者	55	13.2%
行政管理/公共服务工作者	91	21.8%
艺术/设计/传媒工作者	18	4.3%
信息技术工作者	18	4.3%
商业/金融/法律从业者	7	1.7%

续表

职业	频率	占比
酒店/旅游/餐饮从业者	18	4.3%
建筑/房地产/房屋服务从业者	12	3.0%
农、林、牧、渔业工作者	7	1.7%
工程/制造/物流从业者	123	29.5%
自由职业者	11	2.6%
其他	51	12.2%

数据来源:笔者分析后整理。

如表5-6所示,在被调查者家庭月收入方面,主要集中在10000—19999元,占总样本量的36.0%。根据2021年国家统计局发布的数据,全国城镇非私营单位就业人员年平均工资为106837元,突破10万元大关。本样本量具有代表性和合理性。

表5-6 被调查者家庭月收入结构

家庭月收入	频率	占比
小于5000元	21	5.0%
5000—9999元	93	22.3%
10000—19999元	150	36.0%
20000—29999元	85	20.4%
30000—49999元	50	12.0%
50000元及以上	18	4.3%

数据来源:笔者分析后整理。

(三)学历水平与婚姻状况

如表5-7所示,在被调查者学历水平方面,60.2%的被调查者是大专/本科学历,18.2%的被调查者具有研究生及以上学历,其次是高中/中专(16.3%),这与我国高校毕业生人数逐年上升的趋势相一致。

表5-7 被调查者学历水平

被调查者学历	频率	占比
初中及以下	22	5.3%

被调查者学历	频率	占比
高中/中专	68	16.3%
大专/本科	251	60.2%
研究生及以上	76	18.2%

数据来源:笔者分析后整理。

　　如表5-8所示,从婚姻状况来看,本次调查样本中未婚者占58.3%,略高于已婚者的41.7%。鉴于当前我国适婚人口中单身比例持续上升,且样本中包含一定比例尚未达到法定适婚年龄的受访者,该婚姻结构在整体上具有合理性,可作为后续分析的有效参考。

表5-8　被调查者婚姻状况

婚姻状况	频率	占比
未婚	243	58.3%
已婚	174	41.7%

数据来源:笔者分析后整理。

（四）居住地区

　　如表5-9所示,在被调查者居住地区方面,30.2%的被调查者来自华东地区,华北地区游客占比21.6%,东北地区游客占比也比较高,为16.6%。海岛与这三个地区相比,无论是在气候景观方面,还是在文化等方面,都有比较明显的差异。来自华中和华南地区的游客分别占总样本的13.9%和13.4%,分布相对平均。西北地区和港澳台地区在总样本中占比比较少,分别为3.6%和0.7%。另外,由于问卷为中文,并没有收集到海外游客的信息。

表5-9　被调查者居住地区

居住地区	频率	占比
东北地区	69	16.6%
华北地区	90	21.6%
华东地区	126	30.2%
华中地区	58	13.9%
华南地区	56	13.4%

居住地区	频率	占比
西北地区	15	3.6%
港澳台地区	3	0.7%
海外	0	0

数据来源:笔者分析后整理。

（五）工作时间

如表5-10所示,从被调查者每天的工作时长来看,一半以上(57.8%)的被调查者工作时长为8—10个小时,16.8%的被调查者工作时长为6—8个小时。工作时长6小时以上的被调查者占总样本量的80.8%。

表5-10 被调查者每天的工作时长

每天的工作时长	频率	占比
没有工作	34	8.2%
少于4小时	18	4.3%
4—6小时	28	6.7%
6—8小时	70	16.8%
8—10小时	241	57.8%
10小时以上	26	6.2%

数据来源:笔者分析后整理。

如表5-11所示,在被调查者有无法定以外的假期方面,没有法定以外假期的占比(53%)要略高于有法定以外假期的占比(47%)。

表5-11 被调查者有无法定以外的假期

有无法定以外的假期	频率	占比
有	196	47%
无	221	53%

数据来源:笔者分析后整理。

（六）休闲方式

在分析被调查者的日常余暇时间的休闲偏好之前,需说明两点:其一,问卷中该题为多项选择,故总频数超过样本总量;其二,被调查者每天的余暇时间长度对其休闲方式选择具有一定制约作用。

如表5-12所示,频率列表示选择某项休闲方式的总人数,"百分比"表示该项在所有样本中的选择率,而"占总百分比"则表示该项在所有被选项中的占比(即反映各项在全部休闲活动选择中的结构占比)。从数据来看,被调查者每天余暇时间偏好的休闲方式排名前四的依次是看书/看电影/听音乐(占51.1%)、与家人/朋友聚会(占42.7%)、旅游/探索/户外活动(占38.9%)、游戏/娱乐/社交(占36.7%)。

表5-12　被调查者每天余暇时间的休闲方式

休闲方式	频率	百分比	占总百分比
看书/看电影/听音乐	213	51.1%	19.0%
运动/健身/瑜伽	128	30.7%	11.4%
旅游/探索/户外活动	162	38.9%	14.5%
美食/烹饪/品茶	121	29.0%	10.8%
游戏/娱乐/社交	153	36.7%	13.7%
学习/进修/自我提升	98	23.5%	8.8%
与家人/朋友聚会	178	42.7%	15.9%
其他	66	15.8%	5.9%

数据来源:笔者分析后整理。

三、量表有效性评价

信度被用来测量问卷的稳定度和可靠度。本研究采用克隆巴赫系数(Cronbach's alpha)来衡量问卷信度,通过分析景观偏好以及具身体验认同两类题项的内部一致性来进行信度分析(见表5-13)。当量表的该系数值高于0.70时,说明该量表信度比较好,若低于0.35,则予以拒绝。如表5-13所示,两个题项的克隆巴赫系数(Cronbach's alpha)均在0.95以上,说明两个题项都符合信度要求。

表5-13　海岛景观偏好和具身体验认同的信度分析

维度	Cronbach's alpha	基于标准化项的Cronbach's alpha	项数
海岛景观偏好	0.967	0.969	32
具身体验认同	0.950	0.956	20

数据来源:笔者分析后整理。

效度检验是对问卷设计正确与否的检验,也是对测量结果能否准确反映测量对象特征的检验。本研究主要检测的是结构效度,即检验结果分别与最初的理论构建所提出的两个量表:海岛景观偏好以及具身体验认同之间的契合度,用KMO值检验变量和变量之间的相关性是否足够小,取值在0至1之间,数值越大,做因子分析的时候效果就越好。采用巴特利球体检验法对相关矩阵是否为单位矩阵做检验。该检验若P>0.05,则因子分析应慎用。景观偏好和具身体验认同的效度分析具体见表5-14。分析可得,景观偏好子量表的KMO值为0.787,具身体验认同子量表的KMO值为0.839,均大于0.75,且P值为0.000,表明问卷测项具有一定的结构效度。

表5-14　景观偏好和具身体验认同的效度分析

检验项目		景观偏好	体验认同
KMO取样适切性量数		0.787	0.839
巴特利特球形度检验	近似卡方	2339.800	1011.906
	自由度	496	190
	显著性	0.000	0.000

数据来源:笔者分析后整理。

为了进一步验证问卷的效度,接下来进行区分效度的检验。区分效度是度量不同构念的测量项之间的区别,通过比较各测量项与其他测量项的相关系数以及与自身构念的平均相关系数进行检验。分析结果显示,每个测量项与自身构念的平均相关系数都明显高于与其他构念的相关系数,这证明了问卷具有良好的区分效度。

综合这些结果可知,问卷设计在结构效度、区分效度上都表现良好,可以有效地反映出游客对海岛景观偏好和具身体验认同的态度。

四、海岛景观偏好的因子分析

如表5-15所示,本研究对海岛游客景观偏好的所有测项都进行了探索性因子分析,利用主成分分析法测量出特征根大于1的公共因子,共提取公因子6个,这6个公因子的特征值分别为5.024、5.528、2.701、2.061、1.447、1.112,均大于1,且这6个公共因子能够代表全体测项指标的87.103%的变异,满足因子载荷值的提取标准。

表5-15　海岛游客景观偏好量表总方差解释[①]

成分	初始特征值			提取载荷平方和			旋转载荷平方和		
	总计	方差/（%）	累积/（%）	总计	方差/（%）	累积/（%）	总计	方差/（%）	累积/（%）
1	5.024	46.951	46.951	15.024	46.951	46.951	6.736	21.050	21.050
2	5.528	17.274	64.225	5.528	17.274	64.225	6.406	20.020	41.070
3	2.701	8.441	72.666	2.701	8.441	72.666	5.149	16.092	57.162
4	2.061	6.441	79.107	2.061	6.441	79.107	4.927	15.396	72.557
5	1.447	4.523	83.630	1.447	4.523	83.630	2.846	8.893	81.450
6	1.112	3.473	87.103	1.112	3.473	87.103	1.809	5.653	87.103
7	0.800	2.500	89.603						
8	0.662	2.068	91.670						
9	0.407	1.270	92.941						
10	0.371	1.158	94.099						
11	0.320	0.999	95.098						
12	0.226	0.707	95.805						
13	0.195	0.609	96.414						
14	0.182	0.568	96.982						
15	0.167	0.521	97.503						
16	0.135	0.421	97.924						
17	0.132	0.414	98.338						
18	0.112	0.352	98.689						
19	0.094	0.292	98.982						
20	0.066	0.207	99.189						
21	0.061	0.190	99.379						
22	0.047	0.146	99.526						
23	0.039	0.123	99.649						
24	0.030	0.094	99.743						
25	0.024	0.074	99.817						

① 提取方法为主成分分析法。

续表

成分	初始特征值			提取载荷平方和			旋转载荷平方和		
	总计	方差/（%）	累积/（%）	总计	方差/（%）	累积/（%）	总计	方差/（%）	累积/（%）
26	0.019	0.059	99.876						
27	0.013	0.042	99.918						
28	0.009	0.030	99.947						
29	0.006	0.019	99.966						
30	0.005	0.015	99.982						
31	0.003	0.010	99.992						
32	0.003	0.008	100.000						

数据来源：笔者分析后整理。

结合探索性因子分析所得，32个测量指标在进行旋转后的成分矩阵可见表5-16，通过方差最大正交旋转（Varimax），发现旋转后因子载荷最高为0.902，最低为0.530。大部分测项的载荷值为0.6以上，说明量表具有非常好的会聚效度。其中6个测项包括野生动物和自然保护区、海上的日光浴和按摩、美丽珊瑚礁、海上日出和日落、海滩派对和音乐节以及海上漫游和私人游艇，载荷值处于0.530—0.599区间，会聚度较好，可以保留。

表5-16　海岛旅游景观偏好探索性因子分析结果[①]

题项	景观偏好					
	1	2	3	4	5	6
温暖的气候和阳光	0.898					
碧蓝海水	0.833					
椰林和棕榈树	0.811					
白色沙滩	0.775					
海鲜美食和热带水果	0.727					
蔚蓝天空	0.655					
野生动物和自然保护区	0.568					

---

① 提取方法为主成分分析法，旋转方法为 Kaiser 标准化最大方差法。

题项	景观偏好					
	1	2	3	4	5	6
海上的日光浴和按摩	0.565					
美丽珊瑚礁	0.539					
海上日出和日落	0.530					
海岛上的温泉和水疗		0.864				
海洋保育和生态旅游		0.799				
海上运动和活动		0.747				
海上漂流和冲浪		0.723				
海上钓鱼和海产品尝		0.645				
乘坐帆船或划艇		0.620				
海滩派对和音乐节		0.597				
海岛上的当地文化			0.902			
海岛特产和手工艺品			0.868			
海岛独特的文化遗产			0.822			
海岛上的文化表演和庆祝活动			0.820			
沉船和水下考古			0.793			
海上娱乐设施和游乐场			0.719			
海边浪漫之夜和烛光晚餐				0.825		
豪华游艇和游轮				0.796		
海岛上的当地市场和购物中心				0.737		
舒适的海滩度假村				0.670		
海上露营和野外生存					0.817	
海滩浴场和冲浪					0.706	
海上漫游和私人游艇					0.599	
海滨赛车和激烈运动						0.753
海底探险和潜水						0.645

数据来源:笔者分析后整理。

本研究对海岛景观偏好的探索因子分析,共提取了6个因子。其中第一个因子包括9个问题,主要涉及海岛旅游中与当地自然气候、动植物资源紧密相关的内容,本研究将其命名为"自然景观"。第二个因子包含了7个问题,主要集中在海岛上的休闲活动,因此将其命名为"活动景观"。第三个景观偏好因子围绕海岛文化相关的一系列活动和产品,进而以"文化景观"命名。第四个因子的4个问题聚焦海岛上的"吃""住"和"购",因此更倾向于海岛的"生活景观";第五个和第六个因子涉及的问题较少,抓取这两项的共同特点,可依次命名为"场所景观"和"冒险景观"。

五、海岛景观偏好的聚类分析

考虑到海岛景观偏好的多元属性可能会对后续的海岛景观偏好与具身体验认同的相关性分析带来复杂性,因此,本研究在因子分析的基础上,进一步采用了聚类分析。聚类分析是一种多元统计方法,该方法依据样本间的相似度或距离对多属性统计样本进行定量分类。其基本原则是使同一类中的样本间的关系尽可能紧密(内部差异最小化),而不同类中的样本间的关系尽可能疏远(类间差异最大化)。

在此,聚类分析的变量即海岛景观偏好提取的各因子。其降维的依据在于,聚类分析能够将多个相关的变量聚集为一类,从而使得这一类的内部相关性较大,而不同类之间的相关性较小。这样可以将每一类作为一个整体来处理,从而有效地减少了需要分析的变量数量,简化了模型,同时保留了大部分的信息。

本研究采用系统聚类分析方法,以 Pearson 相关性作为区间数据的距离度量,对32个变量进行了聚类分析处理。类与类之间的距离采用最长距离(完全连接)法进行计算。聚类分析及检验的结果表明,将这些变量划分为3个类别是最为显著的。

根据图5-6,可以将海岛景观的32种偏好归为以下三组:第一组包含"白色沙滩""碧蓝海水""温暖的气候与阳光""海岛独特的文化遗产"以及"海岛上的当地市场和购物中心"等14个变量,主要描述的是海岛独特的自然气候、物产资源,以及海岛上的日常生活等,可以归纳为"本底景观";第二组由"海滨赛车和激烈运动""海岛上的温泉和水疗""海上钓鱼和海产品品尝"以及"海上漂流和冲浪"等11个变量组成,涉及的内容比较细致,主要集中在游客在海岛上能获得切身感受的活动上,可以归纳为"具身景观";第三组包含"海边烛光晚餐和浪漫之夜""海上露营和野外生存"等7个变量,主要为游客具有自我生成性的景观以及互动所产生的景观,可以归纳为"创制景观"。

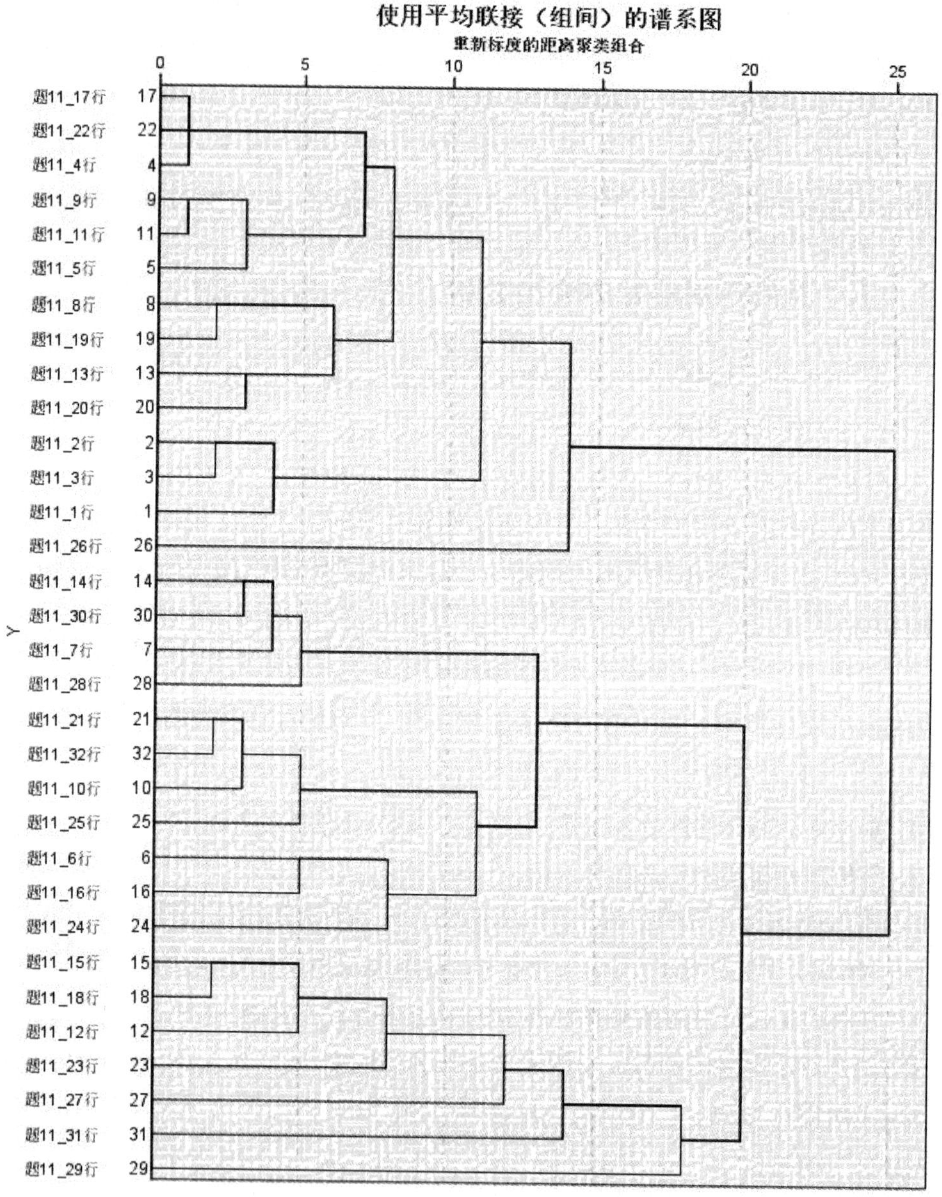

图 5-6　海岛旅游景观偏好系统量表聚类分析

六、具身体验认同的因子分析

与海岛景观探索性因子分析同理,本部分利用SPSS 26.0分析软件对海岛旅游的体验认同子量表的20个变量进行了探索性因子分析。如表5-17所示,提取特征值大于1的因子,共4个公因子,其特征值分别为9.739、2.897、2.414和1.267。4个公因子对这20个变量的解释度达81.588%,满足因子载荷值的提取标准。

表5-17　具身体验认同量表总方差解释①

成分	初始特征值			提取载荷平方和			旋转载荷平方和		
	总计	方差/（%）	累积/（%）	总计	方差/（%）	累积/（%）	总计	方差/（%）	累积/（%）
1	9.739	48.696	48.696	9.739	48.696	48.696	6.637	33.183	33.183
2	2.897	14.485	63.181	2.897	14.485	63.181	3.691	18.453	51.636
3	2.414	12.070	75.251	2.414	12.070	75.251	3.254	16.268	67.904
4	1.267	6.337	81.588	1.267	6.337	81.588	2.737	13.684	81.588
5	0.750	3.748	85.336						
6	0.632	3.161	88.497						
7	0.573	2.864	91.360						
8	0.403	2.016	93.377						
9	0.315	1.577	94.953						
10	0.207	1.035	95.988						
11	0.188	0.941	96.929						
12	0.151	0.756	97.684						
13	0.121	0.603	98.287						
14	0.089	0.446	98.733						
15	0.065	0.327	99.061						
16	0.059	0.295	99.355						
17	0.056	0.282	99.638						
18	0.042	0.208	99.846						
19	0.018	0.088	99.934						
20	0.013	0.066	100.000						

数据来源:笔者分析后整理。

---

① 提取方法:主成分分析法。

从表5-18可以看出,20个变量中,最高载荷为0.898,最低为0.552,18个变量的载荷值均高于0.6,会聚度非常优秀。仅有2个变量载荷值低于0.6,一个是"感受浪漫和浪漫的氛围"(0.563),另一个是"丰富的文化和艺术体验"(0.552),这2个变量的载荷值均处于0.5至0.6之间,可以保留。

表5-18　具身体验认同量表探索性因子分析结果①

题项	海岛旅游体验认同公因子			
	1	2	3	4
寻找刺激和冒险	0.874			
寻找和平和内心平静	0.868			
放松和恢复精神	0.858			
神秘和奇妙的体验	0.857			
享受在海岛上的独特住宿体验	0.856			
寻找宁静和隐居,远离城市喧嚣	0.813			
与家人和朋友共度美好时光	0.760			
在海岛上放松和体验简单生活	0.737			
感受浪漫和浪漫的氛围	0.563			
探索新鲜事物和独特景观		0.898		
感受阳光和沙滩的温暖		0.888		
体验奢华和享受高端服务		0.839		
享受美食和当地美味佳肴		0.819		
探索和学习当地的历史和传统			0.731	
体验本土文化和艺术活动			0.730	
探索和学习当地的海洋生态和生物多样性			0.668	
丰富的文化和艺术体验			0.552	
体验海水上活动和运动				0.772
发现自己对环境保护和可持续旅游的贡献				0.732
与自然互动和探索				0.647

数据来源:笔者分析后整理。

———————

① 提取方法为主成分分析法,旋转方法为 Kaiser 标准化最大方差法。

如表 5-18 所示,第一个因子包含 9 个变量,内容清晰,主要集中在海岛旅游带给游客的"精神体验"。第二个因子包含了 4 个变量,侧重于阳光、沙滩、独特景观、服务和美食的享受,即具有实质性的"物质体验"。第三个因子的 4 个变量的体验对象分别是历史、文化、生态以及艺术,因此把它归纳为"文化体验"。第四个因子仅有 3 个变量,侧重于水上运动、环境保护以及自然,都聚焦在互动上,可以归纳为"其他体验"。由于各个变量比较好的会聚度以及归纳的完整性,本研究将具身体验认同因子分为"精神体验""物质体验""文化体验"和"其他体验"四方面,并不需要继续做聚类分析。

七、具身体验认同与海岛景观偏好的相关性分析

本部分利用海岛景观偏好的系统聚类分析结果生成的 3 个因子,以及具身体验认同探索性因子分析得出的 4 个因子,通过 Pearson 相关性分析来研究具身体验认同与海岛景观偏好之间的相关性。由于各个因子的子题项过多,并且考虑到所有的题项都为统一的 5 级李克特量表,本研究首先对各个因子中的所有题项取平均值,通过计算变量的方式,将烦琐题项的平均值转换为因子的代表值,进而通过各个因子的代表值进行因子间的 Pearson 相关性分析,结果如表 5-19 所示。

表 5-19　海岛景观偏好与具身体验认同的 Pearson 相关性分析[①]

维度	统计指标	本底景观	具身景观	创制景观
物质体验	Pearson 相关性	0.787**	0.590**	0.609**
	Sig.(双尾)	0.000	0.000	0.000
精神体验	Pearson 相关性	0.651**	0.834**	0.832**
	Sig.(双尾)	0.000	0.000	0.000
文化体验	Pearson 相关性	0.589**	0.519**	0.789**
	Sig.(双尾)	0.000	0.000	0.000
其他体验	Pearson 相关性	0.690**	0.734**	0.762**
	Sig.(双尾)	0.000	0.000	0.000

数据来源:笔者分析后整理。

根据表 5-19,可以得出景观偏好的 3 个因子与体验认同的 4 个因子之间显著性概率 P 均小于 0.01,说明它们之间均存在显著相关性。

游客四种具身体验认同与海岛景观偏好的本底景观、具身景观以及创制景观

---

① 注:**即处于 0.01 级别(双尾,相关性显著)。

都呈明显的正相关关系。若细分各个因子之间的影响程度,可以总结出以下内容:①精神体验的提升需要这三类景观共同的努力,其中具身景观的相关性最强,其次是创制景观。②游客的其他体验的构造与提升,与创制景观的形成与建设相关性最大,其次是具身景观。③物质体验与海岛本身所富有的资源、环境、风土等本底景观相关性最强,创制景观这类游客自我生成的景观也同样影响着游客的物质体验。④创制景观相比其他两类景观,对游客文化体验的作用最为明显。

不同类型的景观可以对游客具身体验产生不同的影响。为了提高游客的满意度和体验质量,旅游业需要综合考虑本底景观、具身景观和创制景观等因素的相互作用,以提供更加优质的旅游具身体验。要想提升游客的精神体验,需要三种景观共同努力,其中具身景观对游客的影响最为显著。这表明在旅游产品的设计和开发过程中,需要注重提供让游客身临其境的具身体验,这样可以提高游客的情感认同和参与度。对于游客的其他体验,创制景观的形成和建设对其影响最大,其次是具身景观。这表明在旅游产品的设计和开发过程中,需要注重创新和差异化的创制景观,吸引旅游者的注意力和提供独特的旅游体验,同时也需要注重提供具身体验,让游客能够身临其境地感受景区的文化和历史。对于物质体验,本底景观对游客的影响最为显著,这表明景区的自然资源、环境以及风土相关的基础设施和服务都是提供优质旅游体验的基础。创制景观这种游客自我生成的景观也可以对游客的物质体验产生积极的影响,因此在景区的设计和运营中,需要注重提供良好的基础设施和服务,同时也需要支持游客自己的创意和创造。对于游客的文化体验,创制景观的作用最为明显,这表明创制景观可以为游客提供更深层次的文化体验和历史认知。在旅游产品的设计和开发过程中,需要注重融入当地文化元素和历史背景,同时也需要提供多样化的文化活动和体验,以满足游客对文化体验的需求。

第五节　本章小结

本章对海岛旅游的具身体验展开实证研究,进行描述性、解释性与诠释性分析。首先,描述海岛旅游具身体验现象的具身共感、具身共鸣;其次,对海岛旅游体验的具身性动态建构过程与驱推拉阻的动力机制展开实证分析,以此生成相关范畴、命题与理论模型;最后,通过定量分析方法,探讨海岛旅游景观偏好与海岛旅游具身体验认同的关系。具体来看,本章得出以下结论。

海岛旅游的具身体验共感维度可概括为四个方面,分别是清新感和放松感、探险感和兴奋感、浪漫感和文化感,以及豁达感和自由感。清新感和放松感构成海岛旅游最基础的体验,游客通过与自然环境亲密接触,享受阳光和海滩等方式来获得。探险感和兴奋感是海岛旅游的重要体验之一,游客可通过潜水、冲浪、攀岩等活动寻求冒险与刺激。浪漫感和文化感体现了海岛旅游中另一种颇具深度的体验,游客通常通过游览古迹、品尝地方美食等方式来了解当地的文化与历史。豁达感和自由感代表海岛旅游的更高层次的体验,游客能够在远离都市喧嚣的环境中放松心灵,体会更加无拘无束的海岛生活,从而获得深层次的身心满足。

　　海岛旅游中的身体共鸣模型指的是游客自我、游客他者和目的地居民在海岛情境中通过身体的感知和交流所建立起来的主体间关系和情境体验。这一模型包括了游客、游客他者和目的地居民之间的主体性交互和海岛情境中的在场体验两个层面。在主体性交互层面,游客、游客他者和目的地居民之间通过身体的交流和共鸣建立起相互依存的关系,共同构成了海岛旅游情境的主体性特征。在在场体验层面,身体感知和情境感知通过身体的交互相互影响,形成了海岛情境中的身体共鸣,从而加强了游客对海岛的情感认同和对身体的感知体验。

　　海岛旅游体验的具身体验过程模型主要包括下列环节。首先是具身感知,具身感知指在海岛旅游中,游客通过听觉、视觉、嗅觉、触觉、味觉,以及平衡感、压力感、重力感等身体感官,感知周围环境,从而获得直接的身体体验。随后是具身唤醒,具身唤醒强调海岛的自然风光、建筑特色和文化底蕴能唤起游客身体深处的记忆与情感,进而形成唤醒体验。继而是具身情感,具身情感是在海岛旅游过程中,游客产生情感共鸣并体验到情感交流与融合的过程,也可称为"具身情感体验"。接下来是具身延展,具身延展指游客将旅游过程中的身体体验与情感联结延伸到更广泛的层面。进而是具身表达,具身表达是海岛旅游过程在游客身体上留下的具体表征,如疲惫感、舒适感或满足感等。最后是具身意义,具身意义表示游客结合对自身经验的感知和理解,建构出个人或社会层面的意义,从而形成对海岛旅游的整体评价与认知。海岛旅游具身体验的驱推拉阻动力机制模型受到旅游供给的推力、游客补偿匮缺与自我实现的驱力、旅游体验的阻力以及海岛旅游需求侧的拉力等多重要素的影响。其一,游客心理的补偿匮缺与自我实现驱力成为他们选择海岛旅游的重要动力。其二,海岛旅游供给的拉力体现在海岛作为供给方,为游客提供各类具身体验机会,如海上活动等。其三,海岛旅游需求侧的推力同样会对旅游动力产生作用,特别是当游客渴望离开原有环境或追求新奇体验时。其四,海岛旅游具身体验的阻力包括自身条件、天气、时间、交通等因素,这些阻力若超出可容忍范围,可能会削弱游客的旅游意愿、降低体验质量,进而影响游客对海岛旅游的选择。

通过定量分析,总结出游客四种具身体验认同,即物质体验、精神体验、文化体验和其他体验;海岛景观偏好维度包括本底景观、具身景观以及创制景观。探究了海岛旅游的景观偏好与具身体验认同之间的关系,二者之间呈现显著的相关性,游客海岛具身体验认同离不开三类景观偏好的共同作用与交叉影响。

第六章　海岛旅游体验的意义建构

　　本章的研究基于前文关于海岛性与具身体验过程机制的探讨,进一步聚焦海岛旅游体验中"意义建构"的核心议题。相对于一般旅游,海岛旅游由于其独特的环境脆弱性、文化多样性和地域边界性,往往能为游客提供更具象征性与反思性的深度体验。尤其在当代社会中,"海岛"在大量旅游叙事里被视为"逃离现代生活"的理想情境,而这种浪漫化的异乡情调在满足游客休闲需求的同时,也不断重塑着游客的自我表达与地方性意义。

　　在此背景下,学术界关于海岛旅游体验的研究,已从早期关注经济效益与基础设施建设等宏观议题,逐渐转向对微观层面的"海岛性情境—具身体验过程—意义建构结果"的深入探讨。换言之,研究者不仅关心海岛如何通过自然景观、民俗文化与政策管理来吸引游客,还关注游客在真实旅行过程中如何与海岛进行互动,形成关于自我与地方双重维度的"意义生产"。正如人地关系研究所揭示的,旅游体验中的"自我表达"与"海岛性意义"建构是相互交融的结果:一方面,游客在海岛空间中通过体验自然与人文环境、参与到活动中进行互动交流,探寻并表达自我的内在诉求;另一方面,海岛也在被赋予特定的象征价值与文化意义,从而成为游客沉思与情感寄托的重要场域。

　　因此,本章将理论与实证相结合,从自我表达与海岛性意义两个主要维度入手,一方面梳理和提炼与自我表达相关的核心概念(如客观表达、建构表达、意义表达等),另一方面阐明海岛性意义的形成机制(如客观本真、在场体验、象征赋予等),并通过对具体案例与文本的分析,总结出游客在海岛旅游过程中的自我表达如何与海岛性意义发生交互影响,进而构建一个多层次的旅游体验意义建构模型。

第一节　自我表达的意义建构

　　为了兼顾理论深度与实证价值,本部分选择三亚西岛和蜈支洲岛作为主要研究场域,依托网络游记、深度访谈以及参与式观察等多种资料来源,采用内容分析与编码技术对文本进行系统化处理。通过此方法,可将自我表达与海岛性意义的相关主题、范畴和概念抽离出来,形成相对清晰的结构化分析。笔者将原始资料划分为选择期、在场期与追忆期等不同时段,分别探讨在各阶段游客如何进行自我表达,以及海岛性意义如何被认识、解读、感受和重塑。

在此过程中,具体讨论了本底感知、多元表征、交往互动、身份建构、情感建构、故事建构、自我成长、价值塑造与自我实现等关键概念及其相互联系,并通过丰富的案例与引文说明游客如何在海岛环境中表达自我、映射自我与超越自我。海岛旅游体验自我表达下的范畴关系如表6-1所示。

表6-1　海岛旅游体验自我表达下的范畴关系

主范畴	对应范畴	代表符码
客观表达	本底感知	海滩、珊瑚礁、热带雨林
	多元表征	海岛民俗、水上活动、海鲜美食
	交往互动	潜水指导、与当地渔民互动、参与海岛保护项目
建构表达	身份建构	海洋探险者、环保倡导者、家庭度假者
	情感建构	与大海亲近、挑战极限、与家人朋友共享时光
	故事建构	日落时分的浪漫、与海豚共舞、海岛露营探险
意义表达	自我成长	学习潜水技能、了解海洋生态、开拓新兴趣和爱好
	价值塑造	珍视海洋资源、尊重当地文化、增进家庭和谐
	自我实现	选择自由度假、获得海岛度假归属感、实现梦想

资料来源:笔者整理。

一、客观表达的符号性

符号学是研究符号与意义的产生、传播和作用的学科。弗迪南·德·索绪尔(Ferdinand de Saussure)是符号学的奠基人,他提出了语言学中的"语言符号学",强调符号是在社会文化背景下产生和传播的,并且符号的意义是依据该符号与其他符号的差异来定义的(Musson et al.,2007)。罗兰·巴特在符号学基础上发展了"符号学话语分析",强调符号是一种社会语言体系中的表达方式,能够体现出文化、政治、历史和社会等因素的影响,同时,符号的流通和变异还是社会文化进程的一部分(司文会,2011)。这一理论在旅游研究领域也有着重要的应用和体现。

旅游体验是一种复杂的文化现象,其中符号的作用尤为明显(彭丹,2014)。

　　图6-1所呈现的是海岛产品的购物体验,旅游产品和活动往往是承载着地方文化的符号,游客通过感知和理解这些地方文化符号,形成对当地文化和历史的认知。符号的流通和传播也有助于形成共同的文化认同,促进游客与当地人之间的沟通和交流(Kolcun et al.,2014)。如YJ-89中所提到的:"随着我的脚步慢慢走进这个海岛的深处,我开始意识到它不仅是一个旅游目的地,还是一个拥有丰富象征意义的地方。在这里,每一个景点、每一条街道、每一种风土人情都代表着这个地方的独特文化和历史。"

图6-1　海岛产品购物体验

(资料来源:笔者调研拍摄)

　　海岛作为一种特殊的地理空间,具有丰富的自然景观和人文文化,而这些特点也成为海岛旅游形象的重要符号。海岛旅游体验的符号化象征表现为地方文化特色通过旅游产品或活动体验所呈现的符号或象征。海岛的自然风光、历史文化、民俗风情等特色与旅游产品或活动体验联系在一起。地方文化需要借助旅游产品或活动体验,展现人地交互所衍生出的地方价值,实现符号化象征对载体的依附。具有地方文化标签的旅游产品或活动被视为海岛旅游中的高质量代表,其承载着与地方文化相关的符号或象征,涉及"品位价值"和"地方象征"两个范畴。在符号化象征叙事资料分析下,带有地方文化标签的旅游产品或活动被认为是海岛旅游的高质量代表,不仅具有经济价值,还承载着产地相关的地方文化符号,有着重要的文化意义。

　　(一)本底感知

　　客观表达的符号化体验主要包括两个方面,一方面是自然环境的符号化,另一方面是人文文化的符号化。自然环境的符号化主要表现为海岛独特的自然景观,如海滩、珊瑚礁等。这些自然景观的存在,赋予了海岛独特的自然符号,通过旅游产品、旅游活动等方式被游客感知。人文文化的符号化主要表现为海岛特有的历史文化、民俗风情等文化符号。例如,海岛上的历史遗迹、文化景点、传统习俗等,都代表着独特的文化符号,在游客的感知中具有重要的意义。

海岛所具有的自然和人文符号经常在旅游产品、旅游活动等方面产生互动,构成符号的多层次体系。海岛上的自然景观与人文景观经常在旅游产品或旅游活动中结合起来,形成一种交织在一起的符号结构,进一步强化了海岛符号的意义。另外,海岛符号的结构特征也表现为符号的多元性。游客可以通过多种感知方式来体验海岛符号,如通过视觉、听觉、嗅觉、味觉等感官,形成多元化的感知体验。海岛空间的景色如图6-2所示。

图6-2 海岛空间的景色

(资料来源:笔者调研拍摄)

(二)多元表征

符号本身存在多层次、多维度的意义和表达,是一个相对抽象、复杂的概念(陈岗,2012)。海岛旅游地的符号常常包含了丰富多样的文化、历史、地理、气候、动植物等元素,这些元素在游客的感知和认知中相互作用、相互影响,形成了复杂而多样的表征。

首先是多维度的意义。海岛旅游地的符号往往不仅仅代表文化、历史、地理或气候等单一元素,而是一个多层次、多维度的符号体系。例如,一个海岛的某个景点可能不仅仅代表着该地区的文化遗产,还包含了地理特征、动植物生态等多种元素。

其次是多样化的表现形式。除了文字、图像等基本表现形式，海岛旅游地的符号可能还包括建筑风格、当地方言、饮食文化等各种表现形式，这些形式深植于当地的历史和文化，呈现出丰富多样的文化内涵。

最后是多层次的理解。游客在感知和理解海岛旅游地的符号时，往往需要进行多层次的理解。例如，一个景点不仅可以被理解为一个地理景观，还可以被理解为一段历史，或者一个文化符号。因此，游客需要有一定的文化、历史、地理等方面的知识储备，并对当地的文化背景有一定的了解，从而更好地感知和理解复杂的符号表征。

（三）交往互动

在海岛旅游体验中，海岛是符号的载体，游客在与当地居民、其他游客等他者交往互动中产生自我表达与互动性理解。具体而言，海岛作为一个地理位置和一种文化符号，对于游客来说是一种具有吸引力的体验和想象对象，而游客的存在和互动则赋予了地方更多的意义和符号价值（陈晔等，2017）。海岛旅游体验中的互动性理解不仅是游客与海岛之间的互动，还包括游客与其他游客之间的互动。在旅游过程中，游客之间的互动也是一种符号交流。游客之间的交流和互动不仅可以传递信息，还能交流共同体验。游客在海岛上的互动与交往如图6-3所示，游客之间的互动可以进一步提升旅游体验，同时也丰富了海岛作为符号的含义和价值。

图6-3　游客在海岛上的互动交往

（资料来源：笔者调研拍摄）

二、建构表达的情境性

建构表达的情境性指的是人们在海岛旅游过程中所处的具体环境和场景在游客体验中的作用(武虹剑等,2018)。海岛旅游情境的构成要素主要包括物理环境、文化环境、社会环境和个人心理环境。其中,物理环境包括海岛的地理位置、气候、自然风光和生态环境等要素;文化环境则包括海岛的历史文化、民俗风情、文化遗产等要素;社会环境则包括当地居民的社会文化、生活习惯、社会秩序等要素;个人心理环境则包括游客的个人情感、认知和态度等方面的要素。在海岛旅游情境中,个人运用自我叙事的方式记录自身的体验和感知。个人自我叙事书写是指个体在旅游过程中根据自身的体验和感受,通过内省、反思和解释等过程,将自己在海岛旅游中所经历的事情以自己的话语书写出来(王琴,2022)。在这一过程中,个人会将自身经验与所处的情境相结合,进行主观性的解释和表达,从而建构出个人独特的情境体验。

从个人建构叙事的角度来看,海岛旅游地方符号体验的情境化和个人叙事,可以理解为人们通过旅游体验,对海岛地方特色形成的独特感受和认知。

旅游产品或活动所呈现的符号或象征,将海岛的自然风光、历史文化、民俗风情等与游客的感知和情感联系在一起。在这个过程中,人们与地方的交互促进了地方文化特色的呈现,而符号化象征则成为表达地方文化特色的一种手段。此外,当地环境作为客体带给人们体验上的刺激,通过接受刺激,人们与地方产生情感连接。这种情感连接不仅体现为人们对当地美食、自然景观、民俗活动等的喜爱和欣赏,还体现为人们对土地的敬畏和依恋(Wilkins et al.,2018)。人们的感知和情感与地方的自然生态法则相结合,形成了人地情感联结,体现为对地方的爱。

(一)身份建构

身份建构是指个体在社会互动中形成的对自我的认同感,这种认同感是在社会互动过程中被塑造出来的(Nunkoo et al.,2012)。海岛旅游作为一种个体与环境相互作用的旅游活动,会对游客的身份认同产生影响。身份认同理论主要分为社会认同理论和个人认同理论两种。社会认同理论认为个体在不断的社会互动过程中,根据自身的特征与外部环境的要求,逐渐形成了对自身的认同感。个人认同理论认为,身份认同是通过与旅游目的地之间的情感互动形成的。这两种理论对于海岛旅游的身份认同有不同的解释,社会认同理论主要关注外部因素对身份认同的影响,个人认同理论则更加注重情感体验对身份认同的影响。游记YJ-54中这样写道:"来到这个小岛,感觉一下子就被它的气息所吸引。在这里的每一天,我都能够感受到它独特的文化魅力,让我觉得这个地方就像是我的第二个家。"可以看出,海岛旅游不仅能够满足游客的感官需求,还能够通过文化体验增强游客对海岛文化的认同感,从而促进身份建构的形成和巩固。

(二)情感建构

情感建构是个体在旅游过程中通过各种形式表达内心感受与反应的过程(Hadinejad et al.,2019)。在海岛旅游中,游客会因为目的地的独特景观、文化等元素产生种种情感。这些情感通过个人叙事的方式进行表达,从而更好地塑造游客的个人形象,并将个人体验传递给他人。情感建构主要与情感旅游、体验流动等理论相关。笔者发现游记中游客的情感表达是不可或缺的部分。个人的情感表达可以是喜悦、悲伤、愤怒、满足等,这些不同的情感直接反映了游客对旅游体验的感受和态度,同时情感表达也是游客与海岛之间建立情感联系的桥梁。海岛具备的天然优美风光,以及海岛特有的民俗文化,能够唤起游客深层次的情感表达,这些情感表达会在游记中充分体现。例如,游客对于海水、阳光、海风等自然元素的情感表达,可以让读者感受到海岛旅游体验的美好和深刻,进而吸引更多人来到这个美丽的地方。YJ-23中写道:"面对浩瀚的海洋,我深深地感受到自己的渺小,但同时也感到了人类与大自然的和谐共处。清澈的海水、微妙的海浪、阳光的洒落,让我感到一种内心的平静和满足,这些美好的感受难以用语言表达,只有在当下才能理解其中的美好。"作为游记中的一部分,情感建构是游客对于海岛旅游体验中感受和体验的反映,这种情感表达的方式有助于读者了解游客对海岛旅游体验的感受和态度。

(三)故事建构

从故事建构的角度,海岛旅游的个人叙事可以被看作是一种叙述性的建构,即游客通过叙述自身在旅游过程中所经历的点滴,来表达旅游体验和感受。故事是人们对经历和感受的诠释和再现,是一种富有感染力和吸引力的交际形式(许基南等,2014)。在海岛旅游中,个人的叙事经常涉及感官上的体验、情感上的体验以及认知上的体验等,通过不同的叙述方式来展现旅游的主题和情感。传统上,故事作为一种娱乐或文学形式而存在。然而,越来越多的研究表明,故事不仅仅是一种形式,还在人们的日常生活中扮演着重要的角色。故事体现了人们对世界的理解和自我认知,是人们对于自身和周围环境的一种建构方式。故事在人们的自我表达和身份认同中起着重要的作用,它们不仅是个人和群体的表达方式,还是群体和文化的共同构建与传承的一种形式。

此外,海岛旅游在游客的体验和表达过程中具有仪式化的特征。从整体来看,前往海岛旅游目的地进行体验本身就是一种仪式化的过程,具有丰富的个体与集体意义。在具体的体验过程中,游客会通过表达自己的观点、情感和态度等个人特质,参与到这个仪式化的过程中。例如,他们可能会通过观察、拍照、留言、购买纪念品等方式表达自己的认知、情感和态度。游客在这个过程中,扮演着积极的角色,受自我认同、同行人员、休闲动机等因素的影响,创造属于自己的意义和价值。相关行为体现了海岛旅游场中的仪式性和集体性,同时也体现了游客对于场所的敬意。在这个过程中,游客通过仪式化的行为和表达,找到了自己的重要性和意义,同时也构建了属于自己的海岛旅游体验。

三、意义表达的生成性

意义存在主义理论认为,个体在生活中寻求意义和目的是人类的基本需求。海岛旅游自我意义表达基于海岛旅游场的氛围建构方式而生成,由具象场和抽象场相互交错构成。具象场主要通过景观、建筑、设施等物理元素进行建构,如海岛的海水、沙滩、植被、建筑、饮食等元素,这些元素展示了海岛的独特性和历史文化特色,有助于游客形成对海岛的认知。抽象场运用声音、灯光等非物质元素进行建构,如海岛特有的民俗音乐、灯光秀、传统表演等元素,这些元素可以激发游客的情感共鸣和文化认同感,使游客在海岛旅游的过程中,获得身体上的感受以及心灵上的触动。具象场和抽象场的相互穿插,使得海岛旅游场的氛围达到均衡的状态,这既能营造出特定的氛围,又能增进游客的认知,引发游客思考,最终强化游客的意义表达。

海岛旅游场也可以借助场景的营造来改变游客的惯常行为。一方面,海岛旅游场通常拥有独特的自然风光和人文景观,这些景观会对游客的视觉、听觉、嗅觉等多个感官产生刺激,从而引起游客的兴趣和好奇心。另一方面,海岛旅游场可以通过设计场景的布局和交通组织方式来影响游客的行为,如设计特定的引导标识和路线,引导游客按照预设路线进行游览,从而避免游客闯入禁区或破坏景观。此外,海岛旅游场通常设有各种各样的特色体验项目,如潜水、海上漂流、海岛探险等,通过游客的亲身参与,改变他们的日常行为。同时,海岛旅游场可以通过组织演出等文化活动来增强游客的体验,进一步引导游客对场景进行深入的探索。海岛旅游场可以利用智能化导览系统、虚拟现实技术等为游客提供更加便捷的服务和更加精准的信息,从而引导游客行为并提升游客的体验。

(一)自我成长

自我成长是指个体在生活和学习过程中,不断地改进和提升自身价值观、能力和心智水平。在海岛旅游体验中,自我成长表现为游客通过参与各种活动和与他人互动,实现自我能力的提升和心智的发展。从马斯洛的自我实现理论来看,旅游是一种自我成长和自我实现的途径,尤其是在探索新的环境和文化背景的过程中。在海岛旅游体验中,自我成长可能表现为学习新技能(如潜水、帆船驾驶等),了解海洋生态,同时培养环保意识,以及开拓新的兴趣爱好。根据以往的研究,旅游可以促进个体自我成长,通过引导个体积极参与活动,提高个体的心理适应能力和社会适应能力。例如,游客在参观某海岛保护区时,可能会深入了解珊瑚礁生态系统,认识到保护海洋生物的重要性,形成更加环保的价值观,这种认知的提升有助于游客实现自我成长。又如,在学习潜水技能的过程中,游客可能会克服恐惧,挑战自我,从而提高自身的心理素质,提升自身适应能力。

(二)价值塑造

价值塑造是指个体在不断与外部环境互动的过程中,对自己的价值观和信仰进行调整和塑造。海岛旅游体验中的价值塑造涉及游客在与当地文化、社会和自然环境互动的过程中,形成对环保、和谐共生等价值观的认同。从符号互动理论来看,个体通过与他人和环境的互动,不断调整自己的价值观和信仰。在海岛旅游体验中,游客可能会在与当地文化和传统习俗的接触中调整或塑造自己的价值观。例如,游客在参加海岛渔民的日常生活体验时,可能会体会到他们对海洋资源的珍惜和保护,从而对自己的生活方式和消费观念进行反思。游客在体验过程中逐渐形成尊重当地文化、保护生态环境等观念。以往的研究表明,旅游体验可以促进个体价值观的转变,从而促使游客形成更加积极、包容的价值观。重新塑造价值观有助于游客更加关注环境保护和可持续发展,实现个体与社会和谐共生的目标。

(三)自我实现

在海岛旅游体验的意义生成中,自我实现是一个多层次、跨领域的过程,既包含心理与情感层面的提升,也涵盖社会与文化层面的跃迁。自我实现(Self-actualization)是马斯洛(Maslow)需求层次论最高层次的需要,强调个体在满足了生理、安全、社交和尊重需求后,开始追求更加深层次的自我价值、潜能发挥和人生意义。对于海岛旅游而言,其独特的地理环境、自然资源与社会文化氛围,为游客提供了兼具挑战与激励的情境,从以下多个维度支持游客的自我实现。

1.超越日常的自我探索

现代社会中,个体经常陷于日常工作与生活的高压力与快节奏之中,海岛旅游独特的"空间转移"属性,能帮助游客临时从原有环境抽离,获得更宽松与专注的内在空间。海岛通常相对孤立,充满未知或未被开发的角落,游客在这里更容易触发陌生感和冒险心。正是这种陌生感与冒险心,让个体在体验潜水、帆船驾驶等海上运动,以及当地文化交流活动时,重新审视自身能力、兴趣与价值取向,进而对自我进行更高层次的探索与整合。例如,一位在城市中感到职业倦怠的白领,在海岛潜水培训期间,或许会发现自己对海洋保育充满热情,从而开启新的职业思考和自我定位。

2.在地文化与多元价值观的激发

自我实现不仅是一种内在心理需求,还与外部环境对个体的价值影响息息相关。海岛目的地所蕴含的地方文化、传统民俗、历史记忆以及社区生活方式,为游客提供了丰富的文化养分和多元价值观的刺激。游客在海岛旅游过程中,通过与当地居民的互动,如参加当地传统仪式、体验渔民生活或者参与海洋环保志愿服务等沉浸式项目,体悟到迥异于都市物质社会的思维方式与生活哲学。这种价值观的碰撞与融合,往往能激发游客对环境伦理、个人使命以及社会责任的更深层次思考。部分游客在返回城市后,会更积极地参与或组织公益活动、支持环保事业或倡导低碳生活,这正体现了旅游体验对个体超越自我的持久影响。

3.挑战极限与潜能释放

海岛所具备的"自然极致性"(如陌生海域、高能见度珊瑚礁、多变的海洋气候)为体验者带来多种挑战。通过潜水、冲浪、海钓、登山或无人岛露营等项目,游客可以在实际操作与团队协作的过程中不断克服恐惧,突破体能与技能界限,收获成就感与满足感。这种"冒险—成长—自我突破"的循环正是自我实现的一种典型路径。它在实证研究中也多次被证实:当个体挑战成功,突破既有水平后,会迅速获得强烈的自我效能感(Self-efficacy),对未来的人生规划和自我认同产生正向促进作用。

4.情感联结与人生叙事的再构建

自我实现不仅关涉个人对潜能与价值的发挥,还包含对情感、关系与人生意义的整合。海岛旅游场景常被赋予浪漫、治愈、孤独或净化等多重象征意义,从而吸引不同年龄段、不同社会背景的游客前来探索。游客在这一过程中,往往会形成"人生叙事"的再构建,如与亲友同行时,共同收获珍贵回忆,巩固家庭或社交关系;独自旅游时,在自然之美与静谧的氛围下,对自我过往经历进行审视,或对未来做出新的计划与抉择。

这些深层次的情感交互与自我反思,进一步帮助游客在心理层面完成个人价值与个人使命感的"二次塑造",使海岛之行成为自我成长中的里程碑事件。

5. 个体需求与社会价值的双向融合

值得注意的是,海岛旅游中的自我实现过程并非完全"以自我为中心",而是在个体需求与社会价值之间寻求平衡:一方面,游客追求身心愉悦、挑战自我、满足好奇心;另一方面,游客在与海岛社区、环境和文化的互动中,渐渐产生对生态保护、文化传承、公益行为的深层认同。例如,在海岛清洁志愿者活动中,游客不仅体验了"奉献他人、保护环境"的社会价值感,还收获了"原来我能有所贡献"的自我成就感。由此可见,自我实现并不只是满足个人的享乐需求,还涉及承担社会责任、实现道德价值与践行可持续发展的理念。

6. 持续影响与跨场域延伸

自我实现并非随着海岛旅游的结束戛然而止,相反,这些在旅游场景中获得的积极转变会在后续生活与工作中持续显现。例如,有的游客会将自己在海岛学到的环保理念带回社区,创办环保社团,或将海岛当地获得的文化艺术灵感融入自己的设计工作。这种"跨场域延伸"使得海岛旅游的意义不再局限于短暂的旅途过程,而成为个体持久的精神财富或转化动力。学者们普遍认为,这种自我实现的延伸效应正是高层次旅游体验的标志之一,体现了旅游对个体生活方式乃至个体世界观的深远塑造。

综上所述,如图6-4所示,旅游体验下的海岛游客自我表达过程是一个动态的、互动的过程,包括符号化的客观表达、情境性的建构表达和生成性的意义表达,这三个方面是相互作用和影响的。具体来说,客观表达是指游客结合海岛的本底感知、多元表征和交往互动,形成对海岛地方意义的认知。这种表达是符号化的,是建立在人与环境、人与文化之间的符号交互基础上的。符号化的地方认知会影响情境性的个人叙事和旅游场中的主体生成。建构表达是指游客在旅游过程中,通过对海岛环境、文化、历史等因素的感知和体验,所形成的个人叙事。这种建构表达是情境性的,是建立在游客与环境、文化之间的情境交互上的。情境性的建构表达会影响符号化的地方认知和旅游场中的主体生成。意义表达是指游客通过对海岛环境、文化、历史等因素的感知和体验所形成的自我意义。这个意义生成建立在游客与环境、文化之间的互动基础上,体现为由自我成长、自我价值与自我实现所带来的满足感。生成的意义会进一步影响符号化的地方认知和情境性的个人建构叙事。

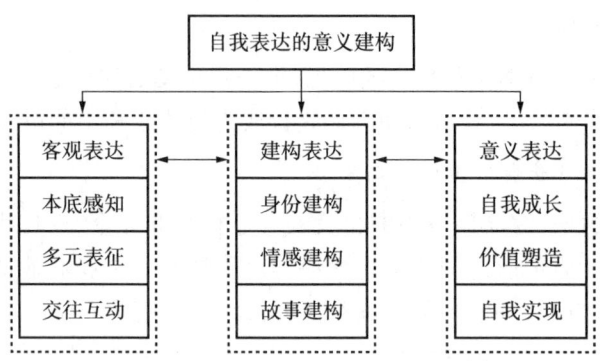

图6-4 海岛旅游体验下的自我表达意义建构内容

第二节 海岛性的意义建构

地方意义是一个地方所特有的意义,是人们对地方的主观理解和情感体验的综合体现(胡宪洋等,2020)。地方意义与地方性紧密相关,地方性是指地方独有的特征和文化,是地方个性的表现(钱俊希,2013)。在海岛旅游中,地方性与海岛性意义相互作用、相互影响,地方性的建构是地方意义形成的基础。游客的体验是通过感官、情感和认知等多维度进行的,海岛性意义的认知和体验是地方性与旅游体验相互作用的结果。因此,地方性和旅游体验是海岛性意义建构研究的重要因素,需要从多个维度进行探究,以深入理解海岛性意义的内涵和构建过程。

基于对海岛旅游体验内涵的把握,本研究进一步采用编码分析法建构海岛旅游体验下的海岛性意义内容维度。进一步分析文本资料,经过开放性编码、轴心式编码、选择性编码,形成表6-2。

表6-2 海岛旅游体验的海岛性意义主范畴概念形成表

主范畴	对应范畴	代表符码
客观本真	自然景观	蔚蓝大海、洁白沙滩、空气清新、阳光明媚
	地方知识	学习方言、植物名称、海洋保护、海洋生物
	本地特色	渔网、鱼篓、渔船、捕鱼场景、鱼市场、海鲜美食
在场体验	日常活动	渔民生活、热带水果、海滩运动、传统服饰、民俗节庆、传统音乐
	具身联想	自然力量、环保意识、富饶资源、热带风情、浪漫感、异乡感、神秘感、奢华感、向往、温暖、放松、惬意、留恋、宁静

续表

主范畴	对应范畴	代表符码
在场体验	地方情感	友好的氛围、远离城市、熟悉的感觉、温馨的家、社区紧密、乐观
象征赋予	符号象征	品质、品位、价值、非凡、表演、追寻意义
	海岛精神	创造、坚韧、团结、积极
	地方想象	吸引与讨厌感、熟悉与陌生感、恐惧与认同感、空间诗意

资料来源：笔者整理。

一、客观本真的海岛性呈现

（一）自然景观

自然景观是指一个地区的自然环境和地貌特征，包括地形、植被、气候等因素。在地方认同的背景下，自然景观起到了激发游客对海岛的认知和情感联系的重要作用。一个地方的自然景观是影响个体对该地产生认同感的关键因素。随着游客对海岛旅游目的地自然景观的认识和感知加深，他们更容易对这个地方产生认同感。以往的相关研究表明，游客的地方认同有很强的依赖性，特别是在美丽的自然景观上（庄春萍等，2011）。游客在参观海岛旅游目的地时，不仅能欣赏到美丽的海滩、清澈的海水和独特的地貌，还能深入了解这些景观背后的自然规律和生态平衡。例如，游客在案例地欣赏美景的同时，也可以体验珊瑚礁生态系统的奥秘和海洋生物的多样性。这种对自然景观的感知和认识，让游客更加珍视和尊重这个地方，从而增强了他们对海岛旅游目的地的地方认同感。正如游记YJ-88中所描述的："当我乘坐的飞机将要降落时，首先映入眼帘的是蔚蓝色的海水，海浪轻轻拍打着沙滩，仿佛在迎接我的到来。我深深地感受到这里的自然所带来的独特气息，仿佛自己能够融入这片海洋的怀抱之中。此外，海岛上还有许多壮观的自然景观。"

（二）地方知识

人们在探索海岛环境时，将会接触到自然、人文和历史等方面的丰富知识。这种知识是与海岛环境的特殊性紧密相连的，其中包括了海洋环境的复杂性、海洋生物的多样性，以及海岛社区与生态系统的互动性等，这种知识被称为"海岛地方性知识"，它具有一些特殊的法则和传播方式。海岛地方性知识的特殊性在于它与海岛环境的特殊性紧密相连。

　　海岛地方性知识往往是在当地社区中通过传统方式进行传承的。海岛地方性知识的传播方式也具有独特性。它通常是通过口耳相传的方式传播,这种方式具有地域性和私密性,传递者与接受者之间的关系非常密切。此外,在现代化的背景下,一些海岛地方性知识开始以文字、图像等形式通过新媒体平台进行传播,这种传播方式为海岛地方性知识的保存和传承提供了新的可能性。如YJ-77中所提到的:"我一直对海岛的生活方式和文化充满好奇,所以来到了这里,想要深入了解这里的生活方式和文化知识。这里的居民都非常热情好客,他们对这里的土地和文化充满了热爱,也很愿意向游客分享他们的知识和经验。在我的旅程中,我学到了很多关于这个海岛的自然环境的知识,如当地植物、海洋生物和独特的地质形态等。这些知识是当地居民世代积累的传统智慧,主要通过亲身实践和口耳相传的方式代代传承。这些知识非常有价值,不仅帮助我更好地理解这个海岛的文化和生态系统,还让我更加珍惜这里的环境和资源。"

　　如图6-5所示,海岛环境是一个独特的自然系统,由于其与陆地的隔离性,它的生态系统和文化系统具有一定的特征。海岛地方性知识涉及海洋环境的复杂性、海洋生物的多样性,以及海岛社区与生态系统的复杂互动等方面。这些特殊因素为海岛地方性知识的生成和传播提供了基础。此外,海岛地方性知识具有一些特殊的法则,这些法则与海岛环境的特殊性密切相关。其中极为重要的法则是,海岛地方性知识通常是在当地社区中生成和传播的。海岛社区在一定程度上是一个封闭的社会系统,社区成员之间的相互作用和互动,形成了特殊的文化、传统和生态习惯。

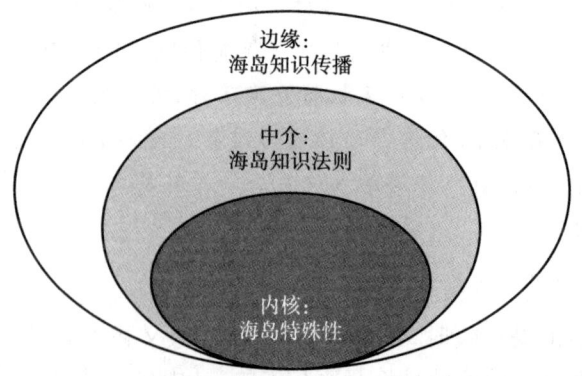

图6-5　海岛地方性知识内核-中介-边缘结构示意图

（三）本地特色

本地特色作为海岛性意义的内容,主要包括海岛独特的生态环境、自然景观、历史文化、民俗风情和地域特产等。这些特色元素共同构成了海岛性的内涵,为游客提供了丰富的旅游体验。关注海岛的本地特色并将其融入旅游产品和服务,有助于提升游客的感知价值、塑造旅游地形象、满足游客的心理需求,从而提高海岛旅游的整体品质和游客满意度。

本地特色对海岛性地方表征的影响主要体现在它揭示了一个地区独特的文化和历史底蕴,使游客更加认同和喜爱这个地方。在西岛游记中,游客在游览过程中发现了当地的自然美景、历史古迹和民间艺术等元素。例如,游客参观了西岛上的古老建筑,领略了岛上深厚的历史文化底蕴,进而加深了对西岛地方特色的认识。此外,游客还领略了西岛的美丽自然风光,感受到了与内陆地区截然不同的自然环境。海岛的本地特色为游客提供了多元化、个性化的旅游体验。游客通过体验海岛的特色文化、民俗活动,更深入地感受到了海岛性意义,从而提高旅游体验的满意度和品质。

二、在场体验的海岛性表征

弗迪南·德·索绪尔(Ferdinand de Saussure)认为,语言本质通过符号呈现,它所结合的是观念和声音意象,为了便于区分,他用意旨(所指)来表示观念,用意符(能指)来表示声音意象。符号表征理论的演变过程充满了批判、反思和变革。除了索绪尔的符号理论,后期批判理论家将文化、权力、身份和性别等要素纳入符号研究的视野,从而扩展了表征理论的适用范围(管健等,2007)。在地理学领域,表征理论主要运用于文化地理学和符号地理学之中,关注人们如何借助符号来表征与认知地方、空间与环境,以及符号在地方认同、地方依恋和地方感等方面所发挥的作用(郭文等,2020)。从其演变历程来看,表征理论不断经历批判、反思与变革,社会批判理论的融入再度强调了文化、权力、身份与性别等要素的重要性,不断拓展了符号表征在地理学及相关学科领域的研究深度与广度。

如 YJ-77 中所提到的内容呈现了与居民互动的社会文化与情感表征:"在与当地居民交流时,我了解到了很多关于这个地方的故事和传统。他们向我介绍了当地的文化活动、节日习俗和传统手工艺品。这些互动让我逐渐理解了这个海岛的独特魅力,并且开始对这个地方产生深厚的情感。我还发现,当地居民非常注重环境保护,他们通过垃圾分类、环保教育来保护这个美丽的海岛。"

(一)日常活动

日常活动是指一个地区或社群中的人们在日常生活中的行为,包括所遵循的价值观和习惯。在海岛旅游地方意义下的地方表征中,生活方式是游客通过在地体验直接感知和理解目的地特色的关键要素(Lee et al.,2015)。海岛旅游地方表征中的生活方式包括当地的饮食习惯、宗教信仰、家庭结构等。游客可以通过亲身体验海岛的生活方式,更加深入地感受和了解一个地方的特点。海岛渔村的生活景观如图6-6所示。

图6-6　海岛渔村生活景观
（资料来源:笔者调研拍摄）

首先,从游客的视角来看,海岛日常生活的独特性是构成地方表征的重要原因之一,海岛独特的自然环境会使游客对这个地方产生兴趣和好奇心。其次,游客通过参与当地的传统活动,了解当地的文化背景,这也是形成地方表征的重要因素。再次,游客与当地居民的交往,也是形成地方表征的重要因素之一。通过与居民的交流与接触,游客不仅感受到地方人际氛围中的友善与热情,还可能激发对地方文化、生活方式与社会关系的认知,从而赋予该地以区别于他地的情感意义与身份认同,进而形成对地方"特殊性"的感知。最后,海岛旅游体验中地方表征的形成是一个复杂的过程,需要游客与海岛之间的持续互动。在这个过程中,游客不断感知、反思、理解和评价这个地方,最终形成对这个地方的认知。

（二）具身联想

具身联想是指个体在特定环境下,通过感官、情感和认知等多维度与外部事物互动,将个人经历与外部世界紧密联系在一起的心理现象(申莎,2015)。在场体验中,具身联想作为一种重要的心理活动,对海岛性的表征产生了深刻影响。首先,体现在游客的感官体验中。当游客置身于海岛环境时,他们会通过视觉、嗅觉、听觉、味觉和触觉等感官与环境互动,如欣赏壮丽的海景、聆听海浪的声音、品尝新鲜的海鲜等。其次,具身联想不仅涉及感官体验,还包括游客在海岛旅游过程中所产生的情感体验。海岛旅游可以让游客产生愉悦、放松、兴奋,以及对海岛环境的敬畏、珍惜等情感。这些情感使游客的体验更加丰富多彩,并进一步巩固了游客对海岛性表征的认知。最后,具身联想还体现在游客的认知体验中。在海岛旅游过程中,游客通过亲身参与和实践,了解海岛的地理、文化、历史、生态等方面的知识。

海岛地区往往具有独特的气候条件,如温暖的阳光、舒适的气温和适宜的湿度,同时具有较低的人口密度和噪声水平。这些因素共同为游客创造了一个温暖、舒适的度假环境,使得游客能够在此放松身心,体验海岛的美好。在海岛旅游的过程中,游客可以远离城市的喧嚣,尽情地享受大自然的恩赐。无论是漫步在沙滩上,还是聆听海浪的声音,游客都能在这些活动中获得放松和感到愉悦。海岛旅游往往具有丰富的休闲活动,如水上运动、水疗、瑜伽等。这些活动能够让游客在参与的过程中体验到惬意的感觉,使得整个旅程变得更加愉快和难忘。海岛的美景、独特的文化和友好的当地人都会让游客产生深厚的情感联系,从而让游客对海岛产生留恋之情。这种留恋感促使游客更加珍惜在海岛的每一刻,并有可能成为他们重返海岛或将海岛旅游推荐给朋友的动力。

通过温暖、放松、惬意、留恋和宁静等具身联想维度的体验,游客能够更深入地感知和认识海岛的独特魅力,从而增强对海岛旅游的喜爱和向往之情。

（三）地方情感

海岛地方情感是指人们对海岛环境的情感、认知、价值与认同,是地方性体验中的一个重要方面。地方认同是人类对某一特定生活空间的情感和价值判断,如对当地自然景观和人文环境的认同和喜爱(朱竑等,2010)。在海岛环境中,其特殊的地理位置和自然环境塑造了其独特的地方认同。

海岛地方情感的形成和演变离不开人类的感知、理解、传承与创新等复杂过程。情感认同与个体所处的环境、文化、社会群体等因素密切相关。海岛独特的地形、气候、海洋等元素,以及海岛的文化传承、社会习俗、语言、宗教等因素共同构成了海岛地方情感的基础。个体的经历和情感体验在地方认同中也起到了重要的驱动作用。海岛旅游则提供了一个情感交流和体验的空间,使得个体可以通过参与和互动的方式更深入地了解当地文化和社会,从而加深对海岛地方情感的认同。个体的社会化也对地方情感的形成产生了影响。社会化是个体从儿童时期开始学习并内化社会文化、价值观和行为方式的过程。在此过程中,海岛文化与传统逐渐内化为个体认同的一部分,海岛地方情感也随之形成。

三、象征赋予的海岛性精神

海岛性作为一种特殊的地理、文化和心理现象,其意义的建构离不开象征赋予的海岛性精神。在海岛旅游体验中,游客接触和体验海岛的独特元素,内心的情感、认知和价值观与这些元素相互映照,赋予海岛深层次的象征意义。

(一)符号象征

符号象征是地方表征的核心组成部分(段钢,2006)。符号象征通过凸显海岛独特的文化元素和生活方式,让游客能够通过感知和体验深入了解海岛性。符号象征对海岛性表征的影响主要体现在帮助游客建立起对地区独特文化和传统的了解与认同上。在蜈支洲岛游记中,游客在游览过程中发现了许多具有象征意义的物品和景观,如特色建筑、民间艺术品、地标等,如图6-7所示。

(a)　　　　　　　　　　　　　　　(b)

图6-7　蜈支洲岛的符号景观

(资料来源:笔者调研拍摄)

符号象征作为海岛文化的核心元素之一,能够强化游客和当地居民对海岛特色文化的认同感。对于游客而言,通过亲身体验海岛的符号象征,能够在情感和认知层面上深刻感受到海岛的独特魅力,从而获得更丰富、更深入的旅游体验。

从旅游发展视角看,一个地方的符号象征不仅能够传递该地区的文化内涵和精神价值,还可以提升其旅游市场竞争力。

(二)海岛精神

海岛精神代表着海岛地区所特有的文化、精神和价值观,它揭示了一个地方的内在气质和精神内涵(Baldacchino,2005)。作为一种独特的地方特征,海岛精神不仅对当地居民的生活方式和价值观产生深远影响,还在很大程度上塑造了游客对海岛的感知和体验。在这个过程中,海岛精神成为连接游客与当地文化、历史和环境的纽带,使游客能够更好地理解和欣赏海岛的独特魅力。

以西岛为例,游客在此地体验了与中国其他地区截然不同的海岛生活,深刻感受到了当地居民对海洋生态的尊重和保护。在参加海岛生态保护活动时,游客与当地居民共同捡拾海滩垃圾,为保护海洋生态环境贡献力量。这种共同的行动使游客深入体会到了海岛精神,进而加深了对西岛地方表征的认识。此外,在面对海洋带来的挑战时,游客体验到了当地居民所展现出的坚韧和乐观,从而更加认同和尊重海岛精神。因此,研究海岛精神如何影响海岛性意义建构,可以为理解游客在地方体验中的认知和情感变化提供新的视角,并有助于揭示海岛旅游体验的内在机制和价值。

(三)地方想象

地方想象是人文地理学中的一个概念,源于人类对地理环境的认知和感受(张兴泰等,2021)。地方想象是基于地方经验和地方文化的一种表现形式,随着全球化的发展和社会多元化的加强,地方想象的内涵不断丰富,包括对地方历史、社会、文化、经济、政治等多方面的认知和体验。地方想象不仅是一个描述性概念,还是一个具有实践和政治意义的概念,可以用来分析和解释地方认同、地方政治和地方发展等方面的问题。

在场体验往往会唤起游客的地方想象,既有吸引人的地方想象,也有负面的地方想象。吸引人的地方想象主要来自海岛特有的自然和文化景观,如白色沙滩、碧蓝海水、热带雨林等。游客通过观赏、拍照、游玩等方式,激发对这些景观的感官体验和情感共鸣,进而在心理上形成对该地的地方想象,如浪漫、奇幻、神秘、自然、原始等。海岛本身的地理位置、气候条件、历史文化等也会对游客的地方想象产生影响,如游客可能会将海岛看作一片避世的净土、浪漫的恋爱胜地、神秘的文化遗址等。相对而言,负面的地方想象则往往源于旅游过程中遭遇的不便和产生的烦恼,如交通拥堵、住宿条件差、食品卫生问题等。这些问题会影响游客的情绪,进而影响他们对该地的地方想象。此外,游客的文化背景、受教育水平、心理状态等也会对其地方想象产生影响。有些游客可能会对海岛的特殊环境、当地文化和习俗感到不适应,产生文化冲突和心理落差,从而产生负面的地方想象。

海岛旅游初期,游客会感到陌生和不适应,但随着时间的推移,逐渐能适应当地的环境,形成自己的地方认知和想象。这种地方认知和想象是基于游客的主观感受和以往经验而形成的,与当地居民的地方认知和想象可能有所不同。游客会将某个特定的景观或文化元素作为具有代表性的地方符号,并将其视为该地的象征。同时,游客的地方想象也可能与当地居民的地方想象不一致,如对某个历史事件或文化习俗的解读可能存在差异。海岛旅游在场体验中的地方想象是游客主观感受与当地居民文化认知相互作用的结果,具体表现为游客对当地环境的熟悉感或陌生感,以及不同文化背景下产生的地方符号认知差异。

综上,海岛性的意义建构内容模型如图6-8所示。

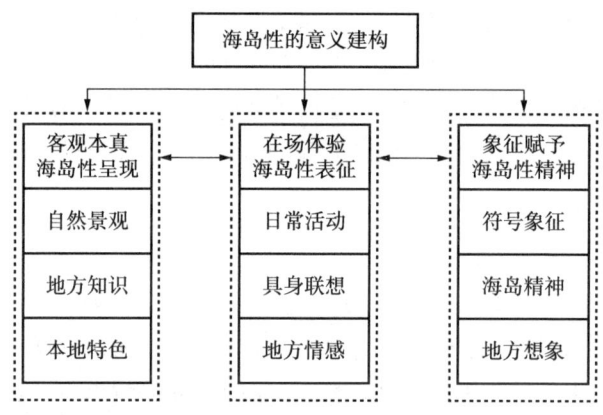

图6-8 海岛性的意义建构内容模型

第三节 自我表达与海岛性意义建构的互动

海岛旅游体验的意义建构涵盖自我表达与海岛性意义建构两个方面。为进一步理解海岛游客在不同阶段中的心理变化及其与海岛目的地间的互动过程,以下内容将重点阐释自我表达与海岛性意义的互动机制与关联,为分析海岛旅游体验的深层逻辑提供依据。表6-3整理了代表性文本资料中关于选择期、在场期、追忆期三个阶段的典型内容。

首先是选择期,在选择期,游客面临着为什么要进行海岛旅游的问题。通常,游客可能会受到忙碌的工作、压抑的生活环境和现代社会压力的影响,希望通过

表6-3 游记资料关于海岛旅游的阶段性典型表现

编号	选择期	在场期	追忆期
YJ-52	当代忙碌的生活状态	参与海岛沙滩活动	海岛的美好回忆
YJ-26	对海岛旅游的诗意向往	欣赏海岛日出日落	海岛美景的独特意义
YJ-78	寻求从繁忙生活中逃离	体验海岛水上运动	海岛活动的回忆与情感
YJ-21	对海岛浪漫氛围的向往	参观当地文化景点	海岛文化的认同与表达
YJ-15	渴望在海岛上享受悠闲时光	与当地居民互动交流	回忆在海岛上的自我成长
YJ-45	憧憬海岛上的奇遇与冒险	参加海岛生态游	对海岛生态的关注
YJ-25	期待在海岛上寻找灵感	体验海岛独特美食	对海岛美食的回味
YJ-04	寻求与自然的和谐相处	参加海岛环保活动	环保意识的提升
YJ-53	期待在海岛上重拾自我	在海滩上进行瑜伽、冥想等活动	身心疗愈体验感
YJ-88	对海岛旅游的浓厚兴趣	学习当地手工艺品制作	珍视海岛手工艺
YJ-22	期待在海岛上建立深厚友谊	参加当地社区活动	对海岛友谊的珍视与回忆
YJ-19	寻求海岛旅行的意义	参与海岛志愿者服务	对海岛公益活动的回忆
W-25	希望在海岛上放松身心	在海边漫步、晒太阳	海岛休闲时光
W-33	对海岛历史文化的好奇	参观历史遗迹	对海岛历史的理解与认同
W-02	期待在海岛上获得不同的体验	尝试参与当地居民的日常生活	对海岛生活方式的回忆
W-08	对海岛民俗风情的向往	参加当地节庆活动	对海岛民俗的回忆

续表

编号	选择期	在场期	追忆期
W-61	希望融入当地社群	参与当地乡村旅游	对海岛乡村生活的回味
W-66	期待在海岛上探索自然奥秘	进行海岛自然观察	对海岛自然奥秘的回忆
W-24	对海岛生态环境的关注	参与海岛保护项目	对海岛生态保护的回忆
W-21	期待在海岛上体验多元文化	参加跨文化交流活动	对海岛多元文化的回忆
W-03	希望在海岛上获得归属感	参与当地传统活动	对海岛传统文化的回忆
W-79	对海岛神秘传说的好奇	探寻海岛神话传说	对海岛神秘传说的回忆
W-17	寻求在海岛旅行中的成就	完成海岛徒步挑战	对海岛徒步的回忆
W-09	希望在海岛上找到心灵寄托	参观海岛宗教场所	对海岛宗教信仰的回忆

资料来源:笔者整理。

海岛旅游来放松身心、丰富生活体验。海岛的美景、浪漫氛围和民俗风情等也是吸引游客的重要因素。

其次是在场期,在场期是指游客抵达海岛并进行实际旅游活动的阶段。这一阶段的特点是游客的亲身体验和参与。游客可能会尝试与当地的文化元素互动,如学习当地语言、品尝特色美食、参加民俗活动等。游客还会参与各种户外活动,如游泳、浮潜、徒步等,以充分体验海岛的自然之美。

最后是追忆期,追忆期是指游客离开海岛后对旅程的回忆阶段。在这一阶段,游客可能会对美好的海岛旅游体验产生怀念之情,这些回忆可能成为他们与朋友、家人分享的话题。同时,游客也可能主动对自己在旅程中的成长与收获进行思考,这些成长与收获可能对他们的个人价值观和人生观产生深远的影响。此外,追忆期中的回忆和反思也可能激发游客对未来海岛旅游的渴望甚至促成重返海岛旅游的计划。

一、选择期：现代性危机与远方想象

（一）日常中的现代性危机

游客在海岛旅游的选择期，现代性生活中的危机已反映在诸多方面。首先，工具理性是现代生活中的一个关键问题。马克斯·韦伯（Max Weber）认为，在现代社会中，人们过分关注效率和功利性，从而忽视了生活中的情感、精神和人际关系（Weber，1978）。在这种环境下，游客可能感受到内心的压抑和空虚。例如，YJ-45中提及："为了追求职业成功，长时间投入工作，却忽略了与家人、朋友之间的互动，使自己变得越来越孤独。"其次，单向度的生活是现代性危机的表现之一。现代社会中的个体往往陷入单一的生活模式，缺乏多元化的体验（Horkheimer et al.，2002）。这种单调的生活方式使游客在日常生活中感到乏味和疲惫——"每天都在上班、下班回家之间循环往复，生活变得越来越无趣"（YJ-88）。再次，现代性焦虑也是影响游客的现代性危机。现代社会的快速发展使人们在面对压力和不确定性时感到焦虑。在这种情况下，游客可能会对自己的生活感到不满，从而产生逃避的心理。最后，技术时代对游客产生的影响也是现代性危机的一部分。Veak（2000）讨论了技术对社会和个体的影响，认为技术过度入侵人们的生活，导致人们沉迷于虚拟世界，这种技术依赖在旅游中表现为，游客可能过于依赖科技设备，削弱了与他人的沟通和互动。

与此同时，游客渴望通过旅行寻求心灵慰藉，以缓解在日常生活中面临的巨大压力。为了摆脱这些压力，游客倾向于选择远离现代社会喧嚣的海岛旅游。这种对自然环境的向往和探索有助于游客在旅途中实现自我表达。海岛旅游地通常拥有蓝天、碧海、阳光沙滩等优美的自然景观。这些景观有助于游客放松心情，恢复身心健康，从而更好地帮助游客实现自我表达。游客可以根据自己的兴趣和喜好选择不同的活动，如潜水、徒步、冲浪等。这些个性化的体验都有助于游客实现自我表达和追求个性化的需求满足。

（二）远方想象的魅力

远方想象的魅力是指游客对于异地文化、自然景观和生活方式的向往，这种向往来源于对现代社会的反思、对未知的好奇以及对自我的探索，更符合旅游是寻求一种差异化体验的本质（谢彦君，2010）。在现代社会中，人们面临着诸多压力与挑战，因此，远方想象成为一种心理逃避和自我表达的渠道。

这种向往源于对现代生活的反思和对多样生活方式的尊重。从社会学的角度看，这种现象可以归因于社会变迁、个体心理需求和全球化的影响。现代社会个体对多元文化、新颖经历和自我认同的追求，促使远方想象成为一种越来越重要的心理需求。游记 W-17 中写道："在选择海岛旅游前，我翻阅了大量关于各地海岛的游记。那些美丽的海滩、神秘的珊瑚礁，以及当地丰富多彩的风俗民情让我心生向往。我渴望亲自踏上那片土地，去感受那里的风土人情，去探索那未知的世界。因此，我下定决心，开始计划我的三亚海岛之旅，期待在这次旅行中，能够寻找到心灵的慰藉，拓宽视野，并获得与日常生活截然不同的体验。"

远方想象的魅力在于独特的文化、风景和生活方式。远方想象成为一种越来越重要的心理需求，游客在异乡旅行中，通过亲近自然、感受异乡文化和生活方式，形成自我认知，获得成长。

（三）自我协调的旅游选择

自我协调的旅游选择是指游客在面对现代生活中的压力、矛盾以及远方想象的吸引时，通过选择旅行目的地和制订合适的行程，以实现心理、生理需求的平衡。在这个过程中，游客不仅试图从现代生活困境中解脱出来，还希望在旅行中实现自我价值的提升与成长。

首先，游客在现代社会中面临着工具理性、单向度的生活以及现代性焦虑等问题。这些问题导致人们在日常生活中感到压力和无趣，从而产生对异乡的向往。然而，这种向往并非纯粹的逃避，而是一种自我救赎和寻找自我的过程。游客在旅行过程中，试图通过与不同文化、地域的接触，拓宽视野，实现自我成长。同时，他们也通过旅行重新审视自己的生活，以期在回归日常生活后能够找到一种更为和谐的生活方式。

其次，游客在选择海岛旅游时，会基于自我需求对目的地赋予多重意义。海岛旅游不仅是一种休闲娱乐活动，还是游客心灵深处的追寻。在海岛上，他们可以暂时摆脱日常生活的压力，融入大自然，体验异乡文化，进而实现内心的平衡。同时，他们通过游记分享自己的所见所闻，将个人情感融入地方景观，使得海岛地方具有更为丰富的内涵和魅力。话语和想象建构下的海岛地方魅力也是游客自我协调的重要途径。在传统和现代的话语中，海岛往往被塑造成一个理想的、神秘的他乡，激发了人们对于未知世界的好奇心。游客在旅行过程中，将自己的想象与现实景观相融合，以期在异乡获得内心的满足和安宁。

最后，自我协调的旅游选择是游客在面临现代生活压力和远方想象的诱惑时，通过旅行实现心理需求平衡的过程。在此过程中，游客通过自我表达赋予了海岛地方多重意义，从而实现内心的和谐与成长。这种自我协调的旅游选择反映在游客对目的地的期待、旅行过程中的心灵体验以及游记的表达方式等方面。例如，W-21中描述了在选择前往蜈支洲岛旅游前，对这个目的地的期待："在繁忙的工作生活中，我渴望能够暂时逃离现实，去一个能让我放松身心的地方。蜈支洲岛上的美丽沙滩、清澈海水以及丰富的水上活动，让我感受到自己对这片土地的向往。我期待在那里感受阳光沙滩的惬意生活，与大自然亲密接触，也期待找到新的灵感。"

自我协调的旅游选择是游客在现代生活压力与远方想象的诱惑之间寻求平衡的过程。在这个过程中，游客通过游记表达自己的心灵感受，赋予海岛丰富的内涵，这种自我协调也为游客在面临现实生活的压力时提供了心理慰藉和支持。

二、在场期：游客与海岛性意义的互动

在场期的海岛旅游体验涉及游客与海岛性意义的互动，其内涵与特点表现为游客在特定场所中体验场所精神的建构过程，以及获得安全感、认同感、归属感、方向感等。这些体验来源于游客与海岛性意义的互动，同时也离不开游客在此过程中对自身情感、认知和行为的反思，从而使得海岛旅游体验具有独特性与深刻意义。

海岛的空间结构和社会结构对游客的在场行为模式产生了深远的影响，这种特殊的空间结构与社会结构正是前文所探讨的海岛性。心理学动机理论指出，人类动机的实现深深依赖于特定的环境与互动（Jang et al., 2009）。在海岛空间结构中，人们会根据潜在的空间组织规律进行行为活动，极为外显的表现是人们按照空间布局展开活动。同时，人们在海岛空间中也会与共存的他人发生联系，其他人也是按照潜在的空间组织规律进行行为活动。这种社会结构使得具有共同目标的人们在空间中相遇，而具有不同目标的人们则会在空间中分离。

海岛的场所体验是游客体验值的重要塑造因素，海岛场所的构成要素包括物理场所和社会场所。物理场所指的是具体的地理环境，如海岛的地形、气候、生态环境等；社会场所则包括海岛的历史、文化、社会组织等方面的内容。这二者相互作用，共同构成了海岛场所的本质和特征。在海岛旅游中，游客如何进行场所体验取决于他们与场所的互动关系。场所体验是一种通过感知、认知和情感与场所相互作用的过程。游客在海岛场所中的行为模式会受到物理场所和社会场所的影响。他们会通过感知自然环境、体验地方文化、参与社会生活等方式来理解和感受海岛场所。这样的体验不仅能够满足游客的个人需求，还可以提高游客对海岛的认同感和归属感，进而形成更深刻的感受和回忆。

　　海岛空间与时间在场体验图如图6-9所示。海岛空间中的游客基于时间的流动获得体验,并由此生成意义。这个过程涉及静态行为、动态行为和观察行为。在静态行为方面,游客通常会在海岛的各个景点停留一段时间,欣赏美景、休息放松或拍照留念。在这个过程中,游客的感知和认知主要受到景点的物理特征和环境氛围的影响。在动态行为方面,游客会在海岛上进行各种活动,如潜水、游泳、冲浪、划皮划艇等。在这个过程中,游客的感知和认知主要受到自身身体状态和动作,以及周围的空间环境的影响。在观察行为方面,游客会观察当地居民的日常生活、文化习俗、建筑风格等。这个过程中,游客的感知和认知主要受到观察对象的行为和环境背景的影响。海岛空间中的静态行为、动态行为和观察行为相互交织,游客的体验是一个动态变化的过程。游客的情感、态度和行为模式可能会随着时间、空间和情境的变化而转变。

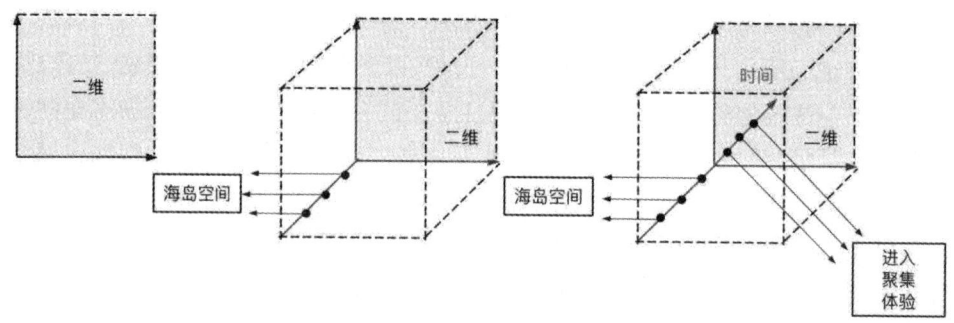

图6-9　海岛空间与时间在场体验图

(一)在场体验的场所精神建构

　　海岛旅游场所的场所精神可以看作一种文化认同感或情感体验,是在特定的地理环境和人文背景下体现出的独特的文化属性和社会属性。引入场所精神的概念,可以更好地把握海岛旅游场所的文化特征和价值。海岛旅游场所作为一个具有独特地理环境和人文特色的场所,拥有不同于其他地区的特定景观资源和文化遗产。在这样的场所中,人们可以体验到独特的文化和自然环境,这种体验构成人们对场所的认同,也是人们情感体验的来源,成为海岛旅游场所的独特之处。诺伯舒兹的场所精神理论强调,场所被视为一种复杂的现象,其中涉及多种物理、社会和文化因素。这种复杂性可以在海岛旅游场所中得到体现。海岛旅游场所的物理特征包括海洋、沙滩、珊瑚礁、植被等,社会和文化因素则包括当地的历史、文化、传统、风俗习惯等。这些因素交织在一起,共同构成了海岛旅游场所的场所精神,对游客的情感体验和文化认同产生深远影响。

从定向感的角度来看,海岛景观中的海洋、海滩、礁石等自然元素可以作为定向感的营造元素。人们可以通过这些元素判断自身所处的位置和环境,感知空间关系,形成情感连接。例如,在海岛旅游中,人们常常会使用周围的海滩等地理要素来定位自己所在的位置,同时感受周围的自然环境。

从认同感的角度来看,海岛景观中的文化、历史、社会等元素可以作为营造认同感的元素。这些元素可以让人们对自己所处的环境产生归属感和认同感,加强自身的身份认同感和归属感。例如,海岛上的特色建筑、风俗习惯、当地人的生活方式等都可以激发游客对这个地方的认同感和归属感,进而增强他们与这个地方的情感联结。

(二)在场体验的美感塑造

在场体验的美感塑造是游客在海岛旅游过程中形成审美体验的动态过程,其中包括自然景观、人文景观以及游客与环境之间互动的情境美。美感塑造与海岛性意义的互动体现在游客在欣赏海岛景色的同时,对海岛内在文化、历史和生态价值的理解与认同。感知是游客与海岛之间关系的重要组成部分,是一种通过感官接收、识别和理解环境信息的过程。除了对海洋、天空、植物和动物等元素的直接感知,还包括人们对自身在海岛上的感受、情感投入和互动体验等方面的解读。这些感知信息与思维、记忆等主观因素相互作用,构成了人们对海岛场所的综合认知和理解,帮助游客更好地描述海岛的特质和价值。

游客通过观察、聆听、品尝、接触等多种感官途径,与海岛场所建立联系。与城市相比,海岛场所的自然环境更为丰富,包含植物、动物、岩石、沙滩等元素,这些元素可以调动游客的视觉、听觉、触觉等感官,让游客感受到不同的质感、形态、温度等,从而带来全新的感知体验。除了自然环境,海岛中的人文元素也对游客的感官体验产生重要影响,如岛上的建筑、雕塑等,它们所蕴含的历史和文化信息可以通过作用于游客的视觉等感官,带给游客更深层次的感性体验。另外,游客在海岛场所的体验中还会受到当地风俗习惯、民俗文化等方面的影响。海岛旅游区提供当地特色美食、传统手工艺品等,这些产品所具有的香味、质感、色彩等特征,可以刺激游客的嗅觉、触觉和视觉等感官,让游客更好地了解当地的风俗文化,获得更丰富的感官体验。

声景理论认为,声音是构成景观的重要组成部分。景观通过作用于游客的视觉和听觉等感官,影响游客的情感和心理状态。声音可以增强或削弱游客对景观的感知,同时也能够反映出景观背后的文化、历史、社会和环境等方面的特征。声景理论主张通过合理的设计和管理来改善旅游场所的声景环境,进而提高游客的满意度和游客对旅游地的忠诚度。海洋环境和海岛空间都有自己独特的声音,如海浪拍打海岸(见图6-10)、海鸟鸣叫等。这些声音可以为游客带来许多愉悦和放松的感受,帮助游客更好地融入场所,增强游客对海洋和海岛的认同感。此外,音乐和人声也可以在海岛场所中起到重要的作用,如海岛上的音乐节、民间音乐表演等。

图6-10   海岛体验中的声景——海浪声
(资料来源:笔者调研拍摄)

从视觉维度看,线条感会影响游客在海岛场所中的体验,不同的线条形式会带来不同的视觉效果。例如,流畅的曲线线条能够创造柔和的感觉,强化海岛环境特性;直线线条则更显严肃和精细,能够突出海岛场所的秩序感。水平线条能够创造平静和稳定的感觉,垂直线条则更加强调空间的高度和立体感。线条的长度也能够影响人们对空间的感知,长线条能够创造广阔和开放的感觉,而短线条则更加突出细节和精致感。

海岛场所中的色彩也是一种重要的美学元素。海岛场所的色彩丰富多彩,从蔚蓝的海水到碧绿的森林,从火红的夕阳到白色的沙滩,都是让人心旷神怡的美景。同时,色彩也可以为海岛场所增加文化和情感的内涵。此外,形状也是海岛场所中的重要美学元素。海岛场所中的形状包括多种自然形态,如海湾、海角、海沙等,也包括人类建造的形态,如码头、灯塔、城堡等。

(三)在场体验的安全感

心理学家马斯洛的需要层次论是以人本主义心理学为基础,旨在解释人类行为的驱动因素。这个理论被分为五个层次，分别是基本的生理需求、安全需求、社交需求、尊重需求和自我实现需求。这些需求被描述为层层递进的关系，每一层次的需求必须得到满足才能向更高层次的需求发展。

　　游客的安全感需求在马斯洛的需要层次理论中属于基本的安全需求层次，是其实现更高层次旅游动机的前提条件。安全需求是指人们对安全、稳定和受保护的需要，包括人身安全、物质安全、情感安全和经济安全等。游客在旅游过程中，安全感是最基本的需求之一。如果旅游场所无法满足游客的安全需求，游客将无法专注于旅游体验，进而抑制其他更高层次需求的形成。

　　海岛旅游场所体验的安全感也是一个重要的心理需求，满足这种需求的条件是为游客提供能够与海岛自然环境和谐共存的场所。在这个场所中，人们可以感受到自然的友好氛围，以及人与自然之间的情感共鸣。同时，游客也需要拥有良好的视线，以便观察周围的环境，同时其他人也能够看到这个场所中发生的情况，进而形成自然监督的条件。海岛旅游场所需要提供一个积极的空间，使得游客可以安心地在其中活动和休息，避免潜在的危险，减少游客的不安全感。此外，需要对一些常见的消极空间进行改善，营造一个积极健康的旅游环境，使游客获得安全感和愉悦感。图6-11为海岛休息场所。

图6-11　海岛休息场所

（资料来源：笔者调研拍摄）

（四）在场体验的认同感

　　游客对海岛旅游场所体验的认同感，体现在游客与海岛自然环境和文化特色的友好关系上。作为一个特殊的旅游场所，海岛的自然环境和文化特色常常被游客视为独特的旅游资源。当游客置身其中时，其通过与海岛特有的自然环境和文化特色互动，产生愉悦感和认同感。游客可以通过参加海岛特色的水上运动(见图6-12)，获得与大海亲近的体验，或者品尝当地美食，了解当地饮食文化。这些体验和互动，可以让游客感受到自己与海岛的自然环境融为一体，从而增强身份认同，获得新的理解世界的角度，建立与海岛的情感联系。这种与海岛的情感联系，也反过来影响着游客的旅游行为和消费行为，从而增进游客与海岛之间的关系。

图6-12　海岛冲浪体验集体认同

(资料来源：笔者调研拍摄)

(五)在场体验的归属感

海岛旅游场所体验所带来的归属感可以理解为游客对海岛场所形成的情感依附与认同感，这种情感依赖于游客在海岛环境中的经历与感知过程。在海岛旅游中，游客在自然风光、地方文化、风俗与人情等方面所收获的体验，都有助于游客建立与海岛场所的情感联结。通过参加当地居民的文化活动与社区生活，游客能感受到社区氛围所带来的归属感，进而加深对这一场所的认同与依恋。此外，游客对海岛场所的熟悉程度与对当地人的了解，也是强化归属感的关键因素，这些要素能让游客与海岛环境间形成独特的认知与情感纽带。综上所述，海岛旅游场所的归属感即游客在情感与认同层面对海岛场所产生单向依附的结果。

正如游记YJ-60中所描述的海岛体验："无论是在蜈支洲岛的海滩还是在三亚

湾的沙滩上,我总能够找到一个安静、舒适的角落。在这里,我可以放下所有的烦恼,与大海亲密接触,感受到大自然的独特魅力。除了迷人的自然景观,这里拥有丰富的海鲜资源,著名的海南鸡饭、椰子鸡等传统美食更是让我难以忘怀。我深刻感受到这里的人们对生活的热爱和对传统文化的珍视。这里的人们热情友好,经常和我聊天交流,让我感到像在家里一样自在。这里让我感受到家一样的温暖,让我对这个地方充满了感激和热爱。"

(六) 在场体验的方向感

海岛旅游中的方向感也是游客场所体验中的重要因素。在海岛旅游中,游客需要建立空间认知能力,即能够理解整体空间组织和布局,并意识到自身与这个环境之间的关系。这种空间认知能力可以提升游客在陌生环境中的自信心,让游客感到对所处的环境具有一定的掌控感。在海岛旅游中,游客需要通过方向感找到他们所要去的地方,如景点、酒店等。如果迷失了方向,会给游客带来挫败感,影响游客的旅游体验。因此,在海岛旅游中,合理的空间组合和布局,以及清晰的指示标志非常重要。海岛上的路标、标识和地标建筑应能够让游客轻松识别和记忆,并辅助游客建立空间认知和方向感。此外,海岛上的自然地形也会影响游客的方向感。游客需要通过认识海岛的海滩、山脉和河流等的特征来确定方向和位置。在一些复杂的地形中,游客需要寻找可靠的地标来辅助自身建立空间认知和方向感。

在旅游地理学与场所理论的视角下,"空间虚化"是指空间逐渐失去其具体的社会文化语境与情境依附,呈现出抽象化、同质化与脱嵌化的趋势。"场所"则意味着具有情感联结、历史记忆与社会关系网络的具体空间。海岛的空间虚化主要表现在两个方面。首先,随着人们在海岛旅游中停留时间的缩短和物质流动性的增加,海岛空间越来越脱离了场所承载的文化属性,游客在海岛旅游中往往只是短暂停留,无法完全融入场所,这也导致场所失去了特定的意义和价值。其次,海岛特色建构过程也受到外部因素的影响,如全球化带来的文化冲击和经济影响等。这些因素导致海岛的特色逐渐模糊,场所深受外部社会影响,产生了空间的虚化。

此外,海岛作为一种特定的场所,越来越呈现出时空分离的特征。随着旅游业的发展和现代化技术的应用,海岛与其他地区的关系变得更加紧密,时空距离逐渐缩短,全球化的趋势日益明显。然而,这种时空分离的加速也带来了一些负面影响,特别是对生活在海岛上的人们而言。他们可能会因技术和其他不在场因素的干扰,感受到所处场所逐渐失去原有的逻辑和稳定性,这种变化给人们带来不连续性和不稳定感。同时,时空关系的虚化可能会削弱人们对生存场所的归属感和依赖感,从而影响他们对场所的价值认知。

在海岛上,原有的熟悉感和依恋感随着时空伸延而逐渐消失,人们对场所的认同也逐渐从地域性向全球性转化,场所本身随之变得抽象化和标准化。尽管海岛依然保留着一定的个性和特点,但它们也在全球化浪潮中逐渐失去独立性和封闭性。人们对海岛的熟悉感不再基于地域性的文化特殊性,而是来自抽象系统和全球化的共享经验。在时空分离的影响下,海岛不再是与世隔绝的孤立场所,而是成为全球性网络的有机组成部分。

因此,在海岛旅游中,如何保留场所的独特性和本土特色,让游客深入体验和认知海岛的文化内涵,增强游客对海岛的归属感,成为摆在我们面前的一道难题。这需要我们在旅游开发中更加注重对海岛文化、历史的传承和对自然环境的保护,同时推广海岛的特色文化和历史遗迹,让游客更深入地了解海岛的场所价值与意义。

三、追忆期:自我建构与海岛性意义的重塑

(一)流动下的自我价值再建构

流动下的自我价值建构,是指游客在海岛旅游后,通过对自身经历、感受和认知的整合与反思,实现对自我价值观和自我认同重塑的过程(解佳等,2019)。这一过程表现在游客对旅行体验的回顾、对地方意义的再认知和对自我建构与表达的再反思等方面。正是游客对这种空间体验的追忆,促成了审美价值的建构、体验价值的建构、互动价值的建构和自我价值的建构。

审美价值建构主要是通过对海岛景观的观察、体验和感受,形成对海岛景观的审美认知和情感认同。不同个体对海岛景观的感知存在差别,例如:有的人对自然风光的感受比较敏感,有的人则更注重文化底蕴;有的人喜欢空间中场所细节的肌理,有的人则更倾向于整体的景观效果。随着海岛旅游的快速发展,海岛景观作为旅游目的地的重要元素,越来越受到公众的关注。人们会被世界各地多姿多彩的海岛景观吸引,即使旅游时间有限,特定形式的美感也能让游客对具有独特地域性的海岛景观产生直观的感受。

体验价值追忆是指游客在经历具有地域特色和独特感知的海岛景观后,通过回忆与反思,对其所获得的情感、认知与意义进行再加工和价值确认的过程。海岛景观包括海滩、礁石、建筑、动物等元素,这些元素的物化形态以及相互间的组织关系共同构成了海岛景观的物质形态结构和精神形态结构,使海岛景观具有情节性。海岛景观的独特元素及其组织关系,让人们产生独特的审美感受和联想,

形成了对海岛景观的情感认同。对海岛景观场所精神的体验与认同,也是通过体验语汇元素的编排和组合来实现的。海岛景观中,不同的景观元素如海、沙滩、山丘、植被、建筑等,都可以被视为体验语汇元素。这些元素的组合顺序和结构在形成海岛景观的整体感染力方面起着重要作用。所谓组合关系,是指不同的景观元素之间的联系。应在海岛景观的场所精神表征中建立和加强各体验语汇元素之间的关联度,增强人们参与其中进行行为体验和心理感知的主动性,构建"人—地—情"之间的良好互动,让不同的人群共享海岛景观所营造的特有叙事情景。海岛景观的体验语汇元素需要统一在特定的意义系统下进行有序编排,通过提取和筛选情节性元素,创新其物质形态结构,遵循体验语汇元素的精神形态结构规律,激发体验者更加丰富和独特的回忆与联想。

互动价值追忆是指游客在海岛旅行过程中,从感觉到知觉,再到认知,最终反馈到行为的一系列心理加工过程,如图6-13海岛场所中游客的自我装扮。游客通过掌握一定的认知方式,构建海岛旅游场所的互动特质,并在内心形成对场所的"认知地图"。构建"认知地图"是人们感知和识别海岛旅游环境意象的重要方式。"认知地图"是人们理解和识别旅游场所意象的重要方式。借助路径、边界、区域、节点和地标等空间要素,游客能够在海岛空间中建立起清晰的空间结构感与方向感。以此提升游客对海岛旅游场所的感知和认知程度,加深游客对场所的认同和情感联结。

图6-13 海岛场所中游客的自我装扮

(资料来源:笔者调研拍摄)

　　自我价值的再建构是在离开海岛之后回顾自己的旅游体验,以及在旅行中对自己的行为、感受和心境进行反思和整合。游客可能会对自己原有的价值观和生活方式进行审视,从而调整个人价值观。例如,游客可能会意识到保护环境、尊重当地文化的重要性,从而在日常生活中更加关注环保、文化传承等方面。通过回顾旅行经历,游客可能会发现自己在认知能力方面的提升。例如,在旅行中接触到新的知识、文化以及进行人际交往等,有助于拓宽视野、丰富心智,从而提高认知能力。在追忆期,游客对海岛旅游情感体验进行回顾和整合,并在心理层面上实现自我价值的再建构。

(二) 后现代的海岛性意义超越

　　后现代性的海岛性意义超越,指在后现代社会背景下,海岛性不再局限于其物质属性和地理范围,而是成为超越现实且具有多重意义的象征。这一理念突破了传统结构主义对地方的认识,更强调地方是一种文化建构,其意义由社会成员赋予。

　　在现代主义范式下,海岛的场所体验有"千岛一面"的趋势,这背后正是现代主义的标准化建设以及商业化运营相互影响的结果,这意味着在不同的海岛场所会出现类似的设计和建筑风格。这种标准化的设计和建设方式可能会导致不同海岛场所的景观相似,缺乏独特性。在后现代背景下,地方不仅是一个物质空间,还成为一种文化符号。不同个体与群体通过对地方的想象和描述,赋予地方文化和历史内涵。这种文化建构使得地方超越了其原本的地理属性,成为一种象征意义的存在。在这一背景下,地方不再只具有单一的意义,而是拥有多重"身份"。后现代性的地方意义超越了强调地方与个体之间的互动关系,地方不再是个体生活和活动的背景,而是成为个体自我认同和价值观的重要组成部分。在这种互动过程中,游客通过对地方的体验和回忆,不仅塑造了地方的意义,还在不断建构和重塑自身的认同。

　　如图6-14所示,后现代海岛性意义的超越包括感知行为、海岛场所体验与追忆体验三个重要维度。首先,在旅游体验过程中,游客通过自身的行为对周围环境进行感知,具体包括对建筑构造、场所形态、海洋、植物等海岛景观要素的感知与反应。感知行为可能会唤起游客过往的记忆或情感,从而促使游客展开对海岛性意义的探寻。其次,游客通过参与各种旅游活动来深入体验海岛的场所精神和特色,同时产生各种联想,如将海岛与其他地方进行比较,或将海岛的某些特点与自己的生活经历相联系。这些联想有助于游客深入理解海岛性意义。在旅游过程中,游客可能会产生各种情感反应,如喜悦、兴奋等。这些情感反应有助于游客对海岛性意义的体悟。最后,在旅游结束后的追忆阶段,游客通过回顾旅游经历,重新梳理自己在海岛旅游过程中的感知、体验、联想、情感等方面,从而领悟海岛性意义。

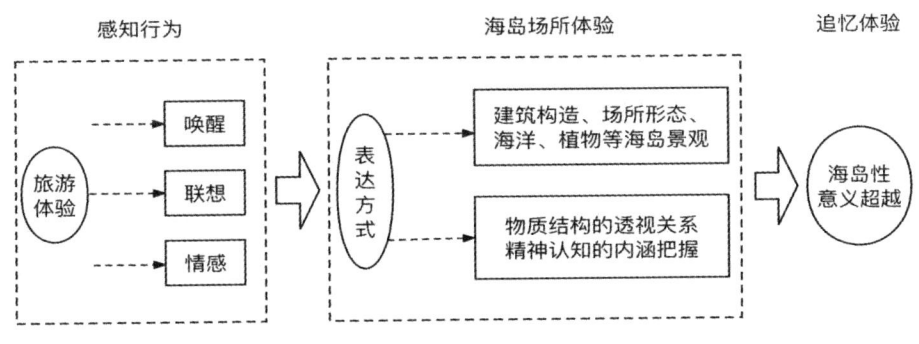

图6-14　海岛性意义超越

（三）人对海岛场所记忆的再塑造

海岛场所不仅给人们带来了美学上的愉悦体验,还承载着游客的情感和记忆。这种场所记忆是对过去时光的追忆、对人生经历的回顾,同时也承载着对未来美好生活的期待。随着旅游业的高质量发展,越来越多的游客将旅游视为对内在价值和意义的探索和发掘的途径,而非单纯的视觉享受。海岛场所因其独特的地理和文化背景,成为游客获得美好记忆和体验的理想场所。游客在海岛场所中可以通过观察、想象等多种方式,深入感知场所的美学价值和文化内涵。此外,海岛场所的记忆和情感也来源于历史和文化的积淀。历史悠久的城镇和文化古迹、传统民俗和风土人情等都是海岛场所特有的文化符号,这些元素与场所相互交织,使得场所不仅仅是一个地理上的位置,还是一个历史和文化的载体。游客在海岛场所中,可以通过参与当地文化活动,深入了解场所的历史文化与传统习俗,加深对场所的理解。

游客可以通过雕塑、绘画、摄影等形式记录海岛的自然景观和人文特色(见图6-15),为场所记忆注入文化价值和情感价值。这些艺术作品不仅可以增进人们对海岛场所的认知,还可以让人们"穿越时空",感受不同年代的海岛文化生态。

图6-15　海岛建筑场所记忆

(资料来源:笔者调研拍摄)

这种场所记忆具有个体记忆和集体记忆的双重特性。个体记忆是指个人在某个场所获得的情感体验与意义认知,具有私密性和独特性。集体记忆则是指人们在同一场所中获得的类似的情感体验,具有共同性和文化传承性。通过保留场所记忆,我们可以建立地域文化,延续民族集体记忆,以维持社会的恒久长存,建立对未来的信任感与依托感。艺术作品在记录和保留场所记忆中起着重要的作用,以艺术的形式叙述故事,深刻反映历史变迁、文化传承、人性本质等议题。

四、互动关系模型构建

海岛旅游体验的自我表达与地方意义建构的互动关系模型揭示了海岛旅游体验中自我表达与地方意义建构的互动逻辑与意义。它强调了个体与地方之间的相互作用,呈现了不同阶段对游客的心理和情感的影响机制。如图6-16所示,模型分为三个阶段,分别为选择期、体验期和追忆期。每个阶段都涉及自我表达与海岛性意义之间的相互作用。在选择期,现代性危机与远方的想象之间的关系,推动个体在补偿匮缺与自我实现间寻求突破。此阶段,游客通过自我建构与意义生成,追求"诗意的栖居",海岛旅游体验与乏味的日常生活形成鲜明对比。进入体验期后,游客通过与海岛性元素及他者的互动,建构美感、安全感、认同感与归属感。此时,游客与他者之间的互动关系在场所精神的解构与建构中发挥关键作用,创造出独特的海岛体验场域。最后是追忆期,追忆期着眼于自我价值的再建构与海岛性意义的超越。通过回顾与反思,游客将海岛旅游经验融入自我价值观,并赋予海岛性多元表征与后现代意义。至此,游客或将回归日常生活,或开始另一段"远方"探索。

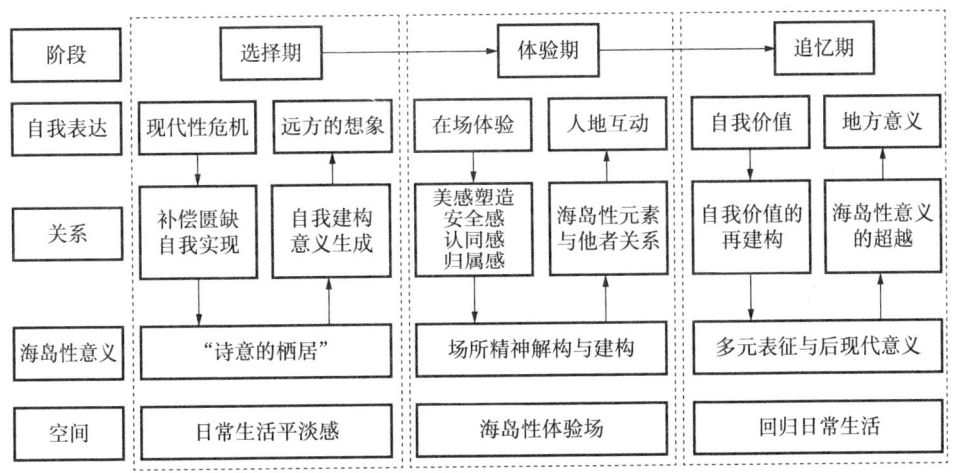

图 6-16 海岛旅游体验的自我表达与海岛性意义建构的互动关系

第四节 本章小结

本章结论具体如下。

海岛游客自我表达作为海岛旅游体验意义建构的重要结果,指游客在海岛旅程中,通过与地方环境、文化及他人之间的互动,展现并挖掘自身价值观、情感、态度与个性特质的过程。研究表明,这种自我表达主要可以从以下三个层面理解:其一是客观表达的符号性,包含本底感知、多元表征和交往互动三大维度;其二是建构表达的情境性,聚焦身份建构、情感建构以及故事建构的形成与呈现;其三是意义表达的生成性,涉及自我成长、价值塑造与自我实现三个方面。

作为海岛旅游体验意义建构的另一结果,海岛性意义体现了海岛这一场所的文化内涵与情感价值,凝结了人们对地方的主观理解与体验。具体而言,海岛旅游体验在海岛性意义建构中包含以下方面:客观本真的海岛性呈现,涵盖自然景观、地方性知识及本地特色;在场体验的海岛性表征,包括日常活动、具身联想和地方情感;象征赋予的海岛性精神,由符号象征、海岛精神与地方想象共同构成。

本研究进一步构建了海岛旅游体验中自我表达与海岛性意义建构的互动关系模型,并将其分为选择期、体验期、追忆期三个阶段。在选择期,现代性危机与远方想象之间的冲突激发个体去寻求匮缺补偿与自我实现,形成对"诗与远方"的追寻,海岛旅游体验与单调日常生活形成鲜明对比;在在场体验期,游客通过与海岛性元素及人地互动,塑造海岛场所的美感、安全感、认同感与归属感,游客与他者间的关系对场所精神的解构与建构起到关键作用,进而形成独特的海岛性体验氛围;在追忆期,游客关注自我价值的再建构与海岛性意义的升华,通过回忆与反思将海岛旅游体验内化于自我价值体系,并赋予海岛性更为多元、后现代的表征。至此,游客或回归日常生活,或再度踏上探寻"远方"之旅。

第七章　海岛旅游开发的典型案例与实践路径

　　海岛旅游研究中,小岛屿发展中国家(Small Island Developing States,SIDS)常常被视为脆弱环境与经济依赖度高度交织的典型区域。根据联合国1992年《里约环境与发展会议》(Earth Summit)期间通过的《21世纪议程》第17章内容中指出小岛屿发展中国家(SIDS)的特点是"它们的生态环境脆弱,易受冲击。它们面积小、资源有限、地理位置分散且远离市场,这些因素使它们在经济上处于劣势,阻碍了规模经济的发展。对于小岛屿发展中国家而言,海洋和沿海环境具有战略重要性,是宝贵的发展资源"。

　　马尔代夫已经从早期的度假胜地升级为"世界领先绿色旅游目的地",其市场定位以及体验经济理论(Pine & Gilmore,1999)与高端旅游消费趋势高度契合。同时,该国在全球气候议程下所实施的各种环保举措,也使其在可持续发展理论与海岛旅游研究领域占有一席之地。学界对于"如何在脆弱环境条件下同时实现高端旅游收益和生态保护"这一核心问题,尚缺乏更多系统性案例分析。马尔代夫恰好提供了一个理想的实践检验平台,相关数据积累充分,案例影响力更是辐射全球,为深入观察研究提供了绝佳条件。

　　综上所述,将马尔代夫作为典型海岛旅游开发案例进行研究,不仅能够为海岛旅游研究与可持续发展理论提供丰富的实证素材,还能为其他海岛地区在应对气候危机、发展支柱产业以及管理外来资本等方面提供借鉴与启示。因此,对马尔代夫案例的深入探讨,具有跨区域、跨学科的学术价值与实践意义。

第一节　马尔代夫的海岛旅游模式

　　马尔代夫位于印度洋,地跨赤道南北的广阔海域,由1192个珊瑚岛组成,其中187个岛屿为常住居民岛,另有180个岛屿用于发展旅游度假(根据2024年马尔代夫统计手册）。得益于印度洋暖流与珊瑚礁生态系统，马尔代夫海域水质清澈、能见度高，生物多样性极其丰富，海洋生物如各种珊瑚、海龟、鲨鱼及热带鱼类，为潜水和观光项目提供了极具吸引力的自然资源。

一、海岛旅游可持续发展理论与马尔代夫的适用性

（一）海岛脆弱性与环境承载力的双重约束

在世界范围内，海岛旅游之所以备受瞩目，主要因其在环境、资源和经济效益等维度兼具独特性与脆弱性。根据世界旅游组织（UNWTO）和相关学者的研究，海岛旅游往往构成许多小岛屿国家的重要支柱产业，但同时也面临显著的环境压力，如珊瑚礁生态系统退化、海岸侵蚀以及淡水资源匮乏等问题。环境承载力（Carrying Capacity）作为可持续发展的重要参考指标，强调在保持生态环境健康与社会文化完整的前提下，将旅游活动的规模和强度维持在可控范围之内（Butler，1980）。

对于马尔代夫而言，其领土几乎全部由珊瑚礁岛屿组成，平均海拔不足2米，被公认为全球海拔最低的国家之一（Ministry of Tourism，2020）。在这样的地理环境下，任何过度开发都可能对岛屿生态系统造成不可逆的损害。因此，海岛生态脆弱性与环境承载力的双重约束，在马尔代夫的海岛旅游开发中形成显著约束，也直接塑造了该国将可持续性置于核心议程的旅游发展路径。

（二）旅游地生命周期理论在马尔代夫的具体映射

英国学者 Butler（1980）提出的旅游地生命周期理论（Tourism Area Life Cycle，TALC）将旅游地的发展分为探索、参与、发展、巩固、停滞与衰退（或重生）六个阶段。结合马尔代夫的旅游历史，可以从以下几个方面进行映射：

1. 探索阶段（20世纪70年代之前）

马尔代夫尚未将旅游作为正式产业进行运营，其经济主要依赖于渔业和小规模贸易。此阶段的旅游活动仅停留在个别探险家或渔商之间的"偶然接触"，尚未形成规模化的旅游经济。

2. 参与阶段（20世纪70年代—80年代）

受南亚地区国际局势与对外开放政策的影响，政府开始尝试在部分岛屿上进行观光类项目开发，出现首批度假村，但规模与数量均极为有限，基础设施相对薄弱。

3.发展阶段(20世纪90年代—21世纪初)

借助全球旅游市场的繁荣,马尔代夫逐渐确立了"单岛单酒店"模式,并建立起完善的度假基础设施。国际航线的开通与全球奢华旅游需求的增长使马尔代夫迅速成为高端海岛目的地。

4.巩固与转向阶段(21世纪以来)

当海岛旅游在马尔代夫的GDP中占据重要地位后,政府与投资者愈发重视长期可持续发展和高端化升级。面对气候变化和市场竞争等挑战,马尔代夫逐步迈入了"精细化经营与生态保护并重"的新阶段,既要维持高端度假体验的品质,也要加强对生态环境与社区文化的保护。

在此过程中,马尔代夫一方面延续其"单岛单酒店"的经典高端模式,另一方面不断尝试通过生态保护、文化体验等手段规避"停滞"风险,为后期的再生与经济的持续增长提供新的动力。

(三)奢华旅游与体验经济理论对马尔代夫旅游形态的支撑

马尔代夫以水上别墅、海底餐厅和顶级的潜水体验等闻名世界,其品牌形象与奢华旅游(Luxury Tourism)和体验经济(Experience Economy)理论高度契合。Pine和Gilmore(1999)提出的体验经济理论指出,消费者越来越注重体验本身所带来的独特感官感受、情感共鸣与价值认同,而非仅仅停留在服务与产品层面。马尔代夫在实践中充分利用了海洋生态系统的独特性,以及与世界顶级酒店品牌合作所带来的高端服务优势,将"奢华"与"本土自然体验"相结合,形成了对高端消费人群极具吸引力的度假形态。

具体而言,诸如康斯丹酒店集团(Constance Hotels,Resorts & Golf)、安纳塔拉豪华度假村(Anantara Hotels Resorts & Spas)、四季酒店(Four Seasons)等国际酒店集团,在马尔代夫的旗舰度假村借助奢华设施与在地自然资源打造差异化体验,如海底餐厅、玻璃地板房间(可观察海洋生物)、私人沙滩派对等,这种"定制化＋私密性"的奢华旅游产品,不仅奠定了马尔代夫在全球海岛旅游市场中的高端地位,还成为其对外宣传的重要"体验符号"。

二、政策与规划驱动下的历史演进

(一)早期旅游开发萌芽与动因(20世纪70年代)

20世纪70年代之前,马尔代夫的经济主要来源是渔业、农业和有限的对外贸易。1972年,马尔代夫第一家度假村——库鲁巴(Kurumba)岛度假村正式开业,标志着马尔代夫进入了旅游产业的萌芽阶段(Zubair & Ahmed,2019)。彼时,马尔代夫旅游业的发展尚处于摸索阶段,一些国际地缘政治与地理优势为马尔代夫打开了旅游市场。南亚地区的旅游业整体升温,来自欧洲和亚洲的旅行团开始关注印度洋度假目的地;国际航线和包机业务的拓展,初步保证了旅游客源输送的通达性;政府在财政上对基础设施进行有限且关键的投入,如瑚湖尔机场的改扩建和部分岛屿的码头建设。

这一时期,马尔代夫政府虽没有形成较为系统的海岛开发政策,但通过对度假村进行初步监管(如环境影响评估和建设许可等),逐渐意识到海岛的脆弱性,为后期"单岛单酒店"模式的成型埋下了重要伏笔。

(二)单岛开发模式的确立与高端化进程(二十世纪八九十年代)

伴随全球旅游的兴起,马尔代夫政府在20世纪80年代中后期确定了"单岛单酒店"的基本原则。这不仅能够实现对有限资源的最大化利用,还有利于对外树立高端、私密与高品质的形象定位。具体而言:

1.严格的岛屿开发审批

政府对每个拟开发岛屿进行详细的环境评估,限定酒店建筑与配套设施所能占用的土地面积(一般不超过岛屿面积的30%—50%,具体视岛屿形状与生态状况而定),并要求在建筑设计中保留原生植被。

2.酒店数量与经营密度控制

每个岛屿只允许设立一家酒店,限制每日游客的最大承载量,以保护海洋环境,同时凸显"私密、奢华"属性。

3.国际品牌的引入与投融资模式创新

马尔代夫通过与国际酒店集团合作,采用包括公私合营、外资直接投资、特许经营等多种模式,推动整体度假产业与国际接轨。政府在税收、土地租赁和基础设施建设方面给予政策优惠,以吸引国际资本对旅游开发的投入。此阶段,马尔代夫的高端化特征逐渐形成,其"蓝色天堂"的市场形象开始在全球范围内扩散,一方面带来了大规模的外汇收入,另一方面也开始面临气候变化与生态破坏的潜在风险。

(三)当代可持续发展转向(21世纪至今)

进入21世纪以来,全球生态环境议题成为国际社会关注的重点,可持续发展成为主旋律。马尔代夫作为典型的低海拔岛国,对海平面上升的敏感度极高,因而在政策上更加注重生态保护与可持续发展。

1. 制定更严格的环境法与旅游条例

为强化环境治理与资源保护,马尔代夫政府先后出台了多项重要法规,如2008年修订的《环境保护与保护法》(Environmental Protection and Preservation Act, Law No. 4/93)和2021年修订的《旅游法》(Tourism Act, Law No. 2/99)。这些法规对岛屿开发的环境影响评估(EIA)、垃圾处理、污水排放、可再生能源使用等方面提出了明确要求。政府对不符合环保标准的开发项目不予批准,对违规运营的旅游企业实施罚款、暂停或吊销营业许可等处罚措施,从制度层面推动旅游与环境协调发展。

2. 引入绿色技术与国际援助

马尔代夫在太阳能、风能、垃圾回收、珊瑚礁修复技术等方面,与联合国开发计划署(UNDP)、世界银行等国际组织合作,获得资金与技术支持。此外,马尔代夫的不少国际酒店集团也通过企业社会责任项目,将生态保护和社区发展纳入考核范围。

3. 多元产品与社区融合

马尔代夫并不局限于发展奢华度假,还逐步丰富了水上运动、文化旅游、环保教育等多元化产品。一些度假岛屿组织当地居民参与演出、手工艺品展示,以及自然体验活动,使部分旅游收益能够回流到社区。

此阶段,马尔代夫政府一方面借助生态保护举措赢得国际关注和资金援助,另一方面积极呼吁国际社会共同减排,因而被视为将高端旅游与生态保护融合得较好的海岛国家典型案例。

三、生态脆弱性与产业转型的交互关系

马尔代夫海岛旅游的发展路径并非直线式,而是持续在生态脆弱性与产业转型之间进行动态平衡。面对气候变化、海平面上升、珊瑚白化等问题,海洋生态系统承受巨大压力,旅游产业的可持续发展面临严峻挑战。与此同时,旅游业又是该国主要的经济支柱,支撑着国内的GDP、就业与外汇收入。因而,"如何在保持环境质量的同时不断拓展高端旅游市场"成为马尔代夫政府与业界共同探讨的重要课题。

(一)环境约束倒逼产业升级

在资源与环境容量有限的情况下,马尔代夫选择走"少量高端"的路线,通过高端定价与奢华服务实现利润最大化,而非追求游客数量的无限增加。环境约束

促使旅游运营商不断进行商业模式与科技手段的创新(如绿色建筑、可再生能源使用等),为进一步延长旅游产业的生命周期提供新的动力。

(二)多重利益主体的博弈与平衡

政府、酒店集团、当地社区、环保组织等主体在生态保护与经济收益之间存在利益分歧。通过立法、项目合作与社区共管等方式,马尔代夫逐步建立了一套多方协调的机制。虽然仍存在利益分配不均、监管不力、资金缺口等问题,但相较于其他海岛国家,马尔代夫在平衡多方利益方面的实践成果较为突出。

(三)可持续性视角下的产业迭代

马尔代夫近年来也在尝试将旅游业与渔业、文化创意产业相结合,探索传统度假酒店外的更多业态,包括海洋科研、海洋生物教育和艺术创作等,为产业转型与升级创造了新的增长点。这种对生态资源的深度利用与保护并行的思路,或将成为下一阶段马尔代夫旅游业保持竞争力的关键。

第二节 "单岛单酒店"模式及其
社会—经济—生态影响

一、模式内涵与实践特征

(一)私密性与高端体验的核心诉求

"单岛单酒店"是指在每个独立岛屿上只允许建设一个度假酒店(或度假村),并确保岛屿整体运营与酒店管理实现一体化的独立空间体系。这种模式的根本逻辑在于:强化私密性,打造高端体验。一方面,限制岛屿酒店数量可以避免"观光过度"导致的人口密集、环境污染和生态损伤;另一方面,由于单个岛屿上仅有一个度假酒店(或度假村),运营方能够在建筑风格、旅游配套和服务流程上实现高度统一,形成独特的品牌与形象。

(二)选岛、建岛与环境影响评估的关键流程

马尔代夫每个岛屿的生态、地貌、资源禀赋并不完全相同,政府与酒店集团在进行选岛、建岛与环境影响评估时所考虑的因素具体如下。

1. 地理位置与海洋景观

马尔代夫的国际航空枢纽集中在维拉纳国际机场及其他少数机场。度假村所选的岛屿若距离机场或主要港口过远，交通转运成本将大幅提升，且旅客可能需要额外搭乘水上飞机或快艇。为满足高端旅游市场对舒适度与便捷度的需求，在选岛时通常倾向于寻找交通距离适中、航线条件和配套基础设施相对完善的岛屿。同时，也要关注交通工具对自然条件的适配，如是否具备可供水上飞机或高速船只停靠的海域条件。

马尔代夫度假村的核心卖点包括水上别墅、珊瑚礁潜水及海洋生物观赏。因此，高海水能见度、健康的珊瑚礁生态系统、稀有或富有特色的海洋生物品种（如蝠鲼、海龟等），都会显著提升岛屿的观光价值。度假集团往往会聘请专业潜水教练、海洋生物学家，或与科研机构合作，对拟开发岛屿附近水域进行实地考察和监测，以评估其潜水质量与生物多样性。

2. 自然灾害与气候风险

马尔代夫地势低平，平均海拔不足2米，易受到风暴潮、强风和海浪的冲击。选岛时需评估环礁结构、潮汐特点以及岛屿砂洲的地质稳固性，以确保度假村基础设施能有效抵御极端气候与海平面上升的威胁。对于处在风暴潮高风险带或海底地形较为复杂的岛屿，需进行土壤稳定性检测、海岸侵蚀预测，并在必要时设计防浪堤、海底护岸和沙滩修复工程。

3. 环境影响评估

环境影响评估（Environmental Impact Assessment, EIA）是马尔代夫旅游开发项目审批的核心环节，重点关注珊瑚礁、海洋生物、岛上植被、海鸟栖息地以及邻近海域渔业等。评估团队通常由海洋学家、生物学家、地质学家与环境工程师组成，他们会实地采集珊瑚覆盖度、鱼类群落组成、海水水质等方面的数据，并记录当地社区对于海岛利用的意见，通过纵向与横向的比较分析，确定该岛屿是否适合大规模的酒店开发，是否需要限定游客规模以保护生态环境的承载力。

EIA流程不仅包括专家评估，还要求项目方征询当地政府、环保组织以及社区居民的意见。对于有本土居民或渔民定居的岛屿，社区对海洋资源利用（如近海捕捞、沙滩公共活动等）的态度也是关键考量因素。若评估结果显示项目会对珊瑚生态系统、海鸟繁殖地等造成重大破坏且难以逆转，政府有权驳回申请或要求大幅度整改，如缩减度假村建设规模、增加海岸修复与植被保留比例等。

EIA报告提交后，由马尔代夫环境保护机构和旅游主管部门共同审核。若评估结论达成一致，允许项目继续推进，但会在建筑布局、废弃物排放等方面提出严格要求;若发现严重生态威胁或规划无法满足环保标准,政府则会要求再次修订或取消项目。此流程旨在确保每个拟开发岛屿在投入商业运作前的生态可行性与可持续性。

(三)建筑面积限制、可再生能源使用等生态保护措施

为控制旅游开发强度、保护岛屿生态环境,马尔代夫政府长期对酒店区(包括客房、餐饮与娱乐设施等建筑面积)制定了严格要求。根据2010年《度假岛屿开发指南》(Resort Development Guideline),酒店区建筑面积不得超过岛屿可注册土地面积的30%,以确保足够的自然植被与生物栖息地保留。

1. 可再生能源应用

不少度假村装配太阳能光伏板或微型风力发电机,用以满足酒店日常用电需求,减轻对柴油发电的依赖,降低碳排放。

2. 海水淡化与污水循环

由于马尔代夫淡水资源匮乏,各酒店纷纷建设海水淡化系统,并采用低耗能、多道过滤技术;污水通过生物净化后用于浇灌植被,形成近似闭环的水循环。

3. 防浪堤与海岸线保护

一些生态敏感海域或受到侵蚀威胁的岛屿,会设置人工礁石或防浪堤,其工程规模和材料选择必须符合环境保护原则,避免二次破坏珊瑚生态。

二、社会经济影响与治理挑战

(一)创汇与就业:对本地经济结构的重塑

旅游业在马尔代夫的国民经济中占据举足轻重的地位。根据马尔代夫中央银行2019年发布的统计数据,旅游业及相关行业的GDP占比超过30%,且贡献了超过九成的外汇收入。对于本地居民而言,度假酒店的兴起创造了大量直接和间接的就业机会,涉及客房服务、餐饮、导游、水上运动教练,以及物流、交通等方面。旅游收入又能通过政府税收和社区项目投资转化为公共服务与社会保障,如提升基础教育和医疗设施水平等。

然而,这种经济结构的改变也带来以下潜在风险。

1. 对外籍劳动力的依赖

大量高端度假酒店的管理层与专业技术岗位由外籍人员担任,当地劳动力主要从事入门级或低技能服务类职务。这种结构加剧了本土居民在技能水平与收

入分配上的不均衡,也使社会矛盾面临潜在的上升风险。

2.脆弱的经济单一性

在经济严重依赖旅游业的结构下,一旦遇到全球性经济动荡或疫情危机,马尔代夫的经济将遭受明显冲击。因此,如何适度推进产业多元化,成为马尔代夫政府面临的重要课题。

(二)本土文化与外来文化的交融与冲突

马尔代夫以伊斯兰教为国教,其社群在宗教信仰、风俗习惯和生活方式上具有鲜明特色。然而,面向国际旅游市场时,度假酒店会提供鸡尾酒、派对、比基尼沙滩等西式度假元素。二者如何平衡成为一个棘手问题。

1.特定制度安排

许多高端度假岛屿往往设立在与居民岛分离的旅游岛上,这种空间隔离在一定程度上减少了文化冲突,但也导致本土社区与旅游活动相对隔离。

2.文化商品化

一些酒店会组织民俗舞蹈表演、手工艺品售卖活动,但随着旅游商业化的深入推进,传统文化存在被简化或"景观化"的风险。若缺乏深度的文化阐释与社区参与,就难以实现对本土文化的可持续传承。

3.宗教与社会规范的融通

政府在宏观上通过立法及制定条例,允许旅游岛进行一定程度的"自由化经营",但对游客在公共场合的言行举止也提出要求。例如,在作为居民生活区域的岛屿,游客不得穿着暴露或饮酒,以避免与本土宗教观念发生冲突。

(三)政府监管、行业自律与社区共管的平衡

马尔代夫的"单岛单酒店"模式在社会经济和生态层面有着独特的正面价值,但同时也面临执行与监管上的挑战,主要体现在以下方面。

1.政府监管难度大

尽管有明确的法律法规,但在数百个分散岛屿上实施实时监管仍面临诸多挑战,存在执法资源不足、利益相关方可能"合谋"等问题。这导致部分酒店在污水排放和垃圾处理等环节存在偷工减料的行为。

2.行业自律缺失

即使已有一些大型国际酒店集团践行可持续发展理念,但仍有部分中小型度假村在经营压力下忽视环保要求,或存在满足最低环保标准后停止进一步改进的

现象。

3.社区共管不充分

马尔代夫政府为提高当地居民参与度,鼓励度假岛与邻近居民岛建立互助协定,但在实践中,由于利益分配不均、信息不对称和行政效率低下等,效果并不理想。

三、可持续发展绩效评估

（一）生态足迹、碳排放与珊瑚修复成果

随着全球对碳中和和生态足迹(Ecological Footprint)等指标的关注度提升,马尔代夫度假酒店也开始披露年度碳排放及资源消耗数据。一些关键绩效指标具体如下。

1.碳排放量

主要来自交通(快艇、海上飞机等)及岛上发电。部分度假村通过太阳能、风能或生物能减少30%—50%的化石燃料消耗。

2.垃圾处理效率

一般度假村会将垃圾分类后集中运往指定的回收中心,或采用先进的焚烧及再利用技术,减少对海洋的直接污染。

3.珊瑚礁修复

一些酒店与科研机构合作,进行珊瑚种植项目,为受损的珊瑚礁生态系统注入新生力量,并定期组织游客参与"植珊瑚"活动,提升环保意识。

（二）资源循环利用理念与酒店运营管理的融合

可持续发展理念需要在管理和运营的每个环节中落地。例如,一些高端度假村在建筑设计阶段引入可持续理念,如生态建筑、生物气候建筑等,利用自然通风和遮阳设计减少空调耗能;在运营阶段注重为游客提供环保教育,如在房间内摆放可降解包装,鼓励游客减少一次性塑料制品的使用等。

（三）社会公平与利益分配的持续性检验

可持续性也意味着社会层面的平等与包容。对马尔代夫而言,需要持续检验以下方面:当地社区是否能够通过旅游业获得稳定且有增长潜力的收入? 生态保护与旅游经营之间是否存在利益冲突? 若存在冲突,解决机制是否有效? 政府是

否具备足够的公共服务能力来满足旅游业发展带来的城市化需求（如住房、医疗、交通）？

通过这些持续性检验，一方面，马尔代夫的可持续旅游发展实践能够不断修正政策与经营模式；另一方面，也为其他小岛屿国家提供有价值的经验借鉴。

第三节　国际视角下的经验启示与未来走向

一、马尔代夫经验对全球海岛旅游的启示

（一）"单岛单酒店"模式与其他海岛模式的对比与可移植性

在国际海岛旅游市场中，不同国家或地区根据自身资源禀赋与政策背景，往往采用多元模式。

1. 塞舌尔：高端化与社区融合

塞舌尔共和国（Republic of Seychelles），简称"塞舌尔"（Seychelles），位于印度洋西部，由大大小小115个岛屿组成。与马尔代夫相似，塞舌尔同样以美丽的海滩、珊瑚礁生态系统、热带雨林景观以及珍稀动植物资源而闻名。它在全球旅游市场中定位为奢华、原生态、独特且富有私密感的海岛度假胜地，并被称为"印度洋上的明珠"。然而，与马尔代夫"单岛单酒店"模式的最大差异在于，塞舌尔多数岛屿上有本地居民常年生活并进行生产活动，政府并未全面推行"一个岛只有一家酒店"的开发理念，而是采取了相对灵活的岛屿综合开发和社区共融策略。

从政策角度看，塞舌尔政府在进行海岛旅游规划时，始终将环境保护和社区发展放在突出位置，并通过专门的法规限制大规模的商业开发。例如，对于可能对珊瑚礁与海岸带造成重大破坏的大型旅游度假项目，必须经过严格的环境影响评估方可立项。在具体执行层面，政府还积极促进当地社区与国际酒店集团或外来投资者的合作，让本地居民能够在土地出租、生态农场供给、高端酒店就业以及文化节目演出等方面获得实质收益。这种模式确保了旅游收入在一定程度上惠及本地社区，从而在经济、社会与生态三重底线之间形成稳固的平衡。

就旅游开发的高端化和自然保护而言，塞舌尔与马尔代夫颇为相似，都在品牌塑造方面突出稀缺性与生态价值。塞舌尔的某些高端度假村也提供私密性极强的服务，如海景别墅、水上运动、私人沙滩等，意在与竞争对手（如毛里求斯、马尔代夫等）争夺高消费人群。但与马尔代夫相比，塞舌尔的岛屿面积普遍更大，

且部分岛屿的生态系统更复杂,山地与森林景观比例较高,因而不仅可以提供海洋观光与潜水体验,还能发展森林徒步、鸟类观赏等多元化生态旅游项目。基于此,塞舌尔政府在政策层面并未全面推行"单岛单酒店"的开发限制,而是允许多家度假村或不同级别的旅馆在同一岛屿上经营,以满足不同客源结构与市场定位的需求。

在可移植性方面,若将"单岛单酒店"模式运用到塞舌尔,首先需要考虑到当地社区多年来形成的生活、生产网络与社会关系。在许多岛屿上,居民依靠渔业、农业或生态保育项目为生,政府更倾向于支持社区融合式的旅游开发,以避免大规模征地或私有化引发社会矛盾。因此,在塞舌尔大部分岛屿上,完全照搬马尔代夫的"单岛单酒店"策略并不现实或必要。相反,可以针对个别尚未有人居住的无人岛进行类似的开发试点,将"单岛单酒店"模式与塞舌尔原有的"社区融合"理念相结合,既可以打造更为极致的私密度假体验,也能在较大范围内保持岛屿开发的可控规模与环境负荷。由此可见,塞舌尔模式更倾向于在保护与利用之间寻求平衡,通过允许不同规模、类型的酒店与其他旅游形态并存,构建丰富的旅游产品结构,同时强调社区共管与收益共享,让本地居民成为旅游发展的重要利益相关方。

2. 毛里求斯:多元产业联动与海陆资源融合

毛里求斯共和国(The Republic of Mauritius),简称"毛里求斯",位于印度洋西南部,非洲大陆以东,与塞舌尔、马达加斯加等国同处西南印度洋群岛区域。相较于马尔代夫,毛里求斯的陆地面积更大,而且整体地形特征更为多样化,既有沿海珊瑚礁环绕的白沙海岸,也有内陆火山地貌、平原与山峦,是一个海陆资源相对丰富的热带岛国。毛里求斯有着多元文化背景,早在20世纪中后期便开启了商业投资、金融服务和旅游业的对外开放进程。

在旅游开发策略上,毛里求斯注重多元化产业联动,旅游业与农业、金融服务、商业流程外包(BPO)等产业形成互补的生态体系。以旅游业而言,政府初期便提出"蓝图"(Blueprint)式规划,将海岛划分为若干个重点发展区域,每个区域根据资源禀赋规划差异化度假产品,如东南部海岸主打高端度假酒店与水上运动,中西部地区融合农业观光与文化旅游,北部则以金融中心与城市配套设施为特色。与马尔代夫的"单岛单酒店"模式相比,毛里求斯的多数岛屿(或主岛的不同海岸带)同时存在多个旅游项目或酒店品牌,形成了集中度相对较低的旅游发展布局。

毛里求斯的这种发展模式的优势在于:一方面,主岛允许多类型的旅游开发,有利于吸引不同层次、有着不同市场需求的游客,并在金融业、农业等方面实现资源互补;另一方面,毛里求斯也持续推动在地化发展,鼓励本土企业与国际品牌合作,共同建立度假村、商务酒店与会议中心,将"海岛"与"商务金融中心"的形象融为一体。与此同时,不同开发主体在资源、土地与环境管理方面的博弈较为复杂。毛里求斯每年接待的游客数量不断攀升,政府需要在海岸线保护、珊瑚礁修复和城市排污处理方面投入大量资金与技术,以避免过度开发对环境造成不可逆损害。

若将马尔代夫的"单岛单酒店"模式移植到毛里求斯,从根本上说并不完全契合其多元产业发展的整体规划。毛里求斯拥有更大的陆地面积和更为多元的社会结构,"一个岛屿仅设一家酒店"的做法会显著限制当地已有经济的多样化与商业机会。在毛里求斯成熟的土地私有制体系下,不同土地权利人对开发或保育的诉求并不相同,政府更倾向于在宏观层面协调各方利益,而非在所有海岸或岛屿上采取单一、封闭式的高端度假村模式。可以预见的是,如果在毛里求斯一些特别敏感或独特的离岸小岛上推行"单岛单酒店",可能会获得私密度假的效果,但对于其主岛及其他主要区域而言,"多产业联动+开放式的酒店布局"更适配当下的经济与社会现实。

总的来看,毛里求斯模式更偏向于"综合性海岛开发"策略,从金融业、农业、文化业等领域增强经济弹性与市场竞争力,虽然在高端奢华度假方面不及马尔代夫或塞舌尔纯粹,但却能够确保旅游业与其他产业和谐共生,形成较强的经济韧性并获得多元化收入来源。

3. 巴哈马:邮轮经济、度假村混合与资源共享

巴哈马国(The Commonwealth of the Bahamas)地处加勒比海和西印度群岛北端,美国佛罗里达州东南侧,由700多个岛屿及2000多个岩礁、珊瑚礁组成,是西半球重要的海岛旅游目的地之一。首都拿骚(Nassau)所在的新普罗维登斯岛以及天堂岛(Paradise Island)是该国的核心旅游区。与马尔代夫类似,巴哈马同样以海洋生态资源著称,拥有清澈的海水、绵长的沙滩和优质的珊瑚礁潜水点。然而,在旅游开发模式上,巴哈马形成了与邮轮经济深度融合、与大规模度假村协同发展的混合开发形态,既有国际知名邮轮公司将其作为主要停靠点,又有规模庞大的综合度假村(如Atlantis度假村)独立运营,吸引来自北美和欧洲的游客。

邮轮经济是巴哈马旅游的显著特色。由于地理位置紧邻美国佛罗里达州,巴哈马成为加勒比海邮轮航线的热门停靠地,每年接待大量短程或长程邮轮旅客。这种邮轮与岛屿度假相结合的模式,为巴哈马带来了广泛的游客来源,也促进了

在地消费与就业。然而,与马尔代夫"单岛单酒店"式的私密体验截然不同,邮轮经济强调游客在有限时间内进行快速观光和城市购物,可能存在"集中式"消费的问题:大量游客在极短时间内涌入特定景点或商业区,引发环境压力与商业竞争不均衡的双重挑战。

在度假村层面,巴哈马虽然存在一些高端品牌,提供私密的海景别墅与丰富的海上活动,但更多是以"度假村群聚"或"滨海综合体"的形式呈现。部分离岛或私人岛屿确实采取了接近"单岛单酒店"的运营方式,如为邮轮公司或超奢华酒店集团所购买或租赁的专属岛屿,但从国家整体层面来看,巴哈马模式更侧重于开放式的旅游供给结构,使不同类型(从经济型到超高端型不等)的度假产品都有市场空间。

将马尔代夫的"单岛单酒店"模式与巴哈马的邮轮经济与度假村混合开发模式进行比较后可以发现,二者在核心策略和客源结构方面大相径庭。马尔代夫通过控制岛屿使用权和行政审批,保证每个岛屿只发展一个度假村,最大限度地维持私密性与生态平衡;巴哈马则借助自身区位优势和多岛屿资源,辅以完善的岸上配套服务和城市功能,打造了多层次、多档次的旅游产品。从可移植性来看,若巴哈马要大规模复制"单岛单酒店",在邮轮与度假村的综合运营模式下将面临诸多挑战,涉及邮轮业与本土旅企的利益分配、对私人岛屿的立法监管、对生态资源的统一管控等方面的问题。可见,"单岛单酒店"并非巴哈马普遍适用的策略,但在尚未开发或已被私人收购的岛屿上,可以借鉴马尔代夫模式打造独家度假体验,以进一步丰富巴哈马的旅游层次。

总体而言,巴哈马的成功得益于其区位优势,与邮轮经济和大规模综合度假项目相辅相成;这种多元化的开发形态带来了客源与收入规模的持续增长,对环境治理水平与公共设施配套能力也提出了更高要求。与马尔代夫相比,巴哈马所强调的"资源共享与多元组合"的海岛模式,对于那些邻近主要客源市场并具备良好交通条件的国家或地区更具参考性,而"单岛单酒店"模式则更适合面积较小、私密性需求高、需要严格控制游客规模的海岛区域。

综合上述三个案例可以发现,"单岛单酒店"模式并非"放之四海而皆准"的开发策略,具体的发展模式与当地的地理环境、资源禀赋、社会经济结构以及政策导向紧密相关。马尔代夫之所以能以该模式取得成功,在很大程度上得益于其岛屿面积普遍较小、人口分布分散、对外资依赖度高且政府集权程度较高;同时,全球高端奢华度假市场不断扩张,为"一个小岛只配备一家度假村"的私密与高溢价供给方式创造了充裕的客源。相较之下,塞舌尔倾向于在居住岛上推行社区融合式的中小规模开发;毛里求斯注重产业多元化发展与综合性开发;巴哈马则依托邮轮经济、大型度假村群以及私人岛屿的灵活运作来满足不同层次的市场需求。

由此可见,"单岛单酒店"模式适用于面积较小、开发强度不可过高、强调私密和高端的海岛,而对于面积较大或社区密集型岛屿而言,往往需要更多样化的开发模式。从可移植性角度出发,各国(或地区)政府应基于自身的资源特色、社会结构、政策法规和国际合作条件,综合评估"单岛单酒店"模式可能带来的收益与风险,制定务实而审慎的决策。对于具有潜力的个别无人岛或生态敏感区,可以尝试引入马尔代夫式的开发经验,打造差异化、奢华型的小规模度假项目;在更广泛的岛屿或沿海区域,或许更应学习毛里求斯、巴哈马等地的多元化发展策略,在兼顾环境保护与居民利益的前提下,形成多层级、可持续的海岛旅游产业格局。

(二)生态优先与经济效益平衡的战略选择

在许多小岛屿发展中国家(Small Island Developing States,SIDS),旅游业往往是其支柱产业,旅游业发展与生态保护之间的互动关系极为敏感。马尔代夫通过法治化和制度创新,力争在生态保护与经济效益之间找到相对平衡,这主要依赖于以下关键点。

1.政府层面的强制性政策与引导

首先,马尔代夫政府高度重视对海岛自然资源的立法保护与行政监管。早在20世纪末,马尔代夫便制定了《马尔代夫旅游法》《环境保护法》等基础性法律,对酒店建筑占地面积、珊瑚礁及海岸线保护、污水与垃圾排放等方面设置严格的红线规定。具体来说,许多旅游岛屿被要求将建筑密度控制在岛屿总面积的30%至50%之内,以保证大部分区域仍保有原生植被和栖息环境。此外,在项目立项时,政府要求开发商提交环境影响评估(EIA)报告,审慎评估海水淡化、垃圾处理、能源供给等方面的一系列设施对海洋和陆地生态的潜在影响。这种以"硬约束"方式实施的前置审批机制,不仅为生态脆弱区保留了自然修复的空间,还在一定程度上避免了无序竞争和无度扩张。

与此同时,马尔代夫政府通过税收优惠、土地租赁政策和环境绩效考核等多种手段,引导旅游企业在实现盈利的同时,加强对珊瑚礁修复、绿色建筑、可再生能源使用等方面的投入。对于在环境保护上表现突出的项目或酒店,政府还会积极进行宣传推广,从而形成"鼓励合规、惩戒违规"的监管氛围。在此监管框架下,马尔代夫旅游开发的整体规模虽然不算庞大,但在建筑风格与运营标准上却呈现高质量、低密度的趋势,成为许多海岛国家效仿的范例。

2.行业层面的自律和可持续技术应用

马尔代夫的各大酒店集团与度假村在行业层面也形成了相对完善的自律机

制。大量国际酒店品牌(如四季酒店、安纳塔拉等)在马尔代夫投资兴业,并采用符合可持续发展理念的技术与管理方式,例如:大规模安装太阳能光伏板,以减少对柴油发电的依赖;运用生物技术对污水进行多重过滤,将处理后的中水用于园林浇灌;建设专门的垃圾焚烧和回收设施,努力实现"零废弃物"或"近零废弃物"的运营目标。部分高端度假村还会在游客入住期间提供环保教育或互动体验活动,包括"植珊瑚"计划、珊瑚养殖课堂和海龟救护项目等,让消费者直接参与生态保育,提升其环保意识与责任感。

值得一提的是,马尔代夫的许多酒店集团在选岛时也主动进行长期成本收益分析,评估高标准环保技术应用与后期生态修复所带来的经济价值。研究显示,生态环境的可持续性往往与度假村的品牌溢价和客户忠诚度密切相关。也就是说,越能保障珊瑚礁健康、水质优良和自然景观完整的度假村,越能吸引高端消费者反复前往,且消费者更愿意在社交媒体上对其进行口碑传播。因此,在马尔代夫的市场生态中,"自律+创新技术"的行业机制,既是一种顺应监管要求的被动选择,也是贴合奢华市场需求、实现长期商业价值的主动策略布局。

3. 多方共治模式

在小岛屿国家公共资源与执法能力有限的背景下,仅靠政府和行业的努力往往难以全面落地可持续理念。为此,马尔代夫逐步发展起"多方共治"模式,如鼓励环保NGO(国际自然保护组织)、科研机构(大学、海洋研究中心)和社区团体深度介入海岛旅游开发与环保监测体系。在许多度假岛屿上,酒店方会与科研机构签订合作协议,共同进行珊瑚礁修复、海洋生物多样性监测与水质评估,并定期向政府部门或国际组织汇报相关数据。这种机制不仅能为科研机构提供专业研究所需的数据与场地,还能帮助酒店和政府及时获取有关海岸带环境变化的科学建议。

与此同时,社区共管也逐渐成为马尔代夫探索的重点治理模式。由于岛屿资源稀缺且分散,单靠酒店运营者难以有效管理好岛屿周边的渔业活动、海洋垃圾清理和岸线保护等公共事务,因此,本地社区居民对周边海域的认识和使用需求同样需要被纳入旅游管理体系。通过村民委员会、社区合作社或环保协会等组织,本地居民与度假村运营者在利益分配、生态维护上形成更直接的沟通渠道,这在一定程度上缓解了"旅游繁荣与社区收益不均"带来的矛盾。

值得关注的是,国际多边援助机构也在马尔代夫生态旅游的多方共治模式中发挥积极作用。世界银行、联合国开发计划署(UNDP)以及绿色气候基金(GCF)等机构,为马尔代夫提供了大量资金与技术支持,推动了珊瑚幼苗培育、清洁能源推广等项目的落地实施。多元主体的共同参与,为马尔代夫在全球气候治理与海洋生态保护领域的持续发声提供了坚实的后盾,也使其成为其他小岛屿国家在可持续旅游开发方面学习和借鉴的重要案例。

（三）国际合作与多边援助在海岛保护与旅游开发中的价值

马尔代夫作为世界上极具脆弱性的岛国之一,一直活跃于国际舞台,积极寻求国际社会的支持与合作。例如,世界银行、国际货币基金组织以及绿色气候基金持续为马尔代夫在环保项目和基础设施建设方面提供援助;国际环保组织与科学研究机构在珊瑚修复、海洋监测、可再生能源应用等方面为马尔代夫提供技术帮助。由此可见,这些外部资源对马尔代夫的海岛旅游与环境治理提供了巨大支撑。同时,马尔代夫也能够通过自身实践,为全球海岛旅游可持续发展贡献案例经验与数据。

二、面向气候变化与市场变动的适应策略

（一）新技术应用与绿色金融助力环境治理

在全球范围内,气候变化对低海拔岛国构成重大威胁,马尔代夫正尝试依托新技术与绿色金融进行自我保护与转型。

1. 海洋监测与预警系统

马尔代夫政府与多家科研机构合作,运用卫星遥感、传感器网络和无人机巡检等高新技术,对珊瑚礁和海洋生物进行动态监测。通过实时收集海水质量、珊瑚健康度与水下生物活动等数据,科研人员能够精确识别潜在的生态危机,包括珊瑚白化、海洋酸化等,并及时向政府部门提出预警方案。此举不仅保障了马尔代夫旅游资源的可持续利用,也为全球低海拔海岛国家的生态监测体系提供了宝贵经验。

2. 绿色金融与碳交易

除了传统的外汇收入和海外投资,马尔代夫还探索将部分旅游收入与低碳发展项目深度绑定。例如,依托碳交易市场的机制,将旅游税或度假村环保费投入到绿色基础设施建设(如海水淡化、太阳能发电等)与科研项目(如海洋生态修复等),以实现"污染者付费"与"游客共同参与"的生态治理模式。通过积极参与国际碳交易机制,马尔代夫一方面获得了额外的融资渠道,另一方面也提升了自身在全球气候议程中的话语权。

3.人工岛与防波堤工程

在地势低洼、易受风暴潮冲击的敏感区域,一些人工岛被用作防洪、防浪和海岸修复的试验平台。马尔代夫在此过程中注重平衡人工改造与自然生态之间的关系,一方面确保防波堤等工程能有效抵御极端天气,另一方面尽量保留自然岸线和原生珊瑚群落,防止大面积围填海对海洋生态造成破坏。工程实施前需通过环境影响评估,实施后需通过科研监测来验证项目对当地生态系统的中长期影响。

(二)细分市场与多元化产品的迭代升级

马尔代夫过去主要面向欧洲、中东和东北亚的高端客群,近年来开始关注新兴市场,如来自中国、印度和俄罗斯等国家的游客的需求差异。推动自身旅游产品由简单的"蜜月＋休闲度假"转向更多元化的旅游组合。

1.运动旅游

潜水、冲浪、皮划艇等水上运动项目成为吸引年轻客群的重要手段。部分度假村通过与专业运动俱乐部或赛事组织合作举办国际级别的水上运动比赛,既提升了目的地的国际曝光度,也培育了深度旅游与定制化旅游的新增长点。

2.婚礼与纪念仪式市场

马尔代夫在"海底婚礼""沙滩仪式"等独特元素上不断创新,通过注入本土音乐、美食与文化符号,为新人或纪念庆典活动提供私密且具备异域风情的场景。此外,推出"婚礼＋蜜月"一站式服务套餐,更能延长游客的停留时间与消费深度。

3.养生与康养度假

凭借海洋资源与相对优质的生态环境,马尔代夫开发了融瑜伽、SPA理疗、清净膳食等于一体的健康管理服务,为高端旅客提供多元化的度假选择。康养项目的引入与推广,不仅丰富了当地度假村的产品线,也在一定程度上平衡了旅游的季节性需求。

4.环保教育与研究旅游

部分酒店与科研机构合作开展珊瑚保育、海洋生态考察、环保志愿服务等新型旅游项目,为环保爱好者和学生团体提供兼具教育意义的互动体验。此举不仅能提升度假村的社会形象,也能进一步加强游客对珊瑚礁保护与可持续旅游理念的认同。

(三) 长期监测与评估体系建设的必要性

马尔代夫未来仍将持续面对气候与经济方面的双重挑战,构建完善的监测评估体系至关重要。该体系涉及以下方面。

1. 环境指标

监测海水水质、珊瑚礁健康度、生物多样性及海岸线侵蚀等关键指标,可以帮助政府与酒店方及时发现如珊瑚白化或海水富营养化等潜在危机。定期发布环境公报,有助于提升马尔代夫在国际社会上的环保声誉。

2. 经济指标

除了常规的GDP结构、外汇收入与投资回报率,还需关注旅游业对当地产业多元化与社区福利的促进程度。可以通过统计旅游业创造的直接与间接就业岗位数量、收入分配结构,评估旅游业与其他产业(如渔业、服务业等)的协同或竞争状况,为产业政策定向调整提供依据。

3. 社会指标

社区参与度、居民满意度、文化传承与社会福利水平等,是衡量旅游发展与本地社会融合度的重要指标。若发现社区对旅游开发存在抵触情绪或文化传统受到冲击的迹象,相关政策与开发模式应随之修正,以防范社会冲突与治理风险。

4. 弹性评估

面对可能出现的自然灾害(如风暴潮、海啸等)或全球性公共卫生事件(如疫情等),旅游业的应对与恢复能力至关重要。通过对各度假村、交通枢纽与公共服务系统的关键环节进行风险排查,马尔代夫可逐步建立完备的危机预警与管理体系,减少突发事件对整体旅游经济的冲击。

三、与中国海岛旅游的比较与展望

(一) 政策法规与开发模式的异同点

中国的海岛旅游资源丰富,既有海南岛、舟山群岛这样的规模较大、人口密集的岛屿,也有西沙群岛、南沙群岛等偏远岛屿。与马尔代夫相比,中国在法律与政策层面更强调行政区划和资源归属的统筹管理,而马尔代夫典型的"单岛单酒店"模式,较为高端化、私密性极强,在中国并不多见,仅在个别私人岛屿或小规模项目中有应用尝试。因此,马尔代夫的经验对中国具有以下启示。

1. 在生态脆弱地区，严格控制开发规模与密度

马尔代夫通过"单岛单酒店"模式走高品质、高收益、低冲击的开发路线，对中国一些生态敏感的小岛也有借鉴意义。

2. 完善立法与执法保障

中国各省在海岛旅游的法规上仍存在差异，如何实现地方立法与中央政策的有效衔接，是当前面临的一大挑战。马尔代夫的集中化管理对中国有一定启示。

3. 国际合作与环保科技引入

马尔代夫与国际机构的深度合作有助于环境监测、海洋保育和资金支持。中国也可借助"一带一路"倡议与国际环保组织协同推进海洋生态保护。

（二）文化背景、市场需求与资源禀赋差异

中国海岛旅游除了观光、度假等方面的基础需求，还涵盖本土文化与民俗传统要素，如渔家文化、妈祖信仰等。与马尔代夫相比，中国游客以家庭出游与大众型休闲度假为主，虽然目前奢华私密的高端度假市场增长迅速，但整体规模仍相对有限。马尔代夫的经验表明，高端市场的打造不仅依赖于自然景观与硬件设施，还需要配套的服务体系与品牌塑造能力。在资源禀赋与文化基础不尽相同的情况下，中国需要依托自身文化优势与市场规模走差异化竞争之路，而非一味模仿马尔代夫的模式。

（三）为国内海岛旅游提供的关键借鉴与改革思路

结合马尔代夫实践所带来的启示，中国在海岛旅游发展上可参考以下改革思路。

1. 生态先行的规划理念

与马尔代夫强调"单岛单酒店"模式下严格的环境影响评估（EIA）相似，中国在编制海岛旅游总体规划时，也应强化生态评估的深度与精确度。除了传统的环评指标，如海水水质、珊瑚礁覆盖度、岸线稳定性等，还应结合国内各地实际，制定分区差异化管控策略。譬如，针对高敏感区、潜在开发区及生态保育区，实施不同层级的开发强度与生态修复要求，使规划更具弹性与科学性。

马尔代夫政府将建筑密度、污水处理率、碳排放等关键生态指标融入行业监管与政府绩效。我国也可借鉴这一思路，将每座海岛或海岛群旅游开发过程中的"生态红线""碳中和目标"等列为考核内容，建立综合性指标体系（涉及海岛生态足迹、生态补偿比例、珊瑚养护规模等指标），对不达标或生态破坏严重的项目实

行一票否决或动态监管。

在海岛旅游集中开发区域,需探索建立海洋生态补偿基金,通过政府、企业和社会资本多方参与,支持珊瑚礁修复、海草床保护、红树林种植等生态恢复工程。借鉴马尔代夫"酒店与科研机构合作"的模式,国内相关部门可鼓励旅游企业与高校、研究所共同组建"海岛生态修复联盟",将技术研发与实际应用有机结合。

2. 多元化的投融资机制

马尔代夫的成功在于充分利用国际高端酒店集团的资源和品牌效应,吸引跨国资本进行高质量、高标准的度假村开发。我国可在海南自贸港、舟山群岛新区等海岛地区,借助自贸政策与投资优惠,吸引国际酒店集团及基金进入。与此同时,也要鼓励国内社会资本,包括民营企业或混合所有制企业,通过公私合营模式(PPP),共同投入海岛基础设施建设、生态环保和高端度假产品开发。

除了银行贷款与财政拨款,可进一步发展绿色债券、蓝色债券以及生态风险责任险等金融工具,为海岛旅游项目提供可持续的资金支持。对于符合绿色环保要求、生态修复成效显著的海岛项目,可给予贴息或财政补贴;对于碳减排或海洋生态改善贡献突出的项目,可与碳交易或生态补偿市场化机制相结合,形成长效收益模式。

海岛旅游发展的投融资模式不应局限于单一度假项目,还需与其他产业(如渔业、海洋科技业、文化创意业等)协同布局。通过"旅游+渔业体验""旅游+海洋科研""旅游+文创"等形式,构建多层次产业链,这有助于平衡开发收益与分散投资风险。这也与马尔代夫政府在海洋渔业、海岛工艺品制造等配套产业联动的实践相契合。

3. 社区共建共治

马尔代夫在"单岛单酒店"模式中强调私密性,同时探索社区受益机制,如引导度假村雇佣本地劳动力,提供文化表演平台及渔业产品采购渠道。我国在海岛旅游开发中,可建立"生态共管委员会",使社区代表能在重大项目审批、收益分配、环境监管等方面参与决策。这样一来,能有效化解因外来资本主导开发而引发的社区利益矛盾,防止"圈地式开发"损害本地渔民和居民的生计。

在海岛旅游运营中,可通过政府补贴、培训等方式,鼓励当地居民开办民宿、手工艺工作坊、海洋文化体验馆等特色项目,并与度假村形成合作关系,打造"在地体验"亮点。例如,在某些小型海岛可开展渔家乐生态旅游,让游客亲身体验海上捕鱼、制作海鲜食品等。这种多元经营模式既有利于保护地方文化与提升社区收入,又能丰富海岛旅游产品供给。

4.品牌塑造与国际化推广

马尔代夫的"奢华、私密、生态"形象深度渗透全球市场,其营销策略是借助国际酒店品牌与跨国线上线下渠道,精准覆盖高端客群。我国海岛虽具备多样化的自然与人文资源,但在品牌形象上缺乏特色主题或国际辨识度。对此,应强调"中华海洋文化"与"海岛生态亮点"相结合,通过国际化营销平台(如知名旅行媒体、旅游博览会等)打造差异化高端海岛品牌。在突出中华优秀传统文化与中国海洋景观特色的同时,以符合国际标准的服务和透明化的环境保护举措赢得全球游客信任,形成更具竞争力的海岛旅游形象。

总体而言,马尔代夫不仅展现了一种高端奢华的度假模式,还通过制度创新、环境保护与国际合作,将自然劣势转化为旅游品牌优势,为海岛发展提供了成功范例。

面对未来不可预知的气候风险与市场变动,马尔代夫所做的持续努力,也为全球海岛旅游共同体注入了信心与新思路。马尔代夫在以"单岛单酒店"为核心的可持续旅游实践中,不断提醒我们:唯有在紧密结合地方资源禀赋与文化特色的前提下,妥善平衡经济与生态、满足当代需求与保护未来发展潜能,才能实现海岛旅游的长远与健康发展。

第四节　海岛旅游开发实践路径

一、旅游海岛的海岛性重构

基于对海岛性的实证分析,本研究认为海岛旅游地需从海岛的自然属性、社会韧性与文化特色三个方面重塑海岛性,从而凸显海岛旅游的特色。

(一)保护海岛自然属性

首先,保护海岛自然景观是海岛物质空间保护的核心。海岛的自然环境包括海岸线、海滩、海底世界等,这些自然景观的保护既有助于维持海岛生态系统的平衡和稳定,也为游客提供了丰富多彩的旅游资源。因此,在海岛旅游开发中,需要制定一系列严格的环境保护政策,加强对海岛自然景观的保护和管理,以确保这些自然景观的可持续保护。

其次,保护与传承文化遗产。海岛的建筑聚落是海岛重要的文化遗产,承载着海岛的历史文化,也是游客了解海岛文化的重要载体。为了保护海岛的建筑聚落,需要采取一系列措施,如加强历史建筑的修缮和保护,建立文化遗产保护机制等。保护海岛人文遗产也是海岛物质空间保护的重要方面。海岛的人文遗产包括传统文化、民俗等,都能体现海岛的文化特色。保护人文遗产需加强对传统文化和民俗的研究和挖掘,推进重要文化活动的保护与传承。

最后,合理规划旅游开发。在海岛旅游开发规划过程中,需要充分考虑海岛的自然生态环境,科学评估海岛的承载力和环境敏感性,制定符合生态保护要求的旅游开发计划,如限制开发区域、控制游客数量、规范旅游行为等。在海岛旅游开发过程中,应建立完善的环境监测体系,对海岛生态环境进行定期监测和评估,及时发现并解决环境问题,从而保护海岛生态系统的完整性和稳定性。通过倡导低碳环保的旅游理念,推广绿色旅游模式,鼓励游客使用环保交通工具、减少一次性用品的使用、节约能源等,以减少对海岛环境的影响,促进可持续发展。加强对游客和当地居民的环保意识教育,提高他们的环境保护意识和环保行为,同时推广海岛保护的重要性,形成全社会共同参与生态保护的氛围。

(二)重塑海岛社会韧性

从海岛生产方式转型的角度来看,要想推动经济高质量发展,海岛需要转变传统生产方式,推动现代农业生产方式与产业结构调整。可以通过引入新的技术和生产方式,提高农业生产的效率和质量以及海岛产品的附加值。应推动产业结构转型,促进海洋渔业和水产养殖业的发展,提升海洋工程技术,推广海洋科技成果,打造海洋经济特色产业。

从海岛旅游业的角度来看,开发多元化旅游产品,发掘海岛旅游资源,推广自然风光、文化遗产和特色活动,打造海岛特色旅游品牌。同时,加强旅游配套设施建设,完善基础设施,构建高品质旅游服务体系,提高旅游服务质量。推进旅游业与其他产业融合发展,打造"旅游＋"产业,促进经济发展。

从海岛活动的角度来看,海岛活动是增进人与海岛互动、促进海岛文化发展的重要途径。加强海岛文化推广,利用海岛文化资源,推出具有地方特色的文化活动,如海岛文化节、渔家乐演出、民俗表演等,吸引游客参与体验,从而提高海岛文化的知名度和美誉度。发展海岛运动,在海岛上开展多种水上运动,如皮划艇、潜水等,提升游客的体验感和参与度,推广海岛运动文化。打造海岛娱乐项目,通过开发多样化的娱乐项目,如海岛音乐会、海岛派对等,吸引游客参加,推广海岛娱乐文化,提高海岛活动的吸引力。

从休闲娱乐的角度来看,可建设海岛休闲度假村,通过开发海岛休闲度假村,为游客提供丰富多样的娱乐项目和舒适的住宿环境,增加游客停留时间和消费金额,提高海岛旅游的经济效益。进一步在海岛开展多种文化体验活动,如手工艺品制作、海岛美食制作、传统文化体验等,吸引游客参与,增强游客的文化体验感。

从本地居民的角度来看,他们是海岛社会的主体和直接受益者,因此,要提升他们的参与度和感知度。提供更多就业机会,鼓励并引导企业在本岛居民中寻找劳动力,同时,政府也应积极为本岛居民提供更多的就业机会,增加他们的收入来源。开展民俗文化活动,通过传统节日、民俗文化展览等活动,让本岛居民了解和热爱当地的文化传统,同时也为游客提供更多的文化体验。加强社区建设,在社区内开展文化活动、教育活动、体育活动等多样活动,促进居民之间的交流互动,从而提升社区凝聚力和居民的自治意识。

(三)增强海岛文化特色

海岛性的核心在于其所拥有的独特文化,保护和传承海岛文化也是增强海岛社会韧性的重要途径。海岛文化涉及历史传统、宗教信仰、人文地理、当地方言、习俗风情等方面。

在海岛旅游开发中,应注重本土文化的传承与弘扬,可以通过旅游产品的文化包装和旅游服务的文化融入,引导游客了解并认同海岛的本土文化。现代媒体在海岛旅游推广中扮演着重要角色。随着社交媒体的兴起,越来越多的游客通过照片、视频等形式分享,将海岛旅游的美景、文化和生活方式展现在公众面前。这为海岛旅游的推广和品牌建设提供了良好的机会。同时,政府和企业也可以通过媒体宣传,向公众介绍海岛旅游的特色和文化,提升海岛旅游的知名度和美誉度。

加强海岛文化的保护和传承。可通过开展文化调研,挖掘海岛文化的核心价值和特色,以文化展览、文化节庆等多种形式推进海岛文化的保护和传承。

推动海岛文化产业发展。将海岛文化作为产业发展的重要内容,通过开发文化创意产品和打造文化旅游项目,推动海岛文化产业的发展和经济的增长。

支持海岛体育活动。通过扶持海岛体育事业,如推动开发海岛帆船运动、海钓运动、海岛马拉松运动等项目,吸引更多的体育爱好者前来参与,同时提高海岛的知名度,促进海岛经济的发展。

促进海岛美食文化传承。海岛美食是海岛文化的重要组成部分,应当注重海岛美食文化的传承和保护,打造具有地方特色和文化内涵的海岛美食品牌,吸引更多游客前来品尝。

加强海岛社区建设,打造特色社区文化。可以通过提升居民文化素养和生活幸福感,增强海岛社会的凝聚力与韧性。

二、提高海岛旅游体验质量

基于对海岛旅游具身体验的实证分析,本研究认为海岛旅游地需从海岛旅游具身参与感、意义感与共鸣感三个方面提高海岛旅游质量。

(一)打造具身参与体验

基于具身性体验的海岛旅游开发设计应该注重游客的身体感知和互动,让游客通过肢体动作、感官体验和情感共鸣,与海岛环境互动,从而获得更加深刻的旅游体验。

1.利用具身性体验设计活动

设计具身性体验活动,如潜水、海钓、浮潜等,使游客深度感受海岛自然景观与海洋文化魅力。活动设计需注重三个维度:一是将体验项目与当地历史文化相融合;二是确保参与者的安全;三是遵循生态友好原则,以保障活动的可持续性。

2.利用数字化技术增强具身性体验

利用数字化技术,如虚拟现实(VR)和增强现实(AR),为游客提供仿佛身临其境的体验,如可以在虚拟现实环境下探索海底世界,从而增进对当地文化和历史的了解。此外,数字化技术还可以用于提高游客对生态保护的认识和理解,促进可持续发展。

3.集成当地文化和历史元素

将当地文化和历史元素融入旅游产品,如海岛美食、传统手工艺、民间歌舞表演艺术等,提高游客对当地文化和历史的认知,促进文化交流与融合。

4.开展具身性体验教育

开展具身性体验教育,如海洋生物保护和海洋文化教育等,让游客深入了解当地海洋生态和文化内涵,激发游客对生态保护和文化遗产保护的责任感。此外,可以通过教育和宣传,提高游客的安全意识和健康意识,促进旅游可持续发展。

5.建立具身性体验数据库和评估系统

建立具身性体验数据库和评估系统,收集游客具身性体验反馈,以便旅游经营者及时调整旅游产品和服务,提高游客的体验质量。同时,这些数据库和评估系统也可以帮助旅游经营者更好地了解游客的需求和偏好,从而制订更加个性化和差异化的旅游产品。

(二)塑造体验的意义感

1.设计符合游客需求的旅游产品和服务

游客的体验需求是多元化和个性化的,因此在海岛旅游开发中,需要设计各种各样的旅游产品和服务,以满足游客的不同需求。例如,可以针对喜欢户外探险的游客设计冲浪、潜水、皮划艇等项目,针对喜欢文化探究的游客设计海岛文化考察、传统手工艺制作等项目。

2.打造海岛独特的文化氛围

海岛拥有独特的自然和人文环境,这为打造独特的海岛文化氛围奠定了基础。可以通过开展各种文化活动、举办海岛文化展览、推广当地美食等措施,让游客在旅游过程中感受到海岛的独特文化氛围,进而提升旅游体验。

3.建立与当地社区的互动和共赢机制

当地社区是海岛的重要组成部分,其文化和生活方式也是海岛旅游体验的重要组成部分。因此,建立与当地社区的互动和共赢机制,可以让游客更深入地了解当地社区的文化和生活方式,提升旅游体验的意义。例如,可以组织游客参加当地社区举办的节日庆典,体验当地传统手工艺制作等。

4.关注海岛生态环境保护和可持续发展

海岛生态环境的保护和可持续发展是海岛旅游开发的核心问题。可以通过采取各种环境保护和可持续发展的措施,保护海岛的生态环境和自然资源,提升游客对海岛的认同感和游客体验。例如,可以开发生态旅游、低碳旅游等可持续发展项目,减少对当地生态环境的影响。

5.基于社会化媒体的宣传

利用社会化媒体平台,如微信、微博、抖音等,通过图片、视频、文字等形式向广大游客展示海岛旅游的独特之处和文化内涵,吸引更多游客前来体验海岛旅游。

6.提高旅游服务质量

在旅游服务方面,应注重提供高质量的服务体验,包括酒店住宿、餐饮服务、旅游交通、旅游景点等方面。在提供服务的过程中,应注意关注游客的个性化需求和期望,提供符合其需求的服务。

7.推广可持续发展的理念

在海岛旅游开发的过程中,应注重保护当地自然环境和文化遗产,提倡可持续发展的理念。通过宣传教育,向游客传递保护环境及文化遗产的重要性,让他们认识到自己的责任,积极主动保护当地的自然和文化资源。同时,开发以环境保护为核心的生态旅游产品,推动旅游业的可持续发展。

（三）促成情感体验共鸣

1.加强文化传承和本土文化体验的设计

应开发具有本土特色的旅游项目,包括本土美食品尝、民俗活动体验和文化体验等,让游客深入了解海岛的文化传统,进一步感受海岛的情感价值。

2.打造独特而个性化的住宿体验

应开发具有海岛特色的住宿项目,如海上小屋、沙滩帐篷、度假别墅等,为游客提供独特而舒适的住宿体验,让游客更好地感受海岛的自然风光和海洋文化,进一步加深对海岛的情感共鸣。

3.增加互动体验环节

应为游客打造更加多样化和丰富的体验活动,如海上垂钓、潜水、海岛越野、皮划艇等。通过这些互动体验环节,游客可以更好地感受海岛的自然景观和文化氛围,加深与海岛之间的情感交流。

4.提供具有亲和力的服务

在海岛旅游开发中,人与人之间的互动是非常重要的。开发人员可以通过培训旅游服务人员的沟通技巧和服务态度,让游客在旅游过程中产生良好的体验感,增强情感共鸣。

5.增强游客的主体性

海岛旅游应转变单向体验模式,强化游客的主体参与性。可通过策划互动体验项目,提升游客的参与度与自主性,从而深化其情感投入和文化认同。

6.增强游客的归属感

在海岛旅游开发中,开发人员应该注重增强游客的归属感,让他们感觉自己是海岛的一分子。例如,可通过开展民俗展演、特色美食品鉴等文化活动,帮助游客深度体验当地生活方式,从而增强其对海岛文化的认同感和归属感。同时,也需要重视对本地居民的培训和教育,让他们认识到发展旅游业的重要性。

三、构建旅游海岛的场所精神

基于对海岛旅游体验意义建构的实证分析,本研究认为海岛旅游地需从海岛旅游场所的主题、公共价值与发展要素三个方面构建海岛场所精神。

(一)形成海岛旅游场所主题

1.用公共艺术片引出海岛地方性与场所主题

公共艺术可以通过视觉、听觉、嗅觉等多种艺术形式,帮助游客体会海岛的独特气质和文化内涵。具体来说,创作具有海岛特色的公共艺术品,以海洋生物、渔村风情、海岛历史为主题,设计雕塑、壁画、艺术装置等,使游客能够深刻感受到海岛独特的文化内涵;在公共场所开展音乐、舞蹈、戏剧等文艺表演,邀请游客参与其中,感受当地艺术文化的魅力;依托海岛的自然资源开展户外艺术活动,如沙滩艺术、草坪音乐会、海滨舞蹈表演等,将自然景观与艺术相结合,让游客在美景中感受艺术的魅力;在酒店、商业中心等公共场所设置艺术品展览,让游客可以在休闲娱乐的同时,欣赏到当地的艺术作品,加深对海岛文化的了解;将公共艺术融入旅游线路,在导游解说的过程中引导游客观赏当地的公共艺术,增进游客对海岛文化的认知。

2.构建沉浸式的海岛场所体验体系

以"共同参与、沉浸体验"为海岛场所体验的核心主题,塑造海岛场所的文化认知和情感共鸣。可制订海岛场所创作指南,明确创作要求和规范,引导艺术家在作品中融入海岛的文化内涵、传统元素和自然景观元素,保持作品的朴素、热切和鲜活;构建海岛场所创作平台,为艺术家提供展示作品的机会,鼓励艺术工作者(尤其是年轻的创作者)展现自我,让更多人了解和关注海岛场所的艺术创作;举办海岛场所文化活动,让更多人参与其中,感受海岛场所的文化内涵和生态氛围,增强其对海岛场所的文化认知和归属感;打造海岛场所文化品牌,通过有效的品牌推广和营销,让更多人了解和关注海岛场所的文化内涵和特色,提高海岛场所的知名度和美誉度;鼓励海岛场所文化创新,推广多元化的创作形式和创新的文化表达方式,让更多人了解海岛场所的文化魅力,促进海岛场所文化的发展和传承。

3.挖掘海岛场所故事叙事与艺术创作

呈现海岛场所的历史和文化内涵,结合当地的传说、传统习俗等元素,设计公共艺术作品,让游客在欣赏作品的同时,深入了解当地的文化底蕴。在公共场所设置具有故事性的雕塑、壁画等公共艺术作品,引导游客参与其中,通过观察、体验和互动,了解海岛场所的文化内涵和特点。借助数字科技手段,将公共艺术作品与智慧旅游相结合,打造虚拟现实和增强现实的互动体验,让游客在沉浸式的互动中感受到海岛场所的魅力。结合当地的传统艺术和手工艺制作，设计出具有地方特色和民族风情的公共艺术作品，通过多种感官的刺激，让游客感受到海岛场所的独特魅力。

（二）创造海岛场所公共价值

1. 加强公共价值的美育推广

通过美育的推广，可以让游客更好地了解海岛的文化和历史，增强其对场所的认知和情感共鸣。要想实现这一目标，可以在海岛旅游中心等公共场所设立美育教育基地，让游客参观、学习，从而加深游客对海岛文化的认知。同时，可以邀请当地的文化艺术工作者进行现场创作和演出，以吸引更多游客。建设文化创意园区，将传统文化与现代艺术相结合，展示海岛文化特色，吸引更多游客到访。同时，可以在园区内设立一些艺术展览馆和创意商店，推广当地文化和艺术产品。创造互动体验，通过设计一些具有趣味性和互动性的场所，如"体验式展览""交互式装置"等，提高游客的参与度，让游客更好地体验场所的文化氛围。同时，这也有助于游客更深入地了解当地的文化和历史，加强文化资源保护。海岛旅游资源丰富，但也面临着一些保护和利用方面的难题。为了保护好这些宝贵的文化资源，可以设立专门的文化遗产保护基金，对那些需要保护和修复的文化古迹和景观进行保护和修复。建立政策支持，政府可以制定相关政策，鼓励和支持海岛旅游中的场所美育推广工作。

2. 增强场所内的人际互动性

在场所设计时，要考虑不同年龄、文化背景和兴趣爱好的人群，提供多种多样的场所功能和设施。例如，可以设置多个交流空间、活动中心等，以满足人们不同的需求和兴趣，促进人与人之间的交流和互动。为场所中的人提供多样化的活动和互动机会，如文化节庆活动、艺术展览、讲座、工作坊等。这些活动和机会不仅可以满足人们的娱乐需求，更重要的是，它们可以促进人与人之间的互动和交流，增强场所的社交性。可以借助数字化技术，如虚拟现实、增强现实、互动投影等，创造更加生动、丰富的场所体验，增强人际互动性。例如，在海岛旅游中，可以利用虚拟现实技术，设计一个海底世界的体验区，让人们在虚拟世界中体验海底生态，从而促进人与人之间的互动和交流。可以利用社交媒体平台，如微信、微博等，增加人们在场所中的社交性。人们可以通过照片、视频等形式，与其他人分享他们的体验和互动。此外，社交媒体作为一种连接渠道，有助于人与人之间的互动和交流。最重要的是，要建立一种互动性的文化氛围，这需要从场所设计和管理的各个方面入手，鼓励人们在场所中互动和交流。

3.对传统场所进行改造升级

很多作为旅游胜地的海岛需要通过改造升级来提高游客的体验感和互动性。公共场所作为海岛文化的载体和体现海岛形象的媒介,在这个过程中扮演着重要的角色。海岛场所精神与城市形象密切相关。随着科技的不断发展,新媒体的出现影响着未来城市的风貌,也改变了人们对艺术的观看方式。因此,为了增强场所内的人际互动性,海岛需要通过改造升级来吸引更多的游客。

(三)统筹海岛场所发展要素

1.加强海岛场所规划

在规划中融入场所的地方元素,地方元素是指与当地文化、历史、传统等相关的元素,包括建筑风格、艺术品、民俗文化等,它们与场所有着深刻的联系,并能够反映出场所的独特魅力。例如,可以在公园的景观设计中融入海岛特有的景观元素,或者在建筑设计中融入当地的传统建筑风格。这样可以让公共场所与当地文化更加贴近,让游客更好地体验当地的历史和传统文化。此外,可以通过公共艺术作品来强化地方元素的呈现。例如,在公共广场上设置当地艺术家的雕塑作品,或在公共建筑物的外墙上绘制当地的图案和景观。这些艺术作品既能增强公共场所的文化氛围,也可以增进游客对当地文化的了解。最后,在公共场所的运营中,也可以加强地方元素的体现。例如,可以在公园里举办当地传统文化活动,或在展馆中展示当地的文化遗产。这些活动和展览不仅可以吸引更多游客,还能够帮助游客更好地了解当地的文化和历史。

2.平衡各利益主体关系

海岛场所的规划设计需要考虑到当地居民和游客的利益,包括他们的生活和旅游需求。例如,在规划设计中要考虑到居民的住房和生活设施需求,以及游客的住宿和娱乐设施需求。地方政府需要考虑到海岛场所的经济发展和旅游产业发展的利益,通过有效的规划设计促进当地经济的发展,提升旅游业的竞争力。海岛场所作为一个生态环境优美的地区,在规划设计方面需要注重保护当地的生态环境,减少人类活动对当地环境的影响。海岛场所具有独特的文化遗产和历史价值,在规划设计方面需要兼顾对当地文化遗产的保护。在规划设计方面还需要充分听取各个主体的意见和建议,并采取多元化的参与方式,包括公开听证会和座谈会等,以便更好地了解各方利益和诉求,形成平衡的规划方案。应该兼顾各方利益,避免过于强调某一方利益而影响其他方的利益。例如,在规划设计中要考虑到居民和游客的利益,以及生态环境保护和文化遗产保护的利益,通过整合这些利益,形成平衡的规划方案。要采取透明公正的决策程序,保证决策过程的公正性和透明度,避免因利益关系而产生非法和不公正的行为。

第五节　本章小结

本章围绕典型海岛国家——马尔代夫的开发模式及其实践路径,从小岛屿发展中国家(SIDS)的视角,基于海岛旅游可持续发展理论以及体验经济理论,进行了多维度剖析,并将典型案例与我国海岛旅游发展的需求和现实问题进行对照讨论。研究内容大致可分为以下四个部分。

其一,海岛旅游的理论基础与马尔代夫的发展脉络。通过回顾马尔代夫20世纪70年代至今的旅游产业演进可知,马尔代夫从以渔业为主导转变为高端奢华度假的典型海岛旅游目的地,走过了探索、参与、发展、巩固与转型等旅游地生命周期阶段。这种演进在很大程度上印证了海岛脆弱性与环境承载力的双重约束作用,同时彰显了"小国—高端化—全球化"路径的鲜明特色。在理论层面上,马尔代夫的案例印证了奢华旅游与体验经济在海岛旅游形态中的适切性,即高端化、私密性的核心诉求与在地生态系统的深度整合。

其二,"单岛单酒店"模式及其社会—经济—生态影响。"单岛单酒店"模式是马尔代夫旅游业的标志性特征,兼具环境承载力管理和高端度假体验的双重价值。其在规划审批、环境影响评估、建筑密度控制等方面的严格执行,使得旅游开发与海洋生态保护相对协调。同时也凸显了对外籍劳动力过于依赖、经济结构单一等潜在隐患。在社会文化领域,度假岛与居民岛的相对分离降低了文化冲突风险,但也带来了社区共享度不足与公共治理碎片化等问题。可持续发展绩效评估显示,度假村在碳排放管控、珊瑚修复、垃圾处理等方面采取了多种创新举措,但仍需加强监测和构建社会公平分配机制。

其三,国际视角下的经验启示与未来走向。与塞舌尔、毛里求斯、巴哈马等其他海岛模式进行横向比较后可以发现,"单岛单酒店"模式对于那些规模较小、目标定位较高且生态环境脆弱的海岛更具可移植性。与此同时,马尔代夫在统筹生态保护与经济发展方面作出的战略选择,以及在国际援助、多边合作和应对气候变化风险与市场波动等层面的自我调适,都为其他海岛提供了可借鉴的思路。同时,为提升全球海岛旅游的抗风险能力,马尔代夫正努力发展绿色金融、推动新技术应用与低碳运营,并着力细分市场、丰富旅游产品类型与构建长期评估体系。

其四,海岛旅游开发的实践路径及管理启示。在"海岛性情境—具身体验过程—意义建构结果—开发管理对策"的研究逻辑下,本章从重构海岛性、提高旅游体验质量与构建海岛场所精神三个层面,提出进一步强化海岛社会韧性、保护自然生态、突出文化特色,以及融入具身性参与与沉浸式体验设计的综合路径。同时强调了以公共价值与多元主体协同为核心的海岛场所营造,以及平衡各方利益、优化社区共管机制的必要性。自然保护、社会整合与文化传承等多环节的协同,既可提升海岛旅游的综合价值,也可确保当地居民与环境在开发过程中长期受益。

　　总的来说,马尔代夫为全球海岛旅游提供了丰富的实证案例,证明了脆弱海洋生态环境下的高端可持续旅游开发的可行性,但需政府、行业与社区多方协作,辅以严格的环境政策和长期评估机制。本章的讨论既是对马尔代夫实践的系统回顾,也为中国以及其他海岛国家和地区的未来旅游规划、环境管理和产业升级提供了重要启示。今后研究可围绕跨学科监测方法、社区治理机制创新以及更大范围的海岛比较研究展开,助力海岛旅游在经济效益与生态保护之间找到更具弹性的平衡路径。

第八章　结论与讨论

当代海岛旅游已不再是简单的观光娱乐形式,日益成为兼具自然美学、社会文化与个体心理多重特质的综合体验场域。围绕海岛独特的自然禀赋与多元主体参与,前文从海岛性情境、具身体验过程、意义建构结果、开发管理对策等多维度展开系统性研究。

在宏观层面,本研究拓展了"海岛性"这一概念的学理内涵,提出了基于物质—社会—精神三层表征的海岛性结构,并阐述了海岛旅游中的"推力—拉力"互动机制。通过检验现代性背景下的信息、资金、人口流动对海岛性所造成的弱化与强化效应,研究进一步凸显了当代海岛在全球化浪潮中所承受的冲击与反馈。

在微观层面,本研究从体验经济、社会建构与符号互动等角度切入,探讨了游客在海岛环境中通过具身感知与在地互动生成感官体验、情感共鸣与意义的过程。研究发现,"身体—场所"的耦合不仅影响游客对海岛的整体感知与偏好,也形塑了游客的自我表达、文化认同与价值观重构过程。

第一节　研究结论

本节在进行全面总结的基础上,得出如下结论。

一、海岛性内涵与旅游体验下的海岛性表征结构

本研究补充和完善了海岛性的概念内涵。海岛性可从自然属性、社会属性和旅游属性三个维度来理解。从自然属性的角度,海岛性是一种独特的时空转变过程,反映了从其他地区到海岛之间的物理与社会环境的变化,而这些变化又赋予海岛独特的价值与吸引力。从社会属性角度,多元主体(如岛民、政府、旅游企业与游客)共同塑造了海岛的特质,而各主体间的交互作用是解析海岛性深层机制的关键。从旅游属性角度,海岛性在旅游体验过程中被"再创造",表现为具身性

（身体层面的感官体验）、情境建构性（场所、文化与社会背景综合影响）以及流动生成性（情感、认知与文化在动态交互中共同作用）。

基于扎根理论，本研究进一步将海岛性的表征结构分为物质层面、社会层面与精神层面。具体而言，物质层面聚焦海岛自然风光与建筑特色，构成海岛性直观的外在体现；社会层面涵盖海岛的生产方式、居民生活与社会交往，这些社会活动是海岛性的重要组成要素；精神层面则囊括海岛文化与海岛精神，代表海岛极具文化深度的价值内核。

二、旅游体验视角下海岛性的形成机制

海岛性的影响因素包括主观因素与客观因素。主观因素包括个性差异、价值差异和经历差异。客观因素包括海岛资源本底和海岛特征。海岛资源本底是指自然资源和人文资源，其中自然资源包括海岸线、海洋、海滩等；人文资源包括历史文化、传统习俗、民间艺术等。海岛特征一方面是海岛独有的地理、气候、生态等方面的自然特征，另一方面是海岛特有的社会文化习俗、建筑风格等。

旅游体验下海岛性的转变过程存在一种推拉机制。一方面，随着现代性的推进，信息流动、交通流动、资金流动及岛民流动四个层面所形成的推力不断削弱海岛性：它们带来了市场化价值观的扩散、生活方式的改变、生态环境的破坏与人才的外流等负面效应，从而使海岛特质渐趋弱化。另一方面，在旅游开发与游客体验的助力下，游客流动、资金流动、交通流动及信息流动又对海岛性起到强化作用。这些拉力不仅有助于当地经济的发展与观念的转变，也推动基础设施的建设和生态的修复，使海岛更具地方特色。

三、海岛旅游的具身体验维度和过程模型

海岛旅游的具身体验维度可归纳为清新感和放松感、探险感和兴奋感、浪漫感和文化感、豁达感和自由感四大方面。清新感和放松感代表海岛旅游的基本体验，游客往往通过亲近大自然、享受阳光海滩等方式获得；探险感和兴奋感则凸显了海岛旅游中的冒险元素，游客通过潜水、冲浪、攀岩等活动来寻求刺激；浪漫感和文化感则关注游客对当地历史与文化氛围的感知，如游览古迹、品尝本土美食等；豁达感和自由感属于更高层次的体验，游客可在相对隔绝的海岛环境里远离城市喧嚣、放松心灵，获得更深层次的满足。可以说，海岛旅游所激发的身体感知水平是多层次的，涵盖从基础到高阶、从物质到情感的不同层面。

海岛旅游体验的具身过程模型包含以下几个关键环节。首先是具身感知,具身感知指游客在海岛环境中,通过多种感官(如听觉、视觉、嗅觉、触觉、味觉、平衡感、压力感、重力感等)感知周围景物,并形成最初的身体体验;其次是具身唤醒,具身唤醒发生在自然风光、建筑特色与文化底蕴等要素唤起游客身体与情感记忆的瞬间,从而产生更深层的共鸣;然后是具身情感,具身情感则是游客在此过程中产生的情感共鸣与体验交流,形成具身情感体验;接着是具身延展,具身延展意味着游客将旅行中的身体体验与情感联结扩散到更广阔的心理或社会领域;再次是具身表达,具身表达则指海岛之旅在游客身体上留下的某种"表征"(如疲惫、舒适、幸福或满足等);最后是具身意义,通过对自身经验与感知的整合,游客形成了具身意义,即在个人及社会层面上对海岛旅游的评价与认知。

四、海岛旅游具身体验的驱推拉阻动力模型

海岛旅游具身体验的驱推拉阻动力模型,受到多方因素的综合影响。首先,游客心理的补偿匮缺与自我实现构成了选择海岛旅游的一大动力;其次,海岛旅游供给侧的推力源于海岛为游客打造的各种具身体验机会;再次,海岛旅游需求侧的拉力同样左右着旅游动力,体现为游客对于异地探索与新奇体验的需求;最后,海岛旅游具身体验的阻力则集中在体力、天气、时间、交通等方面,这些潜在障碍若超过了游客能接受的范围,便可能干扰或削弱其继续选择海岛旅游的意愿与动力。

五、海岛具身体验认同与景观偏好的定量分析

本研究总结了游客的四种具身体验认同形式,即物质体验、精神体验、文化体验与其他体验,并在海岛景观偏好方面提出了本底景观、具身景观和创制景观三大类型。探究了海岛旅游的景观偏好与具身体验认同之间的相关关系,结果表明二者呈显著相关性,即游客的海岛具身体验认同离不开三类景观偏好的共同作用与相互交叉影响。

六、海岛旅游体验下的自我表达

在海岛旅游体验的意义建构过程中,游客的自我表达不可或缺。具体而言,海岛游客的自我表达是指游客在海岛旅程中,借助与地方环境、文化氛围及其他人的互动,展现并探寻个人价值观、情感、态度与个性特质的过程。研究发现,该

过程可从以下三个角度呈现:其一,客观表达的符号性涵盖本底感知、多元表征与交往互动三个维度,侧重体现游客对海岛自然与社会环境的理解。其二,建构表达的情境性通过身份建构、情感建构与故事建构的多重视角,呈现游客在海岛环境中的情境体验与自我定位。其三,意义表达的生成性包括自我成长、价值塑造与自我实现三方面,突出游客在海岛旅游中所获得的内在升华与外在价值认同。

七、海岛旅游体验下的海岛性意义

海岛性意义建构是海岛旅游体验过程所产生的核心意义之一,体现了人们对海岛的主观理解与情感体验。海岛性意义具体涵盖以下三个方面:其一,客观本真的海岛性呈现聚焦于自然景观、地方性知识以及本地特色,反映海岛在物质与环境层面上的独特面貌;其二,在场体验的海岛性表征包括日常活动、具身联想和地方情感等,强调游客在海岛情境中所形成的即时体验与情感共鸣;其三,象征赋予的海岛性精神由符号象征、海岛精神与地方想象构成,展现海岛文化与精神层面的内在价值与意义。

八、海岛旅游体验下的自我表达与海岛性意义的互动关系模型

海岛旅游体验下的自我表达与海岛性意义的互动关系模型分为三个阶段:选择期、在场期和追忆期。首先是选择期,游客在现代性危机与远方想象的刺激下,寻求补偿匮缺与自我实现,通过自我表达与意义生成来追寻“诗与远方”,海岛旅游体验与平淡的日常生活形成强烈对比。其次是在场体验期,游客通过与海岛性要素及人地互动,建构海岛场所的美感、安全感、认同感与归属感。游客与他者之间的关系在此阶段对场所精神的解构与构建扮演关键角色,最终塑造独特的海岛性体验场。最后是追忆期,游客聚焦自我价值与地方意义的再构建与超越。游客在回顾与反思中,将海岛旅游体验内化于个人价值观,并为海岛性意义赋予多元、后现代的表达。至此,游客或回归日常生活,或继续探寻新的“远方”。

九、国际视角下的经验启示与未来走向

通过对塞舌尔、毛里求斯、巴哈马等海岛模式进行横向比较可发现,“单岛单酒店”模式在规模较小、定位高端且生态敏感度高的海岛中更具移植可行性。马尔代夫在生态优先与经济效益平衡的战略取舍、国际援助及多边合作的利用,以及对气候变化与市场波动的自我调适等方面,都为其他海岛在规划与管理上提供了值得借鉴的思路与方案。

综上所述,本研究构建了如图8-1所示的海岛旅游体验模型来总结相关概念关系。

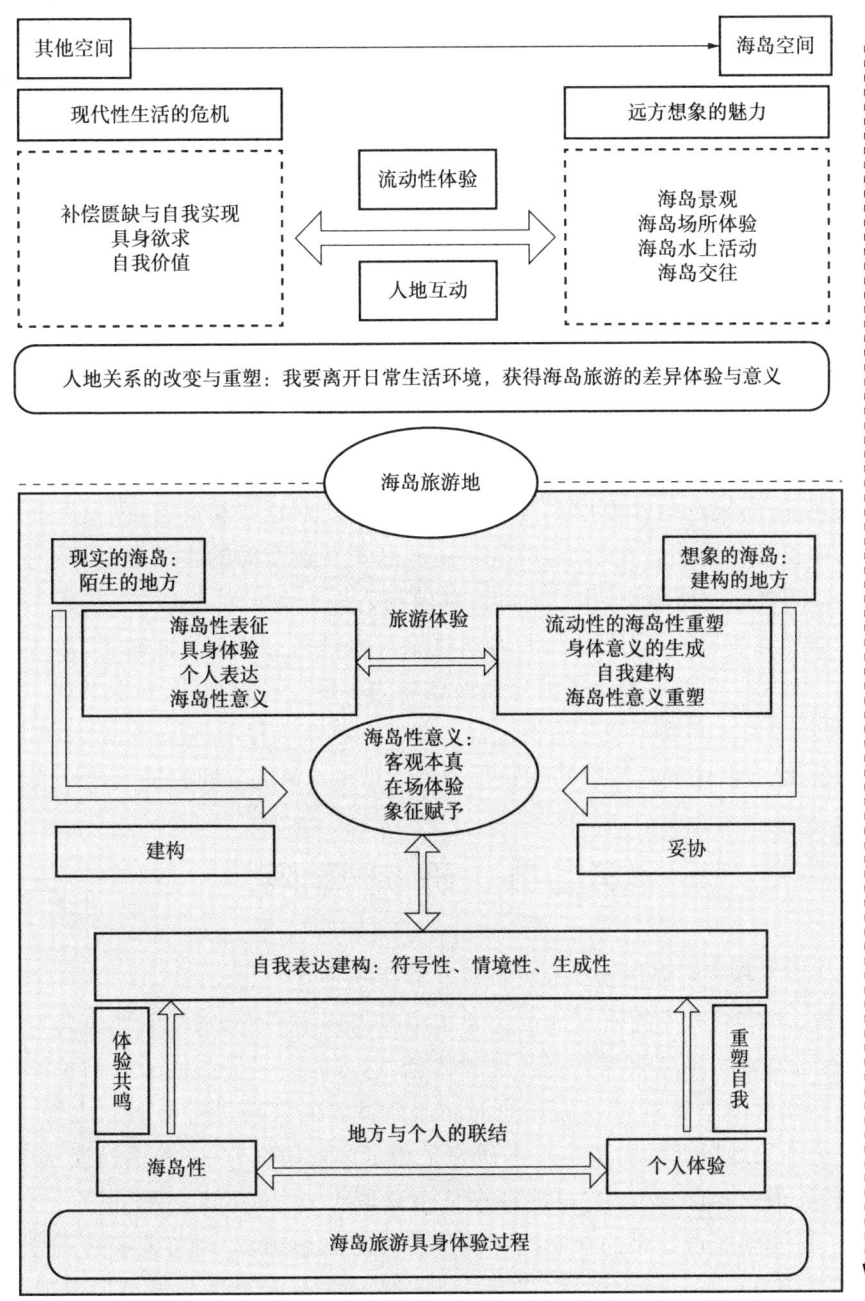

图8-1 海岛旅游体验模型

　　该模型表明在海岛旅游之前,游客在日常空间中面临一些现代性生活的危机,主要体现在补偿匮缺与自我实现、具身欲求和自我价值等方面。与此同时,人们被海岛空间所吸引,它代表着远方想象的魅力,包括海岛景观、海岛场所体验、海岛水上活动和海岛交往。其他空间与海岛空间通过流动性体验和人地互动相互作用。在海岛旅游地的在场体验阶段,人地关系发生了改变与重塑,人们离开日常生活环境,寻求海岛旅游的差异体验与意义。现实的海岛作为陌生的地方,涉及海岛性表征、具身体验、个人表达和海岛性意义。与此同时,想象的海岛作为建构的地方,包括流动性的海岛性重塑、身体意义的生成、自我建构和海岛性意义重塑。现实的海岛和想象的海岛通过旅游体验(包括建构与妥协)共同塑造海岛性意义。海岛性意义涉及客观本真、在场体验和象征赋予。自我表达建构包括符号性、情境性和生成性,并与海岛性意义相互影响。海岛性、地方与个人的联结及个人体验,通过体验共鸣与重塑自我的双向过程,形成自我表达建构,由此完成海岛旅游的具身体验过程。

　　总之,海岛旅游体验模型刻画了海岛旅游之前的期待和准备,以及海岛旅游地在场体验及其影响。在整个过程中,游客基于其他空间的生活危机,被海岛空间的远方想象魅力所吸引,通过流动性体验与人地互动实现人地关系的重塑。在现实的海岛与想象的海岛之间,游客通过旅游体验将这两个层面融合,形成丰富的海岛性意义。此模型揭示了海岛旅游体验的多维性和复杂性,强调了现实与想象、个体与环境之间的互动与建构过程。游客在整个旅程中不仅寻求具身欲求的满足和自我实现,还通过持续的体验行为不断重塑与海岛空间的关系。

第 二 节　研 究 局 限

　　本研究在探究海岛旅游体验方面存在以下不足之处。

　　首先,本研究选择的研究地点主要集中在海南省的海岛,案例地虽具有代表性,但不同地域的海岛旅游具有各自的特色,这可能会对最终的研究结论产生影响。虽然研究者尝试通过收集其他海岛旅游体验的资料进行参照和比较,但仍难以完全消除地域差异的影响。本研究采用了多种研究方法,包括访谈法、文本分析法等,但在实际操作中,可能存在信息获取不充分、访谈问题引导不够到位等问题,这些问题对结果的准确性可能产生一定的影响。因此,未来的研究可以采用多元方法、多维视角进行,以更全面、客观地探究海岛旅游体验的特点和规律。

其次,因时间尺度上的限制,本研究仅考察了特定时间段内的海岛旅游体验,缺乏对海岛旅游发展历程更深入的探究。未来的研究可以关注更长时间尺度上的海岛旅游体验发展变化,以深化对海岛旅游体验的认识,形成更加全面、深入的研究结论。

最后,本研究依托于国内外文献资料和调研数据,尽可能深入、详尽地探讨海岛旅游体验中的理论问题,但囿于研究者的理论水平和知识结构,对研究资料的处理和分析仍有不足,对部分概念与观点的思考和阐述仍有提升空间。

第三节　未来展望

海岛旅游作为重要的旅游形态,拥有丰富的具身体验资源和一定的地方性特征,未来的研究可以从以下三个方面进行深入探索。

第一,进一步研究海岛旅游具身体验的内在机制和实证检验。可以从感知机制、情感机制、意义建构机制、量表开发等方面入手,从而更加全面地理解游客在海岛旅游中所获得的具身体验,为海岛旅游的体验设计和营销提供更为科学的参考。

第二,关注不同游客群体的具身体验需求和差异。海岛旅游的游客群体多样性日益凸显,个性化需求不断增加,要求海岛旅游经营者和管理者注重对游客的细分研究和需求分析,有针对性地提供更为符合游客期望的体验和服务。

第三,探索海岛旅游的文化和社会价值。海岛旅游不仅是一种旅游活动,还蕴含着丰富的文化价值和社会价值。未来的研究可以进一步探索海岛旅游的文化内涵和社会影响,为海岛旅游的可持续发展提供更为全面的保障。

附　　录

附录A　"海岛旅游地的海岛性
与旅游体验"访谈提纲

注:本访谈仅为学术研究使用,严格遵守对访谈对象的个人隐私保护原则,不涉及任何商业目的。

1.谈谈您对海岛的认识,您对西岛现在的变化有哪些感触,体现在哪些方面?

2.您认为有什么特征可以代表海岛? 为什么这些对海岛至关重要?

3.您认为旅游业给海岛的发展带来了哪些影响?

4.谈谈您认为海岛旅游给海岛居民的物质生活带来了哪些改变?(如岛上基础设施、房屋建筑、景观建设等)

5.您认为海岛旅游的发展对岛上居民的生活方式和认知有什么改变吗?

6.请问您此次前来海岛旅游的动机是什么? 印象最深和体验最好的经历可以分享一下吗?

7.基本信息:
(1)编号:
(2)性别:_____　　年龄:_____　　职业:_____
(3)受教育程度:
(4)角色:○居民　　　○旅游者　　　○务工人员
(5)家庭年收入:

附录B 海岛旅游体验调查问卷

尊敬的女士/先生：

您好！我们正在进行一项有关海岛旅游体验的研究,并希望了解您对海岛旅游体验和景观偏好的看法和感受。

您的参与对我们的研究非常重要,所得到的信息将有助于我们更好地了解海岛旅游的发展现状和未来发展方向。问卷填写时间约为10分钟,我们将保证您的答案仅作为统计分析用途,不会泄露您的个人信息。如果您有任何疑问或意见,请随时与我们联系。

感谢您的支持和参与！

1. 您的性别是:(单选题) *

○男

○女

2. 您的年龄是:(单选题) *

○小于18岁

○18—24岁

○25—34岁

○35—44岁

○45—54岁

○55岁及以上

3. 您的职业是:(单选题) *

○在校学生

○医疗保健工作者

○行政管理/公共服务工作者

○艺术/设计/传媒工作者

○信息技术工作者

○商业/金融业/法律业从业者

○酒店业/旅游业/餐饮业从业者

○建筑业/房地产业/房屋服务业从业者

○农林牧渔工作者

○工程业/制造业/物流业从业者

○自由职业者

○其他

4.您的家庭月收入是多少?(单选题) *

○小于5000元

○5000—9999元

○10000—19999元

○20000—29999元

○30000—49999元

○50000元及以上

5.您的学历是?(单选题)*

○初中及以下

○高中/中专

○大专/本科

○研究生及以上

6.您的婚姻状况?(单选题)*

○未婚

○已婚

7.您居住的地区是?(单选题)*

○我国东北地区

○我国华北地区

○我国华东地区

○我国华中地区

○我国华南地区

○我国西南地区

○我国西北地区

○我国港澳台地区

○海外

8.您每天工作多少小时?(单选题)*

○没有工作

○少于4小时

○4—6小时

○6—8小时

○8—10小时

○10小时以上

9.除法定假日外,您每年是否有其他假期?(单选题)*

○有

○无

10.您的闲暇时间会用来?(多选题)*

□看书/看电影/听音乐

□运动/健身

□旅游/户外活动/其他

□烹饪/品茶

□娱乐

□自我提升

□与家人/朋友聚会

□其他

11.您喜欢的海岛景观是什么样的?(矩阵量表题)*

	非常不喜欢	不喜欢	无所谓	喜欢	非常喜欢
温暖的气候	○	○	○	○	○
舒适的海滩度假村	○	○	○	○	○
蔚蓝的天空	○	○	○	○	○
海岛独特的文化遗产	○	○	○	○	○
海岛特产和手工艺品	○	○	○	○	○
海滩派对和音乐节	○	○	○	○	○
海滨赛车和其他激烈运动	○	○	○	○	○
海上的日光浴和按摩	○	○	○	○	○
海岛上的当地市场和购物中心	○	○	○	○	○
海上漂流和冲浪	○	○	○	○	○

	非常不喜欢	不喜欢	无所谓	喜欢	非常喜欢
海岛上的当地文化	○	○	○	○	○
海上露营和野外生存	○	○	○	○	○
海鲜美食和热带水果	○	○	○	○	○
水下考古	○	○	○	○	○
海边浪漫之夜	○	○	○	○	○
海滩浴场和冲浪	○	○	○	○	○
白色沙滩	○	○	○	○	○
海岛上的文化表演和其他庆祝活动	○	○	○	○	○
海上日出和日落	○	○	○	○	○
美丽珊瑚礁	○	○	○	○	○
海底潜水和探险	○	○	○	○	○
碧蓝海水	○	○	○	○	○
海洋保护活动	○	○	○	○	○
海上运动和其他活动	○	○	○	○	○
椰林和棕榈树	○	○	○	○	○
海上娱乐设施和游乐场	○	○	○	○	○
海岛上的温泉和水疗	○	○	○	○	○
野生动物和自然保护区	○	○	○	○	○
乘坐帆船或划艇	○	○	○	○	○
乘坐豪华游艇和游轮	○	○	○	○	○
海上钓鱼和海产品尝	○	○	○	○	○

12.在海岛旅游中您获得了什么样的体验？(矩阵量表题)*

	非常不赞同	不赞同	说不清	赞同	非常赞同
探索新鲜事物和独特景观	○	○	○	○	○
神秘和奇妙的体验	○	○	○	○	○
放松和恢复精神	○	○	○	○	○
与自然互动和探索	○	○	○	○	○
获得内心平静	○	○	○	○	○
享受当地美味佳肴	○	○	○	○	○
丰富的文化和艺术体验	○	○	○	○	○
探索和学习当地的历史和传统	○	○	○	○	○
与家人和朋友共度美好时光	○	○	○	○	○
通过冒险活动获得刺激体验	○	○	○	○	○
体验奢华和享受高端服务	○	○	○	○	○
在海岛上放松和体验简单生活节奏	○	○	○	○	○
感受阳光和沙滩的温暖	○	○	○	○	○
体验海上运动	○	○	○	○	○
感受浪漫的氛围	○	○	○	○	○
探索和学习当地的海洋生态和生物多样性	○	○	○	○	○
体验本土文化和艺术活动	○	○	○	○	○
发现自己对环境保护和旅游可持续旅游的贡献	○	○	○	○	○
享受在海岛上的独特住宿体验	○	○	○	○	○
通过隐居获得内心的平静，远离城市喧嚣	○	○	○	○	○

13.在海岛旅游中您是和谁一起的?(单选题)*

○家人

○朋友

○伴侣

○独自一人

○团队/组织

○商业伙伴/同事

○家人

○其他(请注明)

14.您此次海岛旅游花费约是多少?(单选题)*

○2000元以下

○2000—5000元

○5000—8000元

○8000—12000元

○12000—20000元

○20000元以上

15.您是通过什么方式到达的?(多选题)*

□乘坐轮船/邮轮

□汽车自驾

□乘坐公共交通

□步行

□乘坐旅游巴士/旅游团

□骑自行车

□骑摩托车

□其他(请注明)

16.您是通过什么途径了解海岛旅游信息的?(多选题)*

□网络搜索引擎

□旅游书籍

□旅游杂志

□旅游博客和游记

□旅游社交媒体和旅游APP

□旅行社或旅游顾问

□朋友或家人的建议和推荐

□旅游展览和展会

□直接联系酒店或度假村

□其他(请注明)

17.在海岛旅游中您待了多久?(单选题)*

○一天或更短时间

○2—3天

○4—7天

○8—14天

○15天或更长时间

18. 在海岛旅游中您喜欢的餐饮方式是?(多选题)*

□酒店内的餐厅

□当地特色小吃街或夜市

□海边的餐厅或酒吧

□自炊

□当地居民家中的餐饮体验

□其他(请注明)

19. 在海岛旅游中您喜欢的住宿方式是?(多选题)*

□酒店或度假村

□特色民宿或客栈

□青年旅社或背包客栈

□露营

□其他(请注明)

20. 在海岛旅游中您喜欢的交通方式是?(多选题)*

□步行

□骑自行车

□打的士或网约车

□包车或自驾租车

□摩托车、电动车

□其他(请注明)

21. 请简述您对此次海岛旅游的总体感受。(简答题)

主要参考文献

[1] 艾尔·巴比.社会研究方法[M].10版.邱泽奇,译.北京:华夏出版社,2005.

[2] 白长虹,刘欢.旅游目的地精益服务模式:概念与路径——基于扎根理论的多案例探索性研究[J].南开管理评论,2019(3).

[3] 让·鲍德里亚.消费社会[M].3版.刘成富,全志钢,译.南京:南京大学出版社,2008.

[4] 陈岗.旅游吸引物符号的双层表意结构与体验真实性研究[J].人文地理,2012(2).

[5] 陈金华,秦耀辰,李晓莉.国外旅游型海岛人地关系研究进展[J].人文地理,2008(2).

[6] 陈俊彤,殷平.直播场景下旅游凝视行为研究[J].旅游学刊,2021(10).

[7] 陈烈,王山河,丁焕峰,等.无居民海岛生态旅游发展战略研究——以广东省茂名市放鸡岛为例[J].经济地理,2004(3).

[8] 陈巍,黄家裕.具身化、隐喻理解与情绪启动[J].浙江社会科学,2012(8).

[9] 陈向明,理查德.扎根理论在中国教育研究中的运用探索[J].北京大学教育评论,2015(1).

[10] 陈向明.从"范式"的视角看质的研究之定位[J].教育研究,2008(5).

[11] 陈扬乐,林艳鸿.驱推拉阻模型:南沙旅游发展动力的实证研究[J].中国海洋大学学报(社会科学版),2022(5).

[12] 陈晔,张辉,董蒙露.同行者关乎己?游客间互动对主观幸福感的影响[J].旅游学刊,2017(8).

[13] 戴敬东,曹卓利.海南冲浪运动发展相关信息研究[J].海南热带海洋学院学报,2019(1).

[14] 邓伟,刘福涛.辽宁省海岛生态旅游资源开发和保护[J].自然资源,1996(4).

[15] 董朝阳,童亿勤,薛东前,等.海岛旅游文化景观特征及影响因素分析——以舟山桃花岛为例[J].陕西师范大学学报(自然科学版),2018(5).

[16] 段钢.图像时代的符号和象征[J].天津社会科学,2006(4).

[17] 董培海,李庆雷,李伟.大众旅游现象研究综述与诠释[J].旅游学刊,2019(6).

[18] 樊友猛.旅游具身体验研究进展与展望[J].旅游科学,2020(1).

[19] 方民生.论海岛开发环境的改造——浙江海岛考察报告[J].经济研究, 1988(10).

[20] 冯学钢.嵊泗列岛"桥—港—景"旅游联动发展模式与对策[J].地域研究与开发,2004(3).

[21] 伽达默尔.诠释学:真理与方法[M].洪汉鼎,译.北京:商务印书馆,2007.

[22] 管健,乐国安.社会表征理论及其发展[J].南京师大学报:社会科学版, 2007(1).

[23] 郭文,朱竑.社会文化地理知识生产的表征与非表征维度[J].地理科学, 2020(7).

[24] 郭亚军,曹卓,杜跃平.国外旅游者行为研究述评[J].旅游科学,2009(2).

[25] 郭湛.论主体间性或交互主体性[J].中国人民大学学报,2001(3).

[26] 胡宪洋,白凯,花菲菲,等.西安曲江新区移民群体的地方意义建构与检验[J].地理学报,2020(8).

[27] 解佳,孙九霞.旅游流动中停泊的意义:移动性视角下的青年旅舍研究[J].旅游科学,2019(4).

[28] 李萌,陈钢华,胡宪洋,等.目的地浪漫属性的游客感知:量表开发与验证[J].旅游科学,2022(2).

[29] 李鹏,邓爱民."双循环"新发展格局下旅游业发展路径与策略[J].经济与管理评论,2021(5).

[30] 李淑娟,张甜甜,谵杨杨.基于人地关系论的国内外海岛旅游研究分析[J].资源开发与市场,2016(7).

[31] 李燕琴,徐晓.多元文化视野中的地方性知识与可持续旅游[J].旅游学刊, 2021(5).

[32] 李渊,郭晶,黄竞雄,等.海岛型旅游地空间形态对旅游者行为的影响研究——以福建省5个旅游岛为例[J].旅游学刊,2022(6).

[33] 李悦铮,李鹏升,黄丹,海岛旅游资源评价体系构建研究[J],资源科学, 2013(2).

[34] 李植斌,浙江省海岛区资源特征与开发研究——以舟山群岛为例[J].自然资源学报,1997(2).

[35] 林敏菲,钟森芳,卢宏伟.福建海岛旅游资源与开发探讨[J].广西民族大学学

报:哲学社会科学版),2004(2).

[36] 林上真,赵筱侠,王颖.东海岛屿文化遗产生态保护历史、现状及未来——基于舟山黄龙岛的考察[J].浙江海洋学院学报(人文科学版),2015(2).

[37] 刘海龙,束开荣.具身性与传播研究的身体观念——知觉现象学与认知科学的视角[J].兰州大学学报(社会科学版),2019(2).

[38] 刘家明.国内外海岛旅游开发研究[J].华中师范大学学报(自然科学版),2000(3).

[39] 刘少艾,卢长宝.价值共创:景区游客管理理念转向及创新路径[J].人文地理,2016(4).

[40] 刘燊.具心于身 心脑交融——评《具身认知心理学:大脑、身体与心灵的对话》[J].心理研究,2023(1).

[41] 刘亚,王振宏,孔风.情绪具身观:情绪研究的新视角[J].心理科学进展,2011(1).

[42] 刘雨潇,张建国.基于凝视理论的村落景区旅游形象投射与感知比较研究——以浙江杭州天目月乡为例[J].西南大学学报(自然科学版),2021(5).

[43] 龙江智,李恒云.基于气候舒适性视角的辽宁海岛旅游开发策略[J].资源科学,2012(5).

[44] 卢昆.海岛旅游开发的特殊性及策略探析[J].社会科学家,2010(7).

[45] 卢小丽,武春友.基于内容分析法的生态旅游内涵辨析[J].生态学报,2006(4).

[46] 陆林.国内外海岛旅游研究进展及启示[J].地理科学,2007(4).

[47] 栾维新,王海壮.长山群岛区域发展的地理基础与差异因素研究[J].地理科学,2005(5).

[48] 罗崇宏.当代"本质主义"文论的本土旅行及话语建构[J].深圳大学学报(人文社会科学版),2023(1).

[49] 马天,李想,谢彦君.换汤不换药?游客满意度测量的迷思[J].旅游学刊,2017(6).

[50] 马天,谢彦君.梦想的远方:西藏具身旅游体验研究[J].西藏民族大学学报(哲学社会科学版),2020(3).

[51] 诺伯舒兹.场所精神:迈向建筑现象学[M].施植明,译.武汉:华中科技大学出版社,2010.

[52] 潘绥铭,姚星亮,黄盈盈.论定性调查的人数问题:是"代表性"还是"代表什么"的问题——"最大差异的信息饱和法"及其方法论意义[J].社会科学研

究,2010(4).

[53] 彭丹.旅游符号学的理论述评和研究内容[J].旅游科学,2014(5).

[54] 彭京宜.建设国际旅游岛的三个"圈层"——兼论海南旅游资源的合理开发[J].理论前沿,2009(24).

[55] 齐桂珍.国内外政府职能转变及其理论研究综述[J].中国特色社会主义研究,2007(5).

[56] 钱俊希.地方性研究的理论视角及其对旅游研究的启示[J].旅游学刊,2013(3).

[57] 曲凌雁.世界滨海海岛地区旅游开发经验借鉴[J].世界地理研究,2005(3).

[58] 申莎.镜像神经元:基于联想学习理论的视角[J].心理学探新,2015(1).

[59] 司文会.符号学·文学·文化——罗兰·巴特的符号学思想研究[J].社会科学,2011(9).

[60] 宋晓,梁学成,张新成,等.旅游价值共创:研究回顾与未来展望[J].旅游科学,2022(3).

[61] 苏同向,杨华,王浩.景观现象学视域下乡村植物景观本质的哲学沉思[J].中国园林,2022(6).

[62] 孙九霞.旅游循环凝视与乡村文化修复[J].旅游学刊,2019(6).

[63] 谭红日,刘沛林,李伯华.基于网络文本分析的大连市旅游目的地形象感知[J].经济地理,2021(3).

[64] 田克勤.山东海岛生态旅游资源优势和开发对策[J].海洋科学,1998(3).

[65] 王纯阳,屈海林.旅游动机、目的地形象与旅游者期望[J].旅游学刊,2013(6).

[66] 王国炎,汤忠钢."文化"概念界说新论[J].南昌大学学报(人文社会科学版),2003(2).

[67] 王敏,陈晓欣,林银斌,等.体育赛事体验对旅游目的地品牌影响研究——以广州马拉松赛为例[J].旅游学刊,2022(12).

[68] 王琴.个性、灵感和体验:中国民族博物馆"家庭模式"的个人叙事研究[J].广西民族大学学报(哲学社会科学版),2022(4).

[69] 王泉斌,王晶,张志卫,等.无居民海岛旅游开发过程中的景观格局变化分析——以菩提岛为例[J].海洋通报,2018(3).

[70] 王山,荆嵋.超越单向度:社会心理服务体系功能及价值的检视[J].安徽师范大学学报(人文社会科学版),2022(3).

[71] 王学基,孙九霞,黄秀波.中介,身体与情感:川藏公路旅行中的流动性体验

[J]. 地理科学,2019(11).

[72] 王颖.中国海洋地理[M].北京:科学出版社,2013.

[73] 王勇.海岛资源综合开发试验的几个问题[J].中国人口·资源与环境,
     1994(1).

[74] 王钰宁,孙九霞.旅游跨文化学习中的主客互动——阳朔太极拳的教与学
     [J].人文地理,2022(4).

[75] 魏兴华.烟台市海岛旅游资源开发对策[J].特区经济,2006(5).

[76] 文吉,魏清泉.旅游区域联合开发研究——以粤西海岛旅游开发为例[J].人
     文地理,2004(4).

[77] 吴艾凌,姚延波,吕兴洋.旅游者幸福感的持续性机制研究——基于理论竞
     争的研究方法[J].旅游科学,2020(6).

[78] 吴俊,唐代剑.旅游体验研究的新视角:具身理论[J].旅游学刊,2018(1).

[79] 吴寅姗,陈家熙,钱俊希.流动性视角下的入藏火车旅行研究:体验、实践、意
     义[J].旅游学刊,2017(12).

[80] 武虹剑,龙江智.旅游体验生成途径的理论模型[J].社会科学辑刊,2018(3).

[81] 夏东兴,曲锦旭,林金祥,等.浅论我国海岛开发[J].海洋开发,1986(4).

[82] 谢彦君,胡迎春,王丹平.工业旅游具身体验模型:具身障碍、障碍移除和具
     身实现[J].旅游科学,2018(4).

[83] 谢彦君.基础旅游学[M].北京:中国旅游出版社,1999.

[84] 谢彦君.论旅游的现代化与原始化[J].旅游学刊,1990(4).

[85] 谢彦君.旅游的本质及其认识方法——从学科自觉的角度看[J].旅游学刊,
     2010(1).

[86] 谢彦君.旅游体验——旅游世界的硬核[J].桂林旅游高等专科学校学报,
     2005(6).

[87] 许基南,余可发.基于扎根理论的旅游景区故事营销理论建构研究[J].当代
     财经,2014(10).

[88] 鄢方卫,舒伯阳,赵昕,等.世俗体验还是精神追求?——消费主义背景下网
     红打卡旅游的归因研究[J].旅游学刊,2022(6).

[89] 杨洋,周星,徐颖儿,等.身体现象学视角下徒步旅游者Flow体验的生成与
     意义[J].旅游学刊,2022(2).

[90] 杨勇,邹永广,孙琦.旅游发展背景下侨乡地方意义的叠写与地方认同——
     以泉州市晋江梧林侨乡为例[J].热带地理,2021(1).

[91] 杨振之.论旅游的本质[J].旅游学刊,2014(3).

[92]　叶浩生.具身认知:认知心理学的新取向[J].心理科学进展,2010(5).

[93]　叶依广,曹乾.江苏省海岛旅游资源的开发利用——以连云港岛域为例[J].资源开发与市场,1998(6).

[94]　殷明,刘电芝.身心融合学习:具身认知及其教育意蕴[J].课程·教材·教法,2015(7).

[95]　俞孔坚.景观的含义[J].时代建筑,2002(1).

[96]　袁振杰,马凌.行走的记忆,记忆的行走:旅游中体验与地方认同[J].旅游学刊,2020(11).

[97]　袁祖社."现代性"的碎片与完美性生存的乌托邦想象——现代人"自我实践"的伦理难题[J].湖北大学学报(哲学社会科学版),2020(6).

[98]　张朝枝,张鑫.流动性的旅游体验模型建构——基于骑行入藏者的研究[J].地理研究,2017(12).

[99]　张德胜,金耀基,陈海文,等.论中庸理性:工具理性、价值理性和沟通理性之外[J].社会学研究,2001(2).

[100]　张宏梅,陆林.旅游研究定性方法的初步分析[J].江西师范大学学报:自然科学版,2005(3).

[101]　张江驰,谢朝武.旅游凝视视角下城市边缘型社区居民——游客价值共创研究[J].人文地理,2021(6).

[102]　张静红."一心一意":拍摄者与被拍摄者的"共感"[J].上海大学学报(社会科学版),2020(3).

[103]　张世英."后现代主义"对"现代性"的批判与超越[J].北京大学学报(哲学社会科学版),2007(1).

[104]　张天问,吴明远.基于扎根理论的旅游幸福感构成——以互联网旅游博客文本为例[J].旅游学刊,2014(10).

[105]　张筱薏,李勤.消费·消费文化·消费主义——从使用价值消费到符号消费的演变逻辑[J].学术论坛,2006(9).

[106]　张兴泰,陈志钢,张骁鸣,等.流动与想象:西藏地方意义的多元互构研究[J].地理研究,2021(8).

[107]　张耀光,胡宜鸣.关于海岛开发建设系统分析[J].海洋与海岸带开发,1993(3).

[108]　张月明,赵志楠,梁晓林,等.河北省典型海岛生态旅游资源评价与开发策略[J].生态科学,2014(1).

[109]　张云生,陆文妹.海岛森林公园旅游开发探讨——以大陈岛生态旅游开发

为例[J]. 林业资源管理,2002(6).

[110] 郑春晖,张佳,温淑盈. 虚与实:虚拟旅游中的人地情感依恋与实地旅游意愿[J]. 旅游学刊,2022(4).

[111] 周晓虹. 流动与城市体验对中国农民现代性的影响[J]. 社会学研究,1998(5).

[112] 朱竑,钱俊希,陈晓亮. 地方与认同:欧美人文地理学对地方的再认识[J]. 人文地理,2010(6).

[113] 朱璇,蔡元,梁云能. 从神圣到世俗的欠发达地区乡村社区空间异化——国内背包客凝视下的亚丁村[J]. 人文地理,2017(2).

[114] 朱璇,江泓源. 移动性范式下的徒步体验研究——以徽杭古道为例[J]. 旅游科学,2019(2).

[115] 庄春萍,张建新. 地方认同:环境心理学视角下的分析[J]. 心理科学进展,2011(9).

[116] 邹统钎,陈芸,李涛. 探险旅游者认知行为及性别差异分析——以北京地区为例[J]. 旅游科学,2010(1).

[117] Aaker J L. The Malleable Self:The Role of Self-Expression in Persuasion[J]. Journal of Marketing Research,1999(1).

[118] Abubakar B,Mavondo F. Tourism destinations:Antecedents to customer satisfaction and positive word-of-mouth[J]. Journal of Hospitality Marketing & Management,2014(8).

[119] Abukhalifeh A N,Wondirad A. Contributions of community-based tourism to the socio-economic well-being of local communities:The case of Pulau Redang Island,Malaysia[J]. International Journal of Tourism Sciences,2019(2).

[120] Ali J R. Islands as biological substrates:classification of the biological assemblage components and the physical island types[J]. Journal of Biogeography,2017(5).

[121] Aliman N K,Hashim S M,Wahid S D M,et al. Tourists' satisfaction with a destination:An investigation on visitors to Langkawi Island[J]. International Journal of Marketing Studies,2016(3).

[122] Almeida A,Garrod B. A CATREG model of destination choice for a mature Island destination[J]. Journal of destination marketing & management,2018.

[123] Alonso A D. Wine,tourism and experience in the Canary Islands' context[J]. Tourism:An International Interdisciplinary Journal,2009(1).

[124] Anderson M L. Embodied cognition: A field guide[J]. Artificial intelligence, 2003(1).

[125] Austin R L, Eder J F. Environmentalism, development, and participation on Palawan Island, Philippines[J]. Society and Natural Resources, 2007(4).

[126] Walker T B, Lee T J, Li X. Sustainable development for small island tourism: developing slow tourism in the Caribbean[J]. Journal of Travel & Tourism Marketing, 2021(1).

[127] Baldacchino G. Islands—objects of representation[J]. Geografiska Annaler: Series B, Human Geography, 2005(4).

[128] Baldacchino G. Warm versus cold water island tourism: a review of policy implications[J]. Island studies journal, 2006(2).

[129] Bangwayo-Skeete P F, Skeete R W. Modelling tourism resilience in small island states: A tale of two countries[J]. Tourism Geographies, 2021(3).

[130] Barsalou L W. Language comprehension: Archival memory or preparation for situated action?[J]. 1999.

[131] Beilock S L, Lyons I M, Mattarella‐Micke A, et al. Sports experience changes the neural processing of action language[J]. Proceedings of the National Academy of Sciences, 2008(36).

[132] Belle N, Bramwell B. Climate change and small island tourism: Policy maker and industry perspectives in Barbados[J]. Journal of travel research, 2005(1).

[133] Bhaduri K, Pandey S. Sustainable smart specialisation of small-island tourism countries[J]. Journal of tourism futures, 2020(2).

[134] Brinkmann M. Embodied understanding in pedagogical contexts[J]. Leib‐Leiblichkeit-Embodiment: Pädagogische Perspektiven auf eine Phänomenologie des Leibes, 2019(8).

[135] Brown K G. Island tourism marketing: music and culture[J]. International Journal of Culture, Tourism and Hospitality Research, 2009(1).

[136] Brun I, Rajaobelina L, Ricard L, et al. Examining the influence of the social dimension of customer experience on trust towards travel agencies: The role of experiential predisposition in a multichannel context[J]. Tourism Management Perspectives, 2020.

[137] Cabiddu F, Lui T W, Piccoli G. Managing value co-creation in the tourism industry[J]. Annals of Tourism Research, 2013.

[138] Campelo A, Aitken R, Thyne M, et al. Sense of place: The importance for destination branding[J]. Journal of travel research, 2014(2).

[139] Canziani B, Francioni J. Gaze and self: host internalization of the tourist gaze [J]. The host gaze in global tourism, 2013.

[140] Carlsen J. A systems approach to island tourism destination management[J]. Systems Research and Behavioral Science: The Official Journal of the International Federation for Systems Research, 1999(4).

[141] Cater C I. Playing with risk? Participant perceptions of risk and management implications in adventure tourism[J]. Tourism management, 2006(2).

[142] Chen R J C. Islands in Europe: development of an island tourism multi-dimensional model (ITMDM)[J]. Sustainable Development, 2006(2).

[143] Cheng A S, Kruger L E, Daniels S E. "Place" as an integrating concept in natural resource politics: Propositions for a social science research Agenda[J]. Society & Natural Resources, 2003(2).

[144] Cheng T M, Wu H C. How do environmental knowledge, environmental sensitivity, and place attachment affect environmentally responsible behavior? An integrated approach for sustainable island tourism[J]. Journal of Sustainable tourism, 2015(4).

[145] Chi Y, Liu D, Xing W, et al. Island ecosystem health in the context of human activities with different types and intensities[J]. Journal of Cleaner Production, 2021.

[146] Chi Y, Zhang Z, Gao J, et al. Evaluating landscape ecological sensitivity of an estuarine island based on landscape pattern across temporal and spatial scales [J]. Ecological Indicators, 2019.

[147] Cohen E. A phenomenology of tourist experiences[J]. Sociology, 1979(2).

[148] Cohen S. Social relationships and health[J]. American psychologist, 2004(8).

[149] Confente I, Scarpi D. Achieving environmentally responsible behavior for tourists and residents: A norm activation theory perspective[J]. Journal of Travel Research, 2021(6).

[150] Conkling P. On islanders and islandness[J]. Geographical Review, 2007(2).

[151] Connell J. Contemporary medical tourism: Conceptualisation, culture and commodification[J]. Tourism management, 2013.

[152] Coulthard S, Evans L, Turner R, et al. Exploring "Islandness" and the Im-

pacts of Nature Conservation through the Lens of Wellbeing[J]. Environmental Conservation, 2017(3).

[153] Cranny-Francis A. Touching film: the embodied practice and politics of film viewing and filmmaking[J]. The Senses and Society, 2009(2).

[154] Croes R. Measuring and explaining competitiveness in the context of small island destinations[J]. Journal of travel research, 2011(4).

[155] Damasio H, Grabowski T, Frank R, et al. The return of Phineas Gage: clues about the brain from the skull of a famous patient[J]. Science, 1994.

[156] Del Bosque I R, San Martín H. Tourist satisfaction a cognitive-affective model[J]. Annals of tourism research, 2008(2).

[157] DiPietro R B, Peterson R. Exploring cruise experiences, satisfaction, and loyalty: The case of Aruba as a small-island tourism economy[J]. International Journal of Hospitality & Tourism Administration, 2017(1).

[158] Dłużewska A, Giampiccoli A. Enhancing island tourism's local benefits: A proposed community-based tourism-oriented general model[J]. Sustainable Development, 2021(1).

[159] Domroes M. Conceptualising state-controlled resort islands for an environment-friendly development of tourism: The Maldivian experience[J]. Singapore Journal of Tropical Geography, 2001(2).

[160] Doorga J R S, Deenapanray P N K, Rughooputh S D D V. Geographic carbon accounting: The roadmap for achieving net-zero emissions in Mauritius Island[J]. Journal of Environmental Management, 2023.

[161] Duncan J, Ley D. Structural Marxism and human geography: a critical assessment[J]. Annals of the Association of American Geographers, 1982(1).

[162] Edensor T. Performing tourism, staging tourism: (Re) producing tourist space and practice[J]. Tourist studies, 2001(1).

[163] Everett S. Beyond the visual gaze? The pursuit of an embodied experience through food tourism[J]. Tourist Studies, 2008(3).

[164] Farkic J. Challenges in outdoor tourism explorations: an embodied approach [J]. Tourism Geographies, 2021(1-2).

[165] Fei J, Lin Y, Jiang Q, et al. Spatiotemporal coupling coordination measurement on islands' economy-environment-tourism system[J]. Ocean & Coastal Management, 2021.

[166] Fitchett J, Lindberg F, Martin D M. Accumulation by symbolic dispossession: Tourism development in advanced capitalism[J]. Annals of Tourism Research, 2021.

[167] Frankl V E. Man's search for meaning[M]. Simon and Schuster, 1985.

[168] Fu Y K, Chen Y J. An evaluation model for island tourism competitiveness: Empirical study on Penghu Islands[J]. International Journal of Tourism Research, 2019(5).

[169] Fuchs T, Schlimme J E. Embodiment and psychopathology: a phenomenological perspective[J]. Current opinion in psychiatry, 2009(6).

[170] Gallese V, Keysers C, Rizzolatti G. A unifying view of the basis of social cognition[J]. Trends in cognitive sciences, 2004(9).

[171] Gallese V. Embodied simulation. Its bearing on aesthetic experience and the dialogue between neuroscience and the humanities[J]. Gestalt Theory, 2019(2).

[172] Ge J. Research on small island tourism experience perception based on big data analysis[J]. Journal of Coastal Research, 2020.

[173] Gieryn T F. A space for place in sociology[J]. Annual review of sociology, 2000(1).

[174] Godovykh M, Tasci A D A. Customer experience in tourism: A review of definitions, components, and measurements[J]. Tourism Management Perspectives, 2020.

[175] Green R. Community perceptions of environmental and social change and tourism development on the island of Koh Samui, Thailand[J]. Journal of Environmental Psychology, 2005(1).

[176] Gustafson P. Meanings of place: Everyday experience and theoretical conceptualizations[J]. Journal of environmental psychology, 2001(1).

[177] Hadinejad A, Moyle B D, Scott N, et al. Emotional responses to tourism advertisements: the application of FaceReader™[J]. Tourism Recreation Research, 2019(1).

[178] Hanai T, Yashiro K, Konno H. Role of travel photographs as self-discovery and self-expression[J]. Journal of Global Tourism Research, 2018(2).

[179] Havas D A, Glenberg A M, Gutowski K A, et al. Cosmetic use of botulinum toxin-A affects processing of emotional language[J]. Psychological Science,

2010(7).

[180] Hay R. A rooted sense of place in cross-cultural perspective[J]. The Canadian Geographer / Le Géographe Canadien, 1998(3).

[181] He J, Xu D, Chen T. Travel vlogging practice and its impacts on tourist experiences[J]. Current issues in Tourism, 2022(15).

[182] Hidalgo M C, Hernandez B. Place attachment: Conceptual and empirical questions[J]. Journal of environmental psychology, 2001(3).

[183] Höckert E, Lüthje M, Ilola H, et al. Gazes and faces in tourist photography[J]. Annals of Tourism Research, 2018.

[184] Horkheimer M, Adorno T W, Noeri G. Dialectic of enlightenment[M]. Stanford University Press, 2002.

[185] Houge Mackenzie S, Brymer E. Conceptualizing adventurous nature sport: A positive psychology perspective[J]. Annals of Leisure Research, 2020(1).

[186] Huang B, Ouyang Z, Zheng H, et al. Construction of an eco-island: a case study of Chongming Island, China[J]. Ocean & Coastal Management, 2008 (8-9).

[187] Hunter W C. The social construction of tourism online destination image: A comparative semiotic analysis of the visual representation of Seoul[J]. Tourism management, 2016.

[188] Ignatow G. Theories of embodied knowledge: New directions for cultural and cognitive sociology?[J]. Journal for the Theory of Social Behaviour, 2007(2).

[189] Inamura T, Toshima I, Tanie H, et al. Embodied symbol emergence based on mimesis theory[J]. The International Journal of Robotics Research, 2004 (4-5).

[190] Jafari J. Research and scholarship: the basis of tourism education.[Reprint of original article published in v. 1, no. 1, 1990: 33-41.][J]. Journal of Tourism Studies, 2003(1).

[191] Jang S C, Bai B, Hu C, et al. Affect, travel motivation, and travel intention: A senior market[J]. Journal of Hospitality & Tourism Research, 2009(1).

[192] Jarratt D, Phelan C, Wain J, et al. Developing a sense of place toolkit: Identifying destination uniqueness[J]. Tourism and Hospitality Research, 2019(4).

[193] Jędrusik M. Island studies. Island geography. But what is an island?[J]. Miscellanea Geographica, 2011(1).

[194] Jepson D, Sharpley R. More than sense of place? Exploring the emotional dimension of rural tourism experiences[J]. Journal of Sustainable Tourism, 2015 (8-9).

[195] Jocom H, Setiawan D, Andesta I, et al. The dynamics of tourism development: study case tourism attributes in Penyengat Island[J]. International Journal of Applied Sciences in Tourism and Events, 2021(2).

[196] Jönsson C, Devonish D. Does nationality, gender, and age affect travel motivation? A case of visitors to the Caribbean island of Barbados[J]. Journal of Travel & Tourism Marketing, 2008(3-4).

[197] Kang M, Schuett M A. Determinants of sharing travel experiences in social media[J]. Journal of Travel & Tourism Marketing, 2013(1-2).

[198] Kantamaneni K, Christie D, Lyddon C E, et al. A Comprehensive Assessment of Climate Change and Coastal Inundation through Satellite-Derived Datasets: A Case Study of Sabang Island, Indonesia[J]. Remote Sensing, 2022(12).

[199] Karasakal S, Albayrak T. How to create flow experience during travel: The role of destination attributes[J]. Journal of Vacation Marketing, 2022(3).

[200] Kasim A, Dzakiria H, Park C, et al. Predictors of travel motivations: the case of domestic tourists to island destinations in northwest of Malaysia[J]. Anatolia, 2013(2).

[201] Katircioglu S, Cizreliogullari M N, Katircioglu S. Estimating the role of climate changes on international tourist flows: evidence from Mediterranean Island States[J]. Environmental Science and Pollution Research, 2019.

[202] Kavoura A, Stavrianea A. Following and belonging to an online travel community in social media, its shared characteristics and gender differences[J]. Procedia-Social and Behavioral Sciences, 2015.

[203] Kim J H, Ritchie J R B. Cross-cultural validation of a memorable tourism experience scale (MTES)[J]. Journal of Travel Research, 2014(3).

[204] Kim J, Fesenmaier D R. Measuring emotions in real time: Implications for tourism experience design[J]. Journal of Travel Research, 2015(4).

[205] Kirillova K, Lehto X Y, Cai L. Existential authenticity and anxiety as outcomes: The tourist in the experience economy[J]. International Journal of Tourism Research, 2017(1).

[206] Kokkranikal J, McLellan R, Baum T. Island tourism and sustainability: A case study of the Lakshadweep Islands[J]. Journal of Sustainable Tourism, 2003(5).

[207] Kolar T. Conceptualising tourist experiences with new attractions: the case of escape rooms[J]. International Journal of Contemporary Hospitality Management, 2017(5).

[208] Kolcun M, Kot S, Grabara J. Use of elements of semiotic language in tourism marketing[J]. International Letters of Social and Humanistic Sciences, 2014(1).

[209] Koski-Karell N S. Integrated Sustainable Waste Management in Tourism Markets: The Case of Bali[J]. Indian Journal of Public Administration, 2019(3).

[210] Kuo N W, Chen P H. Quantifying energy use, carbon dioxide emission, and other environmental loads from island tourism based on a life cycle assessment approach[J]. Journal of cleaner production, 2009(15).

[211] Kurniawan F, Adrianto L, Bengen D G, et al. The social-ecological status of small islands: An evaluation of island tourism destination management in Indonesia[J]. Tourism Management Perspectives, 2019.

[212] Larsen J. Practices and flows of digital photography: An ethnographic framework[J]. Mobilities, 2008(1).

[213] Larsen S. Aspects of a Psychology of the Tourist Experience[J]. Scandinavian Journal of Hospitality and Tourism, 2007(1).

[214] Lauer M. Changing understandings of local knowledge in island environments [J]. Environmental Conservation, 2017(4).

[215] Leather M, Nicholls F. More than activities: using a "sense of place" to enrich student experience in adventure sport[J]. Sport, Education and Society, 2016(3).

[216] Lee K H, Packer J, Scott N. Travel lifestyle preferences and destination activity choices of Slow Food members and non-members[J]. Tourism Management, 2015.

[217] Lee M. The reality of balancing tourism development and protecting the nature heritage of Langkawi Island, Malaysia[J]. Journal of Ecotourism, 2013(3).

[218] Lengen C, Kistemann T. Sense of place and place identity: Review of neuro-scientific evidence[J]. Health & place, 2012(5).

[219] Lewicka M. Place attachment: How far have we come in the last 40 years? [J]. Journal of environmental psychology, 2011(3).

[220] Lewis A. Rationalising a tourism curriculum for sustainable tourism development in small island states: A stakeholder perspective[J]. Critical Issues in Tourism Education, 2004.

[221] Li G, Yang X, Liu Q, et al. Destination island effects: A theoretical framework for the environmental impact assessment of human tourism activities[J]. Tourism Management Perspectives, 2014.

[222] Li J, Pearce P L, Oktadiana H. Can digital-free tourism build character strengths?[J]. Annals of Tourism Research, 2020.

[223] Lim C C, Cooper C. Beyond sustainability: Optimising island tourism development[J]. International journal of tourism research, 2009(1).

[224] Lin H, Zhang M, Gursoy D, et al. Impact of tourist-to-tourist interaction on tourism experience: The mediating role of cohesion and intimacy[J]. Annals of Tourism Research, 2019.

[225] Lin S H, Liu C M. Data assimilation of island climate observations with large-scale re-analysis data to high-resolution grids[J]. International Journal of Climatology, 2013(5).

[226] Litvin S W, Goldsmith R E, Pan B. A retrospective view of electronic word-of-mouth in hospitality and tourism management[J]. International Journal of Contemporary Hospitality Management, 2018(1).

[227] Lochrie S, Baxter I W F, Collinson E, et al. Self-expression and play: can religious tourism be hedonistic?[J]. Tourism Recreation Research, 2019(1).

[228] MacCannell D. Staged authenticity: Arrangements of social space in tourist settings[J]. American journal of Sociology, 1973(3).

[229] Magnini V P, Crotts J C, Zehrer A. Understanding customer delight: An application of travel blog analysis[J]. Journal of Travel Research, 2011(5).

[230] Manning R, Wang B, Valliere W, et al. Research to estimate and manage carrying capacity of a tourist attraction: a study of Alcatraz Island[J]. Journal of Sustainable Tourism, 2002(5).

[231] Marsh K L, Johnston L, Richardson M J, et al. Toward a radically embodied,

embedded social psychology[J]. European Journal of Social Psychology, 2009(7).

[232] Martinis A, Kabassi K, Dimitriadou C, et al. Pupils' environmental awareness of natural protected areas: The case of Zakynthos Island[J]. Applied Environmental Education & Communication, 2018(2).

[233] McCulloch K, McLaughlin P, Allison P, et al. Sail training as education: More than mere adventure[J]. Oxford Review of Education, 2010(6).

[234] Mejía C V, Brandt S. Managing tourism in the Galapagos Islands through price incentives: A choice experiment approach[J]. Ecological Economics, 2015.

[235] Musson G, Cohen L, Tietze S. Pedagogy and the "Linguistic Turn" Developing Understanding Through Semiotics[J]. Management Learning, 2007(1).

[236] Mykletun R J, Crotts J C, Mykletun A. Positioning an island destination in the peripheral area of the Baltics: A flexible approach to market segmentation [J]. Tourism Management, 2001(5).

[237] Niedenthal P M, Barsalou L W, Winkielman P, et al. Embodiment in attitudes, social perception, and emotion[J]. Personality and social psychology review, 2005(3).

[238] Nunkoo R, Gursoy D, Juwaheer T D. Island residents' identities and their support for tourism: an integration of two theories[J]. Journal of Sustainable Tourism, 2010(5).

[239] Nunkoo R, Gursoy D. Residents' support for tourism: An identity perspective [J]. Annals of tourism research, 2012(1).

[240] Padron-Avila H, Croes R, Rivera M. Activities, destination image, satisfaction and loyalty in a small island destination[J]. Tourism Review, 2022(1).

[241] Pan S, Lee J, Tsai H. Travel photos: Motivations, image dimensions, and affective qualities of places[J]. Tourism management, 2014.

[242] Pastor I O, Martínez M A C, Canalejoa A E, et al. Landscape evaluation: comparison of evaluation methods in a region of Spain[J]. Journal of environmental management, 2007(1).

[243] Patwardhan V, Ribeiro M A, Woosnam K M, et al. Visitors' loyalty to religious tourism destinations: Considering place attachment, emotional experience and religious affiliation[J]. Tourism Management Perspectives, 2020.

[244] Pearce P L. Perceived changes in holiday destinations[J]. Annals of tourism research,1982(2).

[245] Peterson R R. Over the Caribbean top: community well-being and over-tourism in small island tourism economies[J]. International Journal of Community Well-Being,2020.

[246] Plog S C. Understanding psychographics in tourism research[J]. Understanding psychographics in tourism research,1987.

[247] Prasetya A, Adnyana P P, Wiweka K, et al. Millennials' travel behavior in small island destination: The overview of gili trawangan, Indonesia[J]. Asian Journal of Advanced Research and Reports,2021.

[248] Rachao S,Breda Z,Fernandes C,et al. Cocreation of tourism experiences: are food-related activities being explored?[J]. British Food Journal,2020(3).

[249] Rainoldi M, Driescher V, Lisnevska A, et al. Virtual reality: an innovative tool in destinations' marketing[J]. The Gaze: Journal of Tourism and Hospitality,2018.

[250] Ramanathan S,O'Brien C,Faulkner G,et al. Happiness in motion: Emotions, well-being,and active school travel[J]. Journal of school health,2014(8).

[251] Ram-Bidesi V,Tsamenyi M. Implications of the tuna management regime for domestic industry development in the Pacific Island States[J]. Marine Policy, 2004(5).

[252] Ramjeawon T, Beedassy R. Evaluation of the EIA system on the Island of Mauritius and development of an environmental monitoring plan framework [J]. Environmental Impact Assessment Review,2004(5).

[253] Ramseook-Munhurrun P, Seebaluck V N, Naidoo P. Examining the structural relationships of destination image, perceived value, tourist satisfaction and loyalty: case of Mauritius[J]. Procedia-Social and Behavioral Sciences, 2015.

[254] Ray N M,Ryder M E. "Ebilities" tourism: An exploratory discussion of the travel needs and motivations of the mobility-disabled[J]. Tourism Management,2003(1).

[255] Relph E. Place and placelessness[M]. London: Pion,1976.

[256] Revilla Hernández M,Santana Talavera A,Parra López E. Effects of co-creation in a tourism destination brand image through twitter[J]. Journal of Tour-

ism, Heritage & Services Marketing (JTHSM), 2016(1).

[257] Reyes Vélez P E, Pérez Naranjo L M, Rodríguez Zapatero M. The impact of daily tour service quality on tourist satisfaction and behavioural intentions in an island context: a study on tours to Isla de la Plata, Ecuador[J]. Current Issues in Tourism, 2019(19).

[258] Ribeiro M A, Valle P O, Silva J A. Residents' attitudes towards tourism development in Cape Verde Islands[J]. Tourism Geographies, 2013(4).

[259] Roslan A, Noor M. Does income from tourism sources have an equalising effect on inequality among the poor? The case of Langkawi island, Malaysia[J]. European Journal of Tourism Research, 2008(2).

[260] Russell J C, Kueffer C. Island biodiversity in the Anthropocene[J]. Annual Review of Environment and Resources, 2019.

[261] Salleh N H M, Shukor M S, Othman R, et al. Factors of local community participation in tourism‐related business: Case of Langkawi Island[J]. International Journal of Social Science and Humanity, 2016(8).

[262] Sánchez‐Cañizares S M, Castillo‐Canalejo A M. Community‐based island tourism: the case of Boa Vista in Cape Verde[J]. International Journal of Culture, Tourism and Hospitality Research, 2014.

[263] Saraniemi S, Kylänen M. Problematizing the concept of tourism destination: An analysis of different theoretical approaches[J]. Journal of travel research, 2011(2).

[264] Scheyvens R, Momsen J H. Tourism and poverty reduction: Issues for small island states[J]. Tourism geographies, 2008(1).

[265] Seetanah B. Assessing the dynamic economic impact of tourism for island economies[J]. Annals of tourism research, 2011(1).

[266] Selwyn P. Smallness and islandness[J]. World development, 1980(12).

[267] Shahmohamadi P, Che‐Ani A I, Ramly A, et al. Reducing urban heat island effects: A systematic review to achieve energy consumption balance[J]. International Journal of Physical Sciences, 2010(6).

[268] Shakeela A, Ruhanen L, Breakey N. The role of employment in the sustainable development paradigm—The local tourism labor market in small island developing states[J]. Journal of Human Resources in Hospitality & Tourism, 2011(4).

[269] Shoval N, McKercher B, Ng E, et al. Hotel location and tourist activity in cities[J]. Annals of tourism research, 2011(4).

[270] Sklar D. Remembering kinesthesia: An inquiry into embodied cultural knowledge[J]. Migrations of gesture, 2008.

[271] Small J, Darcy S, Packer T. The embodied tourist experiences of people with vision impairment: Management implications beyond the visual gaze[J]. Tourism Management, 2012(4).

[272] Sonmez S F, Apostolopoulos Y. Conflict resolution through tourism cooperation? The case of the partitioned island-state of Cyprus[J]. Journal of travel & tourism marketing, 2000(3).

[273] Suess C, Mody M. Gaming can be sustainable too! Using Social Representation Theory to examine the moderating effects of tourism diversification on residents' tax paying behavior[J]. Tourism Management, 2016.

[274] Sun J, Lv X. Feeling dark, seeing dark: Mind-body in dark tourism[J]. Annals of Tourism Research, 2021.

[275] Swann Jr W B, Chang-Schneider C, Larsen McClarty K. Do people's self-views matter? Self-concept and self-esteem in everyday life[J]. American psychologist, 2007(2).

[276] Tilley C. Introduction: Identity, place, landscape and heritage[J]. Journal of material culture, 2006(1-2).

[277] Timothy D J. Contemporary cultural heritage and tourism: Development issues and emerging trends[J]. Public Archaeology, 2014(1-3).

[278] Tolkach D, Pratt S. Globalisation and cultural change in Pacific Island countries: the role of tourism[J]. Tourism Geographies, 2021(3).

[279] Tom Dieck M C, Fountoulaki P, Jung T H. Tourism distribution channels in European island destinations[J]. International Journal of Contemporary Hospitality Management, 2018(1).

[280] Towner N, Lemarié J. Localism at New Zealand surfing destinations: Durkheim and the social structure of communities[J]. Journal of Sport & Tourism, 2020(2).

[281] Trudgill, Peter. Linguistic and social typology: The Austronesian migrations and phoneme inventories[J]. Linguistic Typology, 2004(3).

[282] Tuan Y F. Space and place: The perspective of experience[M]. U of Minne-

sota Press,1977.

[283] Uriely N. The tourist experience: Conceptual developments[J]. Annals of Tourism research,2005(1).

[284] Urry J,Larsen J. The tourist gaze 3.0[M]. Sage,2011.

[285] Urry J. The tourist gaze "revisited" [J]. American Behavioral Scientist, 1992(2).

[286] Usui R,Wei X,Funck C. The power of social media in regional tourism development: a case study from Ōkunoshima Island in Hiroshima,Japan[J]. Current Issues in Tourism,2018(18).

[287] Vallega A. The role of culture in island sustainable development[J]. Ocean & coastal management,2007(5-6).

[288] Vannini P,Taggart J. Doing islandness: a non-representational approach to an island's sense of place[J]. cultural geographies,2013(2).

[289] Veak T. Whose technology? Whose modernity? Questioning Feenberg's questioning technology[J]. Science,technology & human values,2000(2).

[290] Vossoughi S,Jackson A,Chen S,et al. Embodied pathways and ethical trails: Studying learning in and through relational histories[J]. Journal of the Learning Sciences,2020(2).

[291] Vul E,Harris C,Winkielman P,et al. Puzzlingly high correlations in fMRI studies of emotion,personality,and social cognition[J]. Perspectives on psychological science,2009(3).

[292] Wagemans J,Elder J H,Kubovy M,et al. A century of Gestalt psychology in visual perception: I. Perceptual grouping and figure-ground organization[J]. Psychological bulletin,2012(6).

[293] Walsh M J,Johns R,Dale N F. The social media tourist gaze: social media photography and its disruption at the zoo[J]. Information Technology & Tourism,2019(3).

[294] Wearing S,Wearing M. "Rereading the Subjugating Tourist" in Neoliberalism: Postcolonial Otherness and the Tourist Experience[J]. Tourism Analysis,2006(2).

[295] Weber M. Economy and society: An outline of interpretive sociology[M]. Oakland,CA:University of California press,1978.

[296] Westerink J,Opdam P,Van Rooij S,et al. Landscape services as boundary

concept in landscape governance: Building social capital in collaboration and adapting the landscape[J]. Land Use Policy,2017.

[297] Więckowski M,Timothy D J. Tourism and an evolving international boundary: Bordering,debordering and rebordering on Usedom Island,Poland-Germany[J]. Journal of Destination Marketing & Management,2021.

[298] EJ Wilkins,S De Urioste-Stone.Place attachment,recreational activities,and travel intent under changing climate conditions[J]. Journal of Sustainable Tourism,2018(5).

[299] Wong E P Y,de Lacy T,Jiang M. Climate change adaptation in tourism in the South Pacific—Potential contribution of public‐private partnerships[J]. Tourism Management Perspectives,2012.

[300] Wong I K A,Wan Y K P. A systematic approach to scale development in tourist shopping satisfaction: Linking destination attributes and shopping experience[J]. Journal of Travel Research,2013(1).

[301] Yang J,Ge Y,Ge Q,et al. Determinants of island tourism development: The example of Dachangshan Island[J]. Tourism Management,2016.

[302] Young M. The social construction of tourist places[J]. Australian Geographer,1999(3).

[303] Yuksel A. Shopping experience evaluation: a case of domestic and international visitors[J]. Tourism Management,2004(6).

[304] Zhang P,Yu H,Shen M,et al. Evaluation of tourism development efficiency and spatial spillover effect based on EBM model: The case of Hainan Island,China[J]. International Journal of Environmental Research and Public Health,2022(7).

[305] Zhang Q,Liu X,Li Z,et al. Multi-experiences in the art performance tourism: integrating experience economy model with flow theory[J]. Journal of Travel & Tourism Marketing,2021(5).

[306] Zins A H. Consumption emotions,experience quality and satisfaction: a structural analysis for complainers versus non-complainers[J]. Journal of Travel & Tourism Marketing,2002(2-3).

[307] Zubair S,Bowen D,Elwin J. Not quite paradise: Inadequacies of environmental impact assessment in the Maldives[J]. Tourism management,2011(2).